Amoureuse
de l'Espagne

情繫 西班牙

楊翠屏——著

三民書局

國家圖書館出版品預行編目資料

情繫西班牙／楊翠屏著.－－初版一刷.－－臺北市:
三民, 2018
面; 公分.－－(生活‧歷史)

ISBN 978－957－14－6362－9　(平裝)
1.西班牙史

746.11　　　　　　　　　　　　　　106022716

© 　情繫西班牙

著 作 人	楊翠屏
責任編輯	江紹裕
美術設計	郭雅萍
發 行 人	劉振強
著作財產權人	三民書局股份有限公司
發 行 所	三民書局股份有限公司
	地址　臺北市復興北路386號
	電話　(02)25006600
	郵撥帳號　0009998-5
門 市 部	(復北店)臺北市復興北路386號
	(重南店)臺北市重慶南路一段61號
出版日期	初版一刷　2018年1月
編 號	S 740660

行政院新聞局登記證局版臺業字第○二○○號

有著作權‧不准侵害

ISBN　978-957-14-6362-9　(平裝)

http://www.sanmin.com.tw　三民網路書店
※本書如有缺頁、破損或裝訂錯誤,請寄回本公司更換。

僅將本書獻給
艾迪卡、法明、梅菁、大維

推薦序 I

西班牙歷史悠久，對歐洲政治及文明影響深遠，自然文化遺產數量更高居全球前茅，是深受我國人喜愛的旅遊國家之一；更於 2015 年獲「世界經濟論壇」(WEF)《全球旅遊與觀光競爭力報告》評為「全球最具旅遊競爭力」的國家。我擔任駐西班牙代表期間，亦積極推動與西國簽署航權協定，以利開啟臺西直航，進一步拓展臺西文化、觀光及經貿關係。

2015 年有緣在西班牙巴塞隆納出席歐洲華文作家協會成立二十四週年暨第十一屆年會時結識楊翠屏女士，得知楊女士旅居法國四十餘年，並擔任該協會理事，長年推廣華語文寫作不遺餘力。楊女士筆耕不輟，中法文著作、譯作豐富，並數度獲獎，寫作領域涵蓋文學、社會學、心理學、歷史、醫學、偉人傳記等，廣為我國各大圖書館及大學所收藏，在華人世界享有盛名。

楊女士旅歐多年，尤其鍾情西班牙的人文與藝術，前著《你一定愛讀的西班牙史：現代西班牙的塑造》一書介紹西班牙近代發展軌跡，而此次新作《情繫西班牙》，則進一步呈現西班牙歷史發展進程中所創造瑰偉絢麗的城市建築與豐富多元的宗教人文。她深入尋訪西班牙歷史遺址，縱覽古今人物遞嬗，歷史興衰，透過文字帶領讀者認識西班牙的前世今生。《情繫西班牙》的問世，將有助讀者一窺這個連結歐非兩洲，及橫跨大西洋與地中海的國度，並領略它融合理性與感性、傳統與現代的特有風情，值得讀者在繁忙的生活中，靜心展讀，細細品味。在此邀請大家隨著楊女士一起深度神遊西班牙。

中華民國外交部政務次長

侯清山

2016 年 8 月 12 日

引你入勝的西班牙歷史人物故事

　　久居西班牙的國人，不知不覺地喜歡上這個國家，適應了它夏季乾燥炎熱，高達四十二、三度的氣候，更能享受它豐富多彩的食物，無論海鮮、肉類、蔬果，都種類繁多，烹調精美，西班牙也因此享有美食王國的稱號。而其海灘、風土人情、一年四季接連不斷的節日，更是遊客們追逐的目標。

　　正因如此，西班牙在臺灣的知名度逐漸上升。人們對西班牙的認識，不僅限於鬥牛，對其他方面也表現出濃厚的興趣。但是大部分介紹西班牙的書籍，仍偏重於它的旅遊觀光、美食餐飲。有關西班牙歷史、文化，較深層次的中文著作，卻是少之又少，可說與西班牙在國際社會的地位，世界文化層面的重要與影響，極不相稱，尚待有識之士努力。

　　旅居法國的臺灣學人楊翠屏博士，潛心研究西班牙的歷史與文化多年，閱讀許多法文和英文有關西班牙的著作，並多次到西班牙訪問，參觀教堂、博物館、修道院和名勝古蹟，並與這些機構的主管晤談，瞭解更多的細節。她實地看到這些遺跡文物時，回想起書中讀到的故事，就好像親臨現場，一切都變得活生生起來。這種研究與訪問的結果，集結於她三年前寫成的《你一定愛讀的西班牙史：現代西班牙的塑造》一書。主要是敘述中世紀以後，卡斯地爾伊莎貝拉公主與亞拉岡王子斐迪南聯婚，開始了西班牙各諸侯國的統一，直到菲利普二世西班牙極盛時期的這一階段，可說是西班牙的黃金時期。不僅驅逐了阿拉伯人，發現了新航線，而且聲勢遠播。殖民地遍及歐、美、非、亞諸大洲。該書在臺灣出版後，甚受好評，許多學校圖書館均收藏，成了瞭解西班牙歷史的重要參考書。

　　最近楊翠屏女士告知筆者，她完成另外一本關於西班牙的書，聞之十分高興，也欽佩她堅持不倦的努力。因此，樂於向讀者推介。這本《情繫西班牙》是對西班牙文化各個領域的一個選樣，包括城市、宗教、歷史、人物各篇。每篇又分節，敘述不同的故事與人物。除了城市篇外，其他多篇也都以介紹各領域的人物為主。像創立天主教道明會的聖多明尼克、創立耶穌會的羅耀拉、西班牙功勳蓋世的君王菲利普二世、波旁王朝的菲利普五世等。此外，對西班牙大戲劇家羅

培・德・維加著墨甚多。更有西班牙畫壇巨匠維拉斯凱茲、寫實派大家哥雅，西班牙音樂的代表人物法雅。值得一提的是，她介紹了因研究大腦的「神經元學說」有成，曾獲諾貝爾醫學獎的西班牙醫學家荷蒙・伊・卡哈爾。她說荷蒙・伊・卡哈爾與英國的達爾文、法國細菌學家巴斯德所處時代相近，但前者的知名度遠遜，亦可見她治學的細心之處。讀她的人物故事，娓娓道來，十分引人入勝。

筆者曾問楊翠屏，為何她如此鍾情西班牙。她說她在法國四十多年，獲得巴黎大學文科博士學位，對法國有相當瞭解。法國文化博大精深，她在法國有如身在寶山，不知如何取捨。西班牙與法國比鄰，她讀歷史，發現兩國歷史有許多關連，再加上造訪西班牙親身體驗，逐漸迷上了這個相對比較陌生的國家，因而引起了她執筆介紹西班牙的願望。

楊翠屏出生於臺灣南部，1970 年代初畢業於政治大學外交系。她沒有投身外交工作，而遠赴法國留學，就這樣在法國定居，成家，從事寫作、翻譯、閱讀、旅行，過著相當自由自在，而又頗為充實的生活。筆者 2002 年擔任「歐洲華文作家協會」會長時，楊翠屏尚非該會會員（她是後來加入的），因此無緣相識。五年前歐洲華僑團體聯合會在西班牙田那麗芙島舉行年會，歐華作協有十幾位會員參加，楊翠屏亦同她的法國先生與會。大家每日相聚，十分高興。楊翠屏頗高，說話帶法國腔。她文筆簡約流暢，相信她的西班牙情緣必將繼續，會對西班牙歷史文化作更深入，更全面的介紹。

筆者在西班牙生活逾五十年，有三十多年擔任駐外記者的工作。每日撰寫新聞報導，分析評論專欄，都脫不開時事性。雖然有時寫點雜文，描述西班牙風土人情，但並未作系統性的介紹，說來令人汗顏。自 1950 年代以來，由臺灣、港澳等地來西班牙留學的學生，雖無正式統計數字，但估計應在千人左右。大多數攻讀西班牙語文或藝術（西班牙是世界藝術重鎮），極少幾位研讀歷史。他們有些獲得博士學位，大都返臺後在各大學任教，是目前國內西語界的一支中堅力量。希望假以時日，他們中間會產生以宣揚西班牙文化，寫出有質量的闡述西班牙的著作的學者，成為我們的 Hispanista。

前國建會西班牙分會會長

西班牙和平民主聯盟理事長

莫索爾

2016 年 8 月於西班牙南部小鎮

　　接到翠屏的邀約要我為本書寫序，對我真是極大的挑戰。我與翠屏是大學同學，畢業後兩人都離開了原來的所學——外交，翠屏走上了文學之路，並在法國定居從事寫作，已經有好幾本書陸續出版，是活躍的海外華文作家。我則改讀經濟學，後來從事學術工作，過去只寫過學術論文。但因著老同學的情分，我很樂意接受這個挑戰，第一次給文學書寫序。

　　本書共分為四篇，城市、宗教、歷史與人物。翠屏從多次在西班牙的深度旅遊中找尋書寫的感動與資料。我雖然也是喜愛旅遊的人，但是過去因緣際會一直還未去過西班牙。現在退休時間多了，但年紀大了，對於遠距離的旅行開始覺得有一點太累，所以西班牙一直也還未排入我的行程規劃之中。讀了本書，西班牙是我下一個必去的地方了。下面就本書內容，作先讀為快的讀書心得報告吧！

　　本書的第一篇是城市篇，以深度介紹景點為主。第一個介紹的景點是沙拉曼卡，它是西班牙著名的旅遊勝地之一，位在西班牙的西部，是著名的歷史古城。其古城於 1988 年入選聯合國教科文組織世界遺產。翠屏夫婦曾經四次到這裡旅遊，漫步在古城中，見證這裡發生過的歷史興衰。本文詳細介紹了西班牙最古老的大學，沙拉曼卡大學（創立於十三世紀）的創立過程及後來的發展。其他景點還有「花木扶疏的哥倫布廣場」及西班牙「最著名、最美麗、最熱鬧」的沙拉曼卡主廣場，都是令人想要親眼一睹的地方。

　　本書各篇都有介紹相關的知名景點。例如在歷史篇介紹菲利普二世的生平與歷史貢獻時也介紹了在馬德里西北五十公里的皇宮，艾斯科利亞王宮修道院（1563 年動工，1584 年竣工）。本書作者認為它是可以媲美凡爾賽宮的傑作。

　　西班牙一直是歐洲重要的天主教國家，本書第二篇介紹了幾個西班牙歷史上重要的天主教人物，我才知道天主教幾個重要修會的創辦人都是西班牙人，如：道明會的聖多明尼克，耶穌會的創立者羅耀拉。國人可能比較熟悉耶穌會，在清朝初年對於引介西方的知識與文化很有貢獻的傳教士利馬竇，就是隸屬於耶穌會。

　　早就聽去過西班牙旅遊的朋友說，在西班牙看到伊斯蘭教留下的遺跡是旅行中最精彩的部分。本書歷史篇對於從八世紀到十五世紀長達七百年伊斯蘭統治期間，政權更迭的歷史與文化藝術發展都有詳細的描述，對於已經去過或預備要去

西班牙旅遊的人來說應該都是進一步瞭解這個時期的西班牙的最好參考。從本書中我不但知道現在的旅遊勝地科多巴是當時「西方最繁榮的城市」，人口達一百多萬人，更瞭解了科多巴在當時伊斯蘭世界裡有重要地位。

歷史篇中另外一個引起我注意的歷史人物是著名的伊莎貝拉女王 (1451～1504)。她是扭轉西班牙國勢的重要人物，從伊斯蘭教的摩爾人手中統一了西班牙半島，塑造現代化國家。排除眾議，高瞻遠矚贊助哥倫布遠航，開啟了第一個殖民帝國的黃金時代。在宗教上她也曾經獲得教皇亞歷山大六世賜予天主教君主的尊號。西班牙國內幾百年來對伊莎貝拉女王的評價愈來愈高，甚至在二十世紀展開了推動將她封為天主教聖人的努力，只是至今仍未成功。西班牙人認為「她聰明、有文化素養，書中對於宣聖的努力過程與爭議點有詳細的解說。

十五世紀之後伊莎貝拉女王讓西班牙步上歐洲強權行列。西班牙在政治上及宗教上都是歐洲國家重要的一員，但是西班牙在後來工業革命的腳步落後其他歐洲國家，使它又落到歐洲邊陲的地位。十九世紀西班牙在德法等主流文化看來只是一個在歐洲邊陲有異國情調的地方。

本書第四篇人物篇中的第一章「傑作的誕生：卡門」就是描寫十九世紀法國的劇作家梅里美與作曲家比才，以西班牙的異國文化為背景所完成的不朽傑作。

人物篇中的法雅則是十九世紀末到二十世紀中西班牙本土出身最重要的音樂家，相對於歐洲其他國家作曲家以異國風情來創作西班牙風的音樂，法雅是西班牙人創作西班牙風的樂曲，以此來看，他應該也算是民族樂派的人物。法雅年輕時曾在法國巴黎居住了七年，有機會認識當時法國印象派作曲家德布西、拉威爾、杜加等人，並與他們互相切磋，使作曲技巧更趨成熟。他的作品中以西班牙舞曲最為廣傳。一次大戰爆發，逼使他回到西班牙。而西班牙內戰，又讓他決定前往阿根廷，最後逝世在那裡。

總之，翠屏的文章有理性的鋪陳，也有感性的抒發。她把對西班牙特殊情感，化成文字與讀者分享，配上先生所照的精美圖片，可謂圖文並茂。我很高興有機會先讀為快，並為序推薦之。

前中國科技大學國際商務系教授暨商學院院長

薛立敏

2016 年 10 月

推薦序 IV

　　因為景仰，而結識楊翠屏女士，原因是這位留法學姐過去經常在《中國時報開卷版》撰文報導法國文壇動態及書評，我還曾寫信給報社轉達我一些觀點。隨後就收到她的回音，說她近期會返臺，問我某個時段可否咖啡館見面一談。因為學的都是文學，也同樣愛好歷史，也就一見如故。之後，她還留下法國里昂的住址，邀我下回赴法時順道一遊。十年前在書肆看到她寫的新書《誰說法國只有浪漫》，當下買回細讀，還在課堂上廣為推介。這本書寫得親切傳神，根本就是一本臺灣外配法國打拼血淚史！尤其是值得推薦給時下盲目的哈法族省思的優良讀物。

　　2015 年初，系友周品慧學姐，公館金石堂書店瑪德蓮咖啡館女主人，她也寫出一本旅法三十八年奮鬥史《巴黎上車，台北到站》，我也趕緊拜讀。畢竟我們都有一段共同的海外打拼史。無意間，她得知我也「熟識」楊翠屏女士，興奮異常，說她們是當初留學里昂的死黨。沒多久，楊女士由法籍夫婿退休軍醫 Bourgevin 醫師陪同返臺，順道探訪在臺影視圈發展的兒子楊法明。品慧學姐就邀我們一家，還有另一位當初的同窗，前駐法代表謝新平大使夫婦，一起到她的咖啡館品嘗她的招牌法式料理，還有赫赫有名的小瑪德蓮蛋糕。大夥相談甚歡，一群留法老同學話當年，還真有點像白頭宮女話天寶。這是第二次與楊翠屏女士見面。看她如此活躍，又博學好問，內心感佩有加。更驚訝她居然還寫了一本《你一定愛讀的西班牙史》。不諳西班牙文的她，為何獨鍾西班牙？有此毅力及膽識？不久，我的電腦出現一封她傳來的信及《情繫西班牙》電子檔，囑我寫序。難不成她不知我亦不通西班牙文，又非專攻西班牙史？當然還是得硬著頭皮承當下來。感謝她逼我讀完此書，真的受益良多！

　　很明顯的，這本書的作者不諳西班牙文，她大量援引法文相關著作及文獻，佐以實地遊歷及體驗，但這並不損及此書的價值。歷史從不排斥來自各方的詮釋！因為有先前出版過《你一定愛讀的西班牙史》的扎實工夫，作者很謙遜的說，寫這本書是因為「與西班牙的情緣未了」。讀者們大可將它視為認識西班牙的「補遺」或「拾遺」。當然，這本書就是作者用心撰述的讀史「箚記」，更像一位熱情的西班牙歷史愛好者撫今追昔的「隨筆」。尤其我們這位海外華文女作家協會永久會員的身分，以及字裡行間她所流露的「傳達資訊、傳遞知識、貢獻社

會、嘉惠人類」的使命及激情。明白了這點,讀起此書也就更加溫馨有趣了!

　　過去我們泰半只接收到來自英美學者的視角,強調 1588 年英國一舉擊敗西班牙的「無敵艦隊」,結束了西班牙長達百年的海上霸權,拱手讓給英國,從此西班牙也就一蹶不起。法國路易十四也曾說過:「如果沒有庇里牛斯山⋯⋯。」言下之意,太陽王老早就可以把西班牙拿下。殊不知,歷史重在它的因果,且單獨的事件或人物只是歷史洪流裡的波浪而已。西班牙曾是西方史上名將漢尼拔發跡之地,他率領歐非大軍直搗羅馬城外,只因一時心存仁慈,沒有揮兵焚城。之後,西班牙反被羅馬人占據及統治。羅馬化之後,這裡還「出產」四位羅馬皇帝。雖然日後不敵阿拉伯摩爾人的入侵,大半國土被阿拉伯化了近八百年。但從1492 年起,它便躍上國際舞臺,贊助哥倫布,發現新航路,翻譯古希羅正典,啟動文藝復興等等。西班牙的船艦曾如入無人之境的航行五大洲七大洋,整個拉丁美洲成了它的腹地。即便到了十八世紀,史稱的黃金世紀,詩人、才子、音樂大師輩出。英語世界裡的文獻似乎都刻意忽略西班牙當初是如何崛起的,華文世界就更不消說了。

　　透過楊翠屏女士的補遺,我們知道,打從十九世紀起法國就開始發現(學習)西班牙,說它是「一個偉大民族,龐大帝國,比法國更精緻的文明」。事實上,十八世紀的哲人伏爾泰在他的《風俗論》(1756) 裡就確認西班牙「文明光輝萬丈,照耀歐洲逾一世紀之久」。當初,法國文人絡繹不絕的前往西班牙取經,或激發創作靈感,如作家梅里美、繆塞,作曲家比才、德布西、拉威爾、聖桑,畫家馬奈等等。對法國文藝界而言,十九世紀的法國充滿了異國情調(一種歐化了的阿拉伯風)和激情。浪漫派文學大師雨果在其作品《東方女人》序言寫道:「西班牙還算是東方,兼半個非洲。」二十世紀西班牙因政局不穩、內戰及佛朗哥將軍獨裁專政、迫害異己,政局紛亂數十年之久,而為世人所遺忘。但西班牙的激情和熱情色彩,還有多元文化的底蘊,及歷時千百年的名勝古蹟,一直在呼喚著世人,像楊翠屏女士、像你我。是為序。

淡江大學法文系教授

法國巴黎第七大學歷史博士

吳錫德

2016 年 10 月

自 序

　　寫完《你一定愛讀的西班牙史：現代西班牙的塑造》之後，與西班牙的情緣未了。愛它燦爛的陽光、國營旅館 Parador、多種文化的歷史、城市歷史、美麗的風景、異國情調、比法國稍低的物價。

　　「無法抗拒偉人曾經站過的地方，過去崇高、高貴的力量極具吸引力……」是熱衷古代藝術和文化，普魯士駐教廷的代表威廉‧洪堡，在羅馬向歌德吐露的心聲。追蹤偉人、歷史人物步履，是精神興奮劑和智性的喜悅。每一個形體曾經存在的地點都昇華成永恆的記憶，待我們去擷取。

　　2013、2015、2016 年到我鍾情的國家繼續做深度之旅。豔陽下漫步於科多巴西北部拉赫曼三世的王城廢墟阿爾扎哈；塞維亞西北方西班牙首座羅馬城義大利卡也有我們的足跡。踏尋漢密卡創建的碉堡城市阿利坎特、迦太基在西班牙的首座重鎮迦太那、瓦倫西亞北部被漢尼拔軍隊攻陷的沙貢特城堡等。接著我們還意猶未盡，到義大利親臨漢尼拔擊敗羅馬軍隊的三個戰場：托雷比、塔西門湖畔（此地旅遊中心還送我一面三角形旗幟）、及坎尼，面對歷史遺跡，肅然起敬油然而生，興奮、感動、感恩情緒其實是交雜的；歷史事件不再是枯燥的書本知識、理論，它成為活的經驗，印象深刻、烙印腦海，形成一部分的自我，不滅的靈性。

　　西班牙宗教氣氛濃厚，許多宗教節慶尚被保留，此地還出了許多聖人，本書介紹西班牙家喻戶曉的聖德瑞莎，耶穌會的創辦者羅耀拉及道明會創始人多明尼克。歷史部分包括羅馬統治之前、羅馬時期、伊斯蘭教統治下的伊比利半島，幾位傑出、有特色的君主。人物篇介紹在科學、文學、繪畫、音樂有所貢獻的代表人物。

　　曾經住遊西班牙的作家：戰地記者的經驗，海明威譜成描述西班牙內戰的《戰地鐘聲》，關於鬥牛的《午後之死》，有關 Pamplona 奔牛節的《太陽照樣昇起》，《第五縱隊與西班牙內戰的四個故事》；里爾克在宏達居留過的英國旅館，後來旅館還保留他住過的房間，當作小型博物館，院子有其雕像；華盛頓‧艾文

(Washington Irving) 兩次停駐西班牙，先後發表《哥倫布的生平與航行》、《征服格納達的傳聞》、《哥倫布的旅伴》、包括遊記、隨筆和故事集的《阿爾罕布拉宮的故事》；周遊歐洲列國的安徒生發表了一部旅行手記《西班牙紀行》，馬拉加有其坐姿雕像。

西班牙旅遊景點舉世聞名，是除了法國外觀光客最多的國家。這方面的中文導遊書不勝枚舉。歷史的、藝術的、宗教的、人文的西班牙，皆有它獨特的魅力，希望我這本書能給讀者帶來另一種層次的認識與體會。旅行不只是走馬看花、初次印象。造訪南歐這個熱情洋溢、風光明媚的國度時，更具第三隻慧眼及深度的內涵。

衷心感謝外子耐心、熱誠地陪伴我到窮鄉僻壤、觀光客足跡罕見的地方，為了拍攝照片，他還購買優質的相機，讓西班牙的歷史、人文景觀能夠更加美好地呈現在讀者眼前。

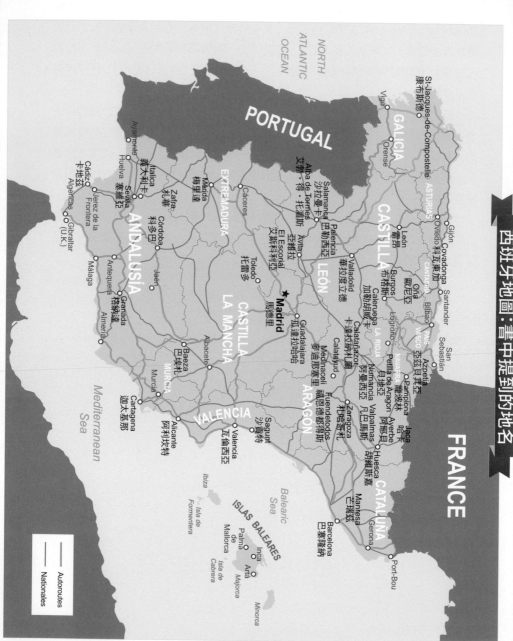

情繫西班牙 *Spain*

Contents

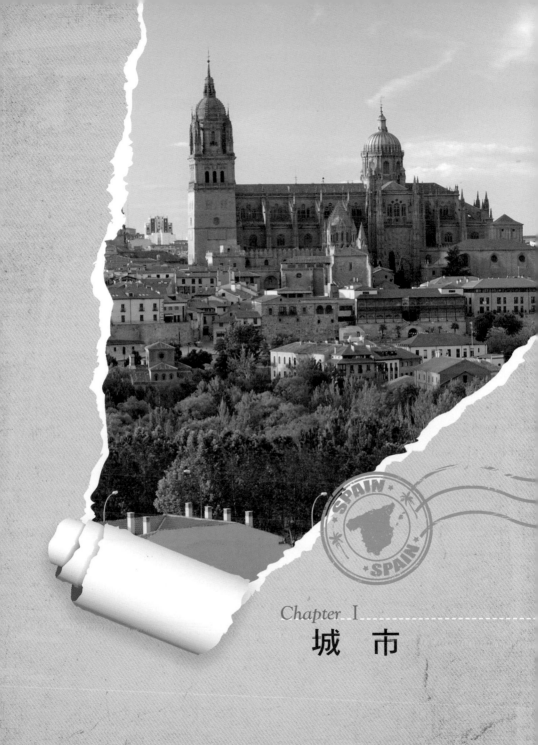

Chapter I
城 市

▲沙拉曼卡主教安納亞創立於 1401 年的古老大學，當今
的建築是 1760 年改建成，現為沙拉曼卡大學文學院

黃金城市沙拉曼卡

　　像西班牙許多城市，沙拉曼卡 (Salamanca) 具有悠久歷史與文化，當旅客漫步其間，彷彿置身於一座開放式的建築博物館，雕飾繁複 (style plateresque) 的土黃色建築，令人讚歎建造者的技藝巧奪天工。

歐洲的古老學術中心 沙拉曼卡大學

　　1102 年阿方斯六世 (Alfonso VI, 1040～1109) 從阿拉伯人手中奪回沙拉曼卡這座城市。此地著名的沙拉曼卡大學 (Universidad de Salamanca) 創立於十三世紀，是西班牙最古老的大學，與義大利的波隆納大學 (University of Bologna)、法國巴黎的索本大學 (Université de la Sorbonne)，並列為歐洲三大古老大學。國王阿方斯九世 (Alfonso IX, 1171～1230) 於 1218 年成立此大學，目的是傳授神學，1254 年阿方斯十世 (Alfonso X, 1221～1284) 把它擴建，且增加其他學科。天主教君主賦與大學新的特權。1569 年入學已設有法律、神學、醫學、邏輯學、辯論學、哲學、音樂、文法、希臘文、拉丁文、希伯來文、星相學等諸多學科。

許多傑出人物在此傳道授業或研讀，例如沙拉曼卡主教迪耶哥·德·安納亞麥唐納多 (Diego de Anaya Maldonado, 1357～1437)；國際公法之父方西斯哥·德·維多里亞 (Francisco de Vitoria, 1492～1546)，是首位制定國際關係原則的學者，並積極捍衛北美印第安人自由權。他早年曾在巴黎索本大學就讀、教學，及獲得神學博士學位，回到西班牙後，創立沙拉曼

▲教士路易·德·雷昂雕像

卡學派，馬德里有所大學以他為名；耶穌會創始人伊尼亞斯·德·羅耀拉 (Ignacio de Loyola, 1491～1556) 在此大學唸過書；教士路易·德·雷昂 (Fray Luis de León, 1527～1591) 的雕像聳立在正門前方的廣場中央，他授課的教室及教席仍完整保留於校園內；名作家米開爾·德·烏納穆諾 (Miguel de Unamuno, 1864～1936) 曾在此當過校長，居所已成為博物館。

2010 年 6 月中旬某個星期一，我們參觀這座古老大學。精美絕倫的正門是西班牙典型的富麗建築，有天主教君主的石雕像，對大學有貢獻的國王及教皇徽章；右側門柱上有三個骷髏頭，其中有一隻青蛙伏在上頭，是沙拉曼卡大學的特色，隱喻肉慾享樂之虛幻。踏進拱形門，內部精緻華美的石雕階梯，只能在門外探頭望的圖書館，古色古香的大課堂，我不知不覺穿越時光隧道，沾染濃厚的學術氣氛，在此留連忘返。

▲沙拉曼卡大學內院

▼大教堂

　　此市有並連的新舊大教堂，舊教堂建於十二世紀，過於狹窄且陰暗，後來興起擴建新教堂計劃，配合聲譽逐漸遠播的沙拉曼卡大學。

道明會修道院

　　大學附近的聖艾斯得邦修道院 (San Esteban)，歷史意義重大。十三世紀道明會修士來到沙拉曼卡，在此立足。十五、十六世紀此修道院在西班牙文化、智性生活上扮演舉足輕重的角色，諸多大學教授來自此修道院。前面提到的方西斯哥·德·維多里亞，其雕像於 1975 年

▲聖艾斯得邦修道院及維多里亞雕像

被安置在修道院前方廣場，以紀念他，永懷風範。

　　不遠處道明會修女修道院 (Las Dueñas) 亦值得參觀，靜寂的隱修院迴廊，讓人忘卻喧囂的塵世。

　　中古世紀末、文藝復興初期，沙拉曼卡逐漸擴展、美化，這座朝氣蓬勃的城市，是王室資產，亦住著貴族。國王把管轄權委託給舊任法官，或自己的親信。當時城市的政治、經濟，由大教堂的教務會、市議會、及大學代表互相制衡，由國王或王儲協調。1504 年，城內有一萬五千名居民，再加上五千名慕名而來的學生。

　　花木扶疏的哥倫布廣場中央，豎立著哥倫布 (Christopher Columbus, ?～1506) 手執地球儀的雕像，紀念他來沙拉曼卡辯護其航海計劃，雕像石基的兩邊有贊助哥倫布的天主教女君主伊莎貝拉，及迪耶哥・德・德札修士 (Fray Diego de Deza) 的圓雕。

▲哥倫布雕像

菲利普王儲的婚禮

我們步行至邦得斯廣場 (Los Bandos)，外子去一家大型書店購買一本五十歐元的西班牙地質學厚書。等待之際，我遠眺廣場角落屋頂綠色裝飾的豪邸，腦海勾勒出 1543 年 11 月 13 日午夜，菲利普王儲（未來的菲利普二世，Philip II of Spain, 1527～1598）與表妹葡萄牙公主，在此舉行婚禮。喜宴、舞會後，托雷多主教主持婚禮、祝福這對新人。為何選擇午夜異常時刻？為的是方便新婚者可旋即入洞房。附近聚集一群要明察床單是否落紅的顯要證人；根據傳統，他們目睹落紅床單後，才會宣布婚禮完成。想到兩位新婚夫婦折騰至早晨兩點半，才能分房入睡，我不禁莞爾一笑。

婚宴後的一整個星期，會舉行騎士比武、鬥牛、放煙火來慶祝。但王儲有時會遠離歡慶，到沙拉曼卡大學聽課，年少期的嚴謹教育，發展出勤奮好學的智性傾向。一星期之後，新人的隊伍往華拉度利德 (Valladolid) 出發，菲利普須代理他的父皇管理政事。

▼菲利普王儲婚禮的豪宅

聖地牙哥騎士的貝殼宅第

　　耶穌會王家學院對面，有一棟很獨特、醒目的貝殼宅第。建於十五世紀末，哥德式的建築混合文藝復興的裝飾，屋主是聖地牙哥騎士（指比男爵低一級的貴族），聖地牙哥騎士團軍事徽章的象徵是貝殼（今往西班牙西北海岸聖地牙哥朝聖者皆會攜帶一貝殼），才被飾以貝殼。正門上方麥多拿都 (Maldonado) 家族紋章百合花（被兩頭獅子圍繞），是顯赫家族地位、身分表徵。往昔私人豪宅是當今的省圖書館。

▼貝殼宅第

▼著名的主廣場

西班牙最美麗的主廣場

　　法國每個鄉村、小鎮，至少會有一座教堂，西班牙也不例外。但西班牙另外一特色是主廣場 (La Plaza Mayor)，它源自羅馬帝國統治時期的城市舉行集會的廣場傳統。依照古城區市中心舊址，沙拉曼卡主廣場建於 1755 年，是西班牙最著名、最美麗、最熱鬧的廣場，相較之下，馬德里主廣場較遜色。廣場北方市政府是三層樓，其餘建築是四層樓，最下層是拱形走廊，拱形門之間裝置國王（天主教君主、華娜及菲利普、查理五世、菲利普二世……等）及傑出人物（比沙荷、塞凡提斯……等）圓形浮雕。商店、飯店、咖啡館林立，夏季打折扣時期，我買過衣服、涼鞋、皮包，價格公道，我們也排隊買冰淇淋。

　　我們四度去沙拉曼卡旅遊，每次皆住不同旅館，2010、2013 年落腳國營旅館 Parador，選擇可觀賞市全景的房間，夜景尤其燦爛。白天步行至市中心旅遊，須踏上羅馬古石橋。此橋建於第二世紀，溝通亞斯多卡 (Astorga) 至梅里達 (Mérida) 銀礦路 (Via de la Plata)，必經之城沙拉曼卡，橋下托湄斯河 (Tormes) 見證歷史興衰與滄桑。

◀從羅馬古石橋看沙拉曼卡

▲羅馬劇場

羅馬城市梅里達

　　西元前 25 年，受屋大維‧奧古斯都皇帝之令，西班牙的羅馬軍團於西南部一古老要塞，建立 Augusta Emerita，即今日的梅里達 (Mérida)。羅馬人把伊比利半島分成三個行省：貝迪克 (Bétique，相當於今安達魯西亞)、塔哈貢納 (Tarraconaise)、魯西塔尼 (Lusitanie，包括今葡萄牙)。梅里達成了當時羅馬殖民地魯西塔尼繁榮的首都。羅馬帝國時期，它在軍事、經濟、法律、文化扮演重要角色，亦是最重要的行政中心之一。這座歷史遺跡豐富的城市，1993 年被聯合國教科文組織列入世界文化遺產。

　　我們於 2006 年及 2013 年先後來到此城。參觀羅馬劇場 (théâtre)、圓形劇場兼鬥技場 (amphitéâtre)、輸水渠、橢圓形賽馬場兼競技場 (circus)、浴場、羅馬藝術博物館。第二次蒞臨時，我們把車子停在米拉哥斯輸水渠 (Aqueduc de los Milagros) 附近。我請外子快速拍攝藍天白雲美的震盪，旅遊時喜愛觀察天空的變幻；西班牙炎熱難耐時的天空，時常萬里無雲。

公共娛樂場所

羅馬劇場及圓形劇場位於城市西北邊，兩處距離不遠，選擇最高處建造是為避免風吹。古劇場最能象徵此城歷史，是觀光客不可錯過的景點。此為殖民地成立不久後，由奧古斯都的女婿贊助建造，西元前 15 年開始啟用。可容納六千名觀眾，劇場外貌像法國南部歐杭治 (Orange) 劇場，每年夏季皆會舉辦音樂會或歌劇表演。

圓形劇場兼鬥技場，可容納一萬五千名觀眾，西元前 8 年開始啟用到五世紀初期。裁判的座位最靠近鬥技場，觀眾席可分上、中、下座。主持競賽的高層及顯要人士，他們的座位當然是最舒服、觀景角度最佳的。主要是觀賞鬥士 (gladiateurs) 之間的比賽，及人與野獸競賽。鬥士競賽是由凱撒開始，後來成為一種制度，其繼承者相繼使用。一道法律甚至規定城鎮的圓形劇場須舉行鬥士競賽。

大多數參賽的鬥士是被拍賣的奴隸，有些是改行的老兵。與野獸搏鬥時，鬥士有時可攜帶武器上場，有時則不被允許。大多數不知如何操持長劍及戰鬥技巧，可預測結局是死路一條。組織競賽者會從非洲和亞洲引進野獸，引發觀眾狂熱的情緒。至於鬥士之間的比賽，他們會攜帶不同兵器使用不同戰技，這樣會更吸引觀眾。

距離通往其他城鎮主要道路不遠，鄰近舊城牆，擁有三萬座位的橢圓形賽馬場兼競技場，在羅馬世界可列前幾名。它長四百公尺、寬

▲米拉哥斯輸水渠

九十六公尺，把賽馬場分成兩部分的中間牆（稱為脊髓）二百三十三公尺，可見其規模龐大。行政官把一條白手帕擲地，四馬二輪戰車瘋狂奔馳。就像現代的跑馬場賭客一樣，觀眾花錢下注。御者頭頂鋼盔，小腿裹皮革。車輛掀起滿天灰塵，賽馬場雇工須急速往車輛潑冷水，以防鐵輪輞著火。必須靈巧地繞過中間牆兩端的界標，若碰撞到，有時是致命傷。參賽的馬匹價格高昂。

戰勝的御者成為民眾的偶像。他們很快就賺很多錢。羅馬的賽馬場就有一位二十歲年輕人贏過一百次。職業御者若幸運沒受傷，競賽生涯末期可贏到一千至三千次。賽馬比現代的賽車更危險。

梅里達的賽馬場曾於 337～340 年期間被重建。現置於此城羅馬藝術博物館的一塊大理石，雕刻魯西塔尼行省總督被委託重建任務，重建亦包括裝飾與蓄水設備。在此場所是否有過海戰表演（Naumachia）？海戰是例外的特殊表演，羅馬在圓形劇場首次舉行，凱撒挖掘水池，引進臺伯河河水。有兩千名戰士，他們不是戰俘就是死刑犯。後來，奧古斯都大帝安排西元前 480 年，希臘人戰勝波斯人的沙拉米（Salamine）海戰表演。

公共澡堂和溫泉浴場

龐貝古城豪宅皆有溫泉或游泳池設備。但是王公貴族、資產階級、

▲橢圓形賽馬場兼競技場

地主、商人，也很喜歡公共澡堂，享受擦澡、按摩，以及上香精、香水的服務，甚至可消磨一整天呢！

　　女人在女性澡堂討論羅馬最新的時尚，或是在劇院演出的戲劇、朗誦，還有她們的穿著及閨房秘密。男人則談論時事、競技賽。

　　梅里達有一個公共澡堂和一個溫泉浴場。前者遺址被現代建築圍繞，一世紀中葉建於城牆外有斜度的區域，四世紀才停止運作。占地四千平方公尺，地上鋪設大理石瓷磚及鑲嵌畫 (mosaïque)，牆壁有壁畫，我們可想像在這豪華澡堂設備，從中午至傍晚，羅馬人 Relax 舒展身心、與朋友談心，或從事交涉生意等社交活動。

　　溫泉浴場離賽馬場不遠，它有桑拿 (Sauna)、兩座熱水池、一座冷水池。鄰近的 San Lazaro 輸水渠供應水源，先在蓄水池儲水後才導流過來。熱水池溫度約四十度，高溫是直接在地下室加熱，地上及牆壁皆熱騰騰，要穿木屐。除了室內溫泉浴場，也有室外運動場所及露天游泳池。污水則運輸到附近河流。

　　羅馬古城當時就有數百個大小不一的公共澡堂。觀光客可參觀卡哈卡拉 (Caracalla) 公共澡堂，它建於 212 年卡哈卡拉皇帝統治時期。我們一家人曾於 1995 年參觀過，感覺規模龐大。除了公共澡堂外，還有附屬建築物。想像從前廳進入更衣室，接著通過寬敞的內柱廊式的院子 (palestrae)，然後才來到澡堂。先到蒸氣室 (laconicum)，然後依序是熱水浴室 (caldarium)、溫水浴室 (tepidarium)。最後到大型、裝潢漂亮、壁凹置放雕像的有蓋冷水浴室 (frigidarium)，或是露天游泳池。有些附屬建築物除了運動場外，甚至還有圖書館呢！看來可在此地逗留半天或一整天。

羅馬藝術博物館

　　梅里達是具有兩千年悠久歷史的城市，但須等到 1838 年，才在聖嘉勒教堂 (Santa Clara) 正式成立梅里達考古博物館。1910 年以來，考

古挖掘使大量物件陸續出土。1975 年為紀念梅里達建城兩千年，西班牙政府決定建造一座新的羅馬藝術博物館，以取代舊博物館。1986 年 9 月 19 日，西班牙國王、王后及義大利總統共同主持開館典禮。它已被列為國家文物。

◀博物館內部
▼羅馬藝術博物館

　　面積五千平方公尺，位於羅馬劇場及圓形劇場對面。它是義大利境外數一數二，收藏羅馬時期豐富藝術品的博物館。黃磚砌成高聳的拱形展覽館，像一座大教堂，從玻璃天花板傾瀉的光線，讓每個角落的展示品更明亮。在大廳漫步觀賞，駐足看明確解說，睹物思索，聯想人物、年代，彷彿上一堂活的、有趣的歷史課、考古學。我對古羅馬歷史文明的興趣更加濃厚，此趟旅程更有助擴展心靈視野、知識領域和智慧之窗。走出日常生活，到國外旅遊的心靈饗宴、異國情調滋長文化涵養。我們的旅行經驗除了充電外，還能創造一部分的自我、快樂的回憶及提升自尊，並持續一陣子的幸福感。

　　一樓左右側展示從羅馬劇場、圓形劇場及賽馬場挖掘出的物件、

▼戴安娜神廟

雕像。例如紀念西元前 8 年圓形劇場開幕的石碑，或是向皇帝表達敬意的石雕像；還有不同宗教的主題，關於神祇的碑文；以及不同葬禮、逝者去世情況紀念碑、墓碑、石雕像。此外，在公共集合廣場 (forum) 出土物品，可想像在戴安娜神廟 (temple de Diane) 周遭的公共生活。玻璃器皿、陶器、青銅、皇帝側面像金幣亦有展示。三樓最精彩的是巨幅鑲嵌畫，雖然在樓下及二樓皆可看到，但在高處眺望較壯觀。最著名的是手持賽贏得來的棕櫚枝四馬駕馭者的鑲嵌畫。博物館的招牌展覽品是：戴頭巾的殖民地守護神石雕；戴頭巾代表大祭司的奧古斯都石雕頭像；佛里幾亞 (Phrygie，小亞細亞中部一古國) 米塔神祇 (Mithra) 大理石石雕。城內七十年代被挖掘出的米塔房子 (Casa

▼古羅馬城市集會廣場遺址

del Mitreo)，因鄰近當時米塔聖堂而被命名。有一種假說是米塔神父的居所，另一種是說此處就是米塔聖堂，至今未成定論。

聖歐拉莉亞大教堂

　　被列為國家文物的聖歐拉莉亞 (La Basilique de Santa Eulalia) 長方形大教堂，主祭聖歐拉莉亞是迪歐克列希安 (Diocletien) 皇帝時代被迫

▼聖歐拉莉亞大教堂

害的基督徒烈士,她是梅里達的守護神。此城的主教也先後被葬於此。前方馬特 (Marte) 白色小教堂,可能是魯西塔尼總督馬特的妻子,為紀念出身貴族家庭的丈夫而建。後來也成了崇敬聖歐拉莉亞和耶誕的聖堂。1612 年梅里達總督利用布施錢財重建此小教堂。

聖歐拉莉亞節慶日晚上,梅里達民眾和朝聖者會觀賞、伴隨,從聖瑪莉亞教堂到聖歐拉莉亞大教堂的抬聖體遊行。西班牙尚保留此種天主教傳統,法國已式微。

三個羅馬輸水渠

羅馬人是西方世界首位工匠。他們建造極堅固的建築,有些留傳至今。他們不僅是泥水工、幾何學家、建築師和工程師。他們經常利用磚塊作為建材,或就地取材。有羅馬人的地方,就有輸水渠。我參觀過塔哈貢納 (Tarragona) 郊外、塞哥維亞 (Segovia)、法國加爾橋 (Pont du Gard) 的完整輸水渠 (有修復)。離我們家不遠夏波諾 (Chaponost) 的輸水渠則不太完整。

羅馬時期梅里達的三個供水、蓄水設備至今尚見遺跡。羅馬當局對新殖民地人民福

▼聖拉札荷輸水渠

祉和都市規劃竭力實施。城市東北部十六公里建造最初的供水設施，輸水渠經過農耕地，沿著亞巴瑞加斯河河道 (Albarregas)，直到市中心。以拱形建築跨越河谷，或建造最有利的路線。綿延二十五公里，它供應羅馬劇場及圓形劇場的用水。

　　第二個是聖拉札荷 (San Lazaro) 輸水渠。在城北五公里處，利用地下泉源。四公里的路程，至今保存完善，蔚為奇觀。

　　最後是波瑟碧娜水壩 (Proserpina) 和米拉哥斯輸水渠。以希臘女神為名的水壩在城五公里，水源是雨水及附近河流。阿拉伯地理學家和編年史者，對羅馬人的建造技術嘖嘖稱奇，梅里達後代居民對至今七十條尚存聳立的柱子，認為是奇蹟。從此稱它為奇蹟輸水渠（米拉哥斯意味奇蹟），見證歷史滄桑，某些時日夜晚會有燈光照明。除了劇院外，米拉哥斯輸水渠是此城第二重要的紀念建築。

修道院旅館

　　我們在梅里達住的國營旅館 Parador，是方濟各會修道院改建而成，為西班牙最早開幕啟用（1929 年）的 Parador。巴洛克式建築，它利用羅馬時期和西哥德人統治時期的建築石塊、柱頂裝飾。我們在內院（patio，以前的隱修院）享用旅館贈送的歡迎涼飲（因有會員卡），院內氣氛清靜，一口古井被保留，不怎麼寬闊，置放幾個盆栽點綴綠意。西班牙的 Parador 是歐洲獨有，四星級旅館，算是價格公道。德國、法國、英國、

▲梅里達國營旅館 Parador

義大利、葡萄牙也有城堡旅館，但很少，不像西班牙規模化國營。

位於梅里達南部的札華 (Zafra) 也有城堡 Parador。小城歷經羅馬帝國的輝煌歷史，及中古世紀的黑暗時期。基督徒收復國土戰爭，此塊沃土是西班牙西部南北要道，故成了與摩爾人必爭之地。本來是此城王公貴族的豪宅，十五世紀的宏偉城堡已成為 Parador。中美洲古文明（今墨西哥一帶）征服者耶南·柯德斯 (Hernan Cortes) 前往美洲新大陸之前，在此城堡留宿過。旅館最豪華飾有精美彩色木雕天花板的房間，稱為耶南·柯德斯套房。

▲耶南·柯德斯套房
▼札華城堡 Parador

▲大教堂

安達魯西亞的燦爛明珠：塞維亞

　　燦爛輝煌、雍容華貴、莊嚴肅穆、羅曼蒂克、神秘、迷惑、令人陶醉，西班牙第四大城塞維亞像千面女郎向你招手。「誰沒去過塞維亞，就沒見過奇景」，安達魯西亞諺語如此說。塞維亞、科多巴、格納達，是安達魯西亞三顆歷史明珠，融合了西班牙與摩爾建築，其建築藝術在歐洲獨樹一幟。

　　此城吸引騷人墨客，Tirso de Molina 的故事《塞維亞的情聖》(Trompeur de Séville) 就是以它為背景。法國劇作家莫里哀 (Molière, 1622～1673) 擷取靈感，寫出《唐璜，石雕像的晚宴》劇作。短篇小說及歌劇《卡門》及莫札特《塞維亞的理髮師》，更使塞維亞聲名遠播。它也是維拉斯凱茲 (Diego Vélasquez, 1599～1660) 及繆利尤 (Bartolomé Esteban Murillo, 1617～1682) 兩位畫家的故鄉。

　　氣候溫和、礦產豐富、重要的地理位置，在有記載之前塞維亞就成為古代腓尼基人的商業據點，也是歷史上兵家必爭之地。第二次布匿戰爭時，羅馬人戰勝迦太基人，西元前 205 年，羅馬於

塞維亞北部建立其在貝迪克第一個殖民地義大利卡 (Italica)。

「海克力斯建造我，凱撒大帝以城牆及城樓圍繞我，聖王斐迪南三世 (Ferdinand III, 1199～1252) 光復我。」這三個句子概括塞維亞的歷史。西元前 45 年，凱撒的羅馬軍團征服此城，稱它為 Julia Romula Hispalis，以其名 Julia 榮耀其行為，Romula 紀念羅馬創城者，以 Hispalis 稱此城。不久伊斯巴里斯 (Hispalis) 超越義大利卡，在羅馬帝國時期成為羅馬世界第十一個重要城市。

1492 年天主教君主完成光復國土、統一西班牙的大業之後，展開了遠征新世界的壯舉。兩世紀期間，美洲財富使安達魯西亞的城市成為歐洲最富庶的。但十七世紀時，西班牙帝國不如以往，加上瓜達基維爾河 (Guadalquivir) 淤泥積塞，卡地茲港 (Cadix) 的競爭，塞維亞的航海貿易式微，逐漸沒落。

▲大教堂內的哥倫布墓

1808 至 1812 年，法國占據西班牙；之後又歷經西班牙內戰、第二次世界大戰，塞維亞一直籠罩在灰袍下。但二十世紀後期，西班牙經濟起飛、民主政治，安達魯西亞成為自治區，塞維亞成為安達魯西亞省都。1992 年的世界博覽會更使塞維亞躍升為歐洲大城。許

多高速公路被修建，塞維亞到馬德里的快車 AVE，讓搭車時間減半。這一年西班牙大公主艾倫娜 (Elena) 在塞維亞舉行婚禮，我觀看電視直播盛況。但她於 2007 年與夫婿分居，2010 年初正式離婚。雖然享有諸多特權，但公主結婚後並不一定過著童話般的幸福快樂生活。

宗教、藝術殿堂

大教堂和 Alcázar（阿拉伯宮殿）是城市座標，大教堂更被金氏世界記錄列為最寬闊的教堂。碩大、莊嚴，走進大教堂不僅是宗教朝聖，更像是進行了一趟藝術、歷史、文化之旅。高聳、宏偉、壯麗的塔樓（La Giralda，指的是風標）原先是清真寺的尖塔。

1248 年 11 月 23 日，虔誠勇士卡斯地爾王斐迪南三世收復塞維亞。一心一意想把摩爾人逐出西班牙，作戰二十七年，贏得無數勝利，圍攻塞維亞近兩年，它成為卡斯地爾首都。斐迪南三世信仰虔誠，隨身攜帶戰役聖母雕像，掛在馬鞍或置放床頭。戰爭前夕整夜祈禱，戰旗亦是聖母像。此著名雕像現存於大教堂內的皇家小教堂。斐迪南三世靈柩就在祭壇後方，另外一尊君

▲聖斐迪南畫像

主聖母 (Vierge des Rois) 是塞維亞及周遭最受尊崇的神祇。每年 8 月 15 日早上慣例出巡，據說是聖路易（路易九世，Louis IX, 1214～1270）贈予表哥的禮物。

　　皇家小教堂不對外開放，2013 年 6 月 25 日近午，我與外子進入望彌撒。側壁有聖斐迪南第一任王后 Béatrice de Souabe 及其繼承者兒

▼聖斐迪南的白銀棺槨

▼阿方斯十世的石雕墓

子阿方斯十世 (Alfonso X, 1221～1284)，白色大理石高雅的墳墓和合掌禱告雕像。塞維亞的保護者聖斐迪南靈柩金銀輝煌，精緻雕刻巧奪天工。墓誌銘由阿方斯十世題詞：「最忠貞、最真實、最坦誠、勇氣最佳、最英俊、最顯赫、最順從、最謙卑、最畏懼及最效勞上帝，勢如破竹摧毀所有的敵人，提升和尊敬其友朋，征服西班牙之首的塞維亞城」。崇敬、仰慕之情，卑微之心流露十足。

　　他與法王路易九世是表兄弟，他們皆有一位有政治頭腦的傑出、模範母親：分別是貝杭哲爾一世 (Bérengère Ier de Castille, 1180～1246) 及布蘭希 (Blanche de Castille, 1188～1252)。1212 年 Las Navas de Tolosa 戰爭，打敗阿拉伯聯軍，縮減伊斯蘭教勢力範圍的卡斯地爾土阿方斯八世，是他們的外公。服膺上帝及設想人民福祉是其人生座右銘，他在西方中古世紀占有舉足輕重的地位，為天主教君主未來光復國土統一西班牙設立里程碑。1677 年教皇克雷蒙十世 (Clement X) 封他為聖人。據說其軀體不朽，基碑前顯現許多奇蹟。1811 年西班牙議會創立聖斐迪南勳章。聖王與塞維亞的城市記憶息息相關。

君權所在 Alcázar

　　塞維亞的 Alcázar、大教堂及西印度群島檔案館 (Archivo General de Indias)，於 1987 年被聯合國教科文組織列入世界文化遺產，真是實至名歸。Alcázar 來自阿拉伯用語，意謂王宮、堡壘。最初興建於十二世紀阿摩赫德王朝 (Almohades)，接著歷代君主擴建，尤其彼得一世 (Pierre 1er, 1334～1369) 時工程更是浩大。請來當地及格納達、托雷多的工匠及木工，建造他融合不同文化格調的皇宮。當今皇宮占地一萬四千平方公尺及七公頃的庭園。

　　此 Alcázar 發生兩樁歷史事件，天主教女君主伊莎貝拉熱切盼望，西班牙王位繼承人唐璜於 1478 年 6 月 30 日在王子廳堂誕生。但他十九歲英年早逝，改變了西班牙，甚至是歐洲歷史。

　　在哥德式建築皇宮慶典廳堂（亦稱拱頂廳），查理五世與葡萄牙公主表妹伊莎貝拉舉行隆重婚禮。從未謀面的表兄妹一見鍾情，美貌、善良、溫柔、含蓄、莊嚴及鐵般的意志，新娘符合皇帝所期待的。她將為夫君帶來安定、沉著心緒及幸福生活。由於齋戒期間，選擇 1526 年 3 月 11 日破例午夜成婚，他們在 Alcázar 度過一星期的蜜月，享受

▲西印度群島檔案館　　　　　　　　　　▲Alcázar 正門

陽光、噴泉、花園優雅環境。聖枝主日 (dimanche des Rameaux) 那天，他們到大教堂望彌撒。由於查理妹妹丹麥王后不久前過世，慶祝活動延至復活節。

Alcázar 另外一間有特色的廳堂是掛毯廳，那是查理五世為紀念 1535 年征服突尼斯，擊敗當時強敵鄂圖曼帝國蘇丹蘇利曼一世 (Soliman I le Magnifique, 1494～1566)，特向布魯塞爾工坊訂製的。

我們於 2006 年及 2013 年兩次參觀 Alcázar，第二次時看到法文綠色導遊書說明可參觀樓上皇室居所。像大多數遊客觀賞樓下建築，漫步蒼蒼庭園，想到樓上皇居，但限於四點半之前，掃興歸去。隔日請旅館櫃臺幫忙以西班牙文表明前一天已付門票,此次只想付皇居門票。大門入口處觀光客大排長龍，靈機一動何不試看出口。說明來意且拿出前日門票，善解人意的看守員讓我們過關。

樓上皇居須由人帶領參觀，半小時內走馬看花，又不准拍攝。它是目前西班牙皇室在塞維亞的皇宮。天主教君主的小禮拜堂，聖母瑪莉亞拜訪表姊聖伊莉莎白 (la Visitation) 及天使報喜 (l'Annonciation de la Vierge) 彩釉瓷磚，是十五世紀末十六世紀初的傑作，前面那一幅向伊莎貝拉女王（與伊莉莎白同一辭源）致敬。離寢宮不遠的隱私小禮拜堂方便虔誠君主隨時禱告。

豪華阿方斯十三世酒店

有機會到塞維亞，不妨到豪華的阿方斯十三世 (Alfonso XIII, 1886～1941) 酒店看看華麗的內部建設。專門為 1929 年伊比利亞——美洲博覽會而建，當初想興建歐洲最豪華的旅館，以接待貴賓並提升城市名聲。現是世界著名的五星級飯店。離大教堂、Alcázar 不怎麼遠，步行即可抵達。近百年歷史中，留宿過無數政商名流與藝術家們。

1929 年 4 月 28 日，阿方斯十三世的外甥女於此舉行婚宴，國王主持飯店開幕儀式。塞維亞每年為期一週的春祭 (Feria de Abril)，飯

店更是西班牙上層階級交流場所，世界富豪顯貴也會蒞臨參與盛況。

從皇家煙廠到塞維亞大學

　　為應付煙草需求量增加，礙於市中心狹窄、陳舊建築，皇家煙廠建於 1728 至 1771 年期間。長達五十年時間，許多建築師及軍事工程師參與工事，屬於現代歐洲最初的龐大工業建築。1684 年王權授予塞維亞煙廠合法獨製及經營煙草，取消王國內其他工坊的製造許可，只剩下卡地茲 (cadiz) 專門製造雪茄煙，但仍隸屬於塞維亞。

　　1620 至 1812 年，煙廠只僱用男工，因煙草磨粉需要體力，且男女工共處一室也不太合適。對抗拿破崙的獨立戰爭，妨礙煙廠正常運作，1811 年 4 月七百名男工被解散。此後煙廠開始僱用女工，約四、五百名，女工似乎比男工做得更好。悶熱的高溫下，男士的禁地，女工可毫無顧慮，輕鬆、隨便著衣，甚至袒胸露胊；大多數由吉普賽人承擔。以前煙草有醫藥效果，後來逐漸地大眾化，香煙成為一般的消費品，製造亦工業化。

　　煙廠女工的大量增加而擴大其名聲，梅里美短篇小說《卡門》的女主角就是煙廠女工，經比才譜成歌劇後家喻戶曉，塞維亞煙廠的名聲跨越國界。

　　擁有溝渠、圍牆、崗哨的煙廠建築，具有軍事防禦性質。當時地理位置是城市入口，故數度被軍隊使用。一直至 1820 年皆有騎兵部隊駐守。1833 年一組炮兵團進駐到 1929 年。接著兩個部隊至 1950 年才撤離。決定充當大學之後，經過四年修建校長辦事處及許多學院。

　　大學為長方形的兩層建築，它是艾斯科利亞王宮修道院外，西班牙第二龐大的紀念建築。正門有哥倫布中南美洲古文明征服者柯德斯的雕塑像，前者發現美洲且引進煙草，後者被認為是歐洲首位煙草愛好者。

◀Alcázar 內景
▶紀念華盛頓・艾文情繫西班牙浮雕像
▼豪華的阿方斯十三世旅館
▼塞維亞大學

▲馬德里皇家赤足女修道院

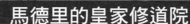

　　馬德里普拉多博物館及皇宮是觀光客最愛。離主廣場及太陽門廣場 (Puerta del Sol) 不太遠處，一幽靜廣場聳立著皇家赤足女修道院 (Monasterio de las Descalzas Reales)。這座獨特的修道院博物館，是歐洲屈指可數的富庶修道院。

　　十五世紀時建造的宮殿，查理五世的女兒華娜公主 (Juana, 1535～1573) 於 1535 年 6 月 24 日在此誕生。查理巡視龐大帝國，經常不在西班牙，雖然愛妻已大腹便便，他還是決定前往突尼斯。皇后伊莎貝拉在哀傷中分娩。一年半之後才到華拉度利德 (Valladolid) 與夫君會合。二十五年之後，華娜公主在她出生的皇宮成立嘉勒修女會 (clarisses) 修道院，亦稱為貧窮修女會。阿西茲的聖嘉勒 (Sainte Claire d'Assise) 於 1212 年創立方濟各會的第二會（註：嘉勒受到方濟各會創始人，同鄉方濟的感召與影響，成立修女會）。修女們整年穿著簡便涼鞋，故稱為赤足修女。

　　2013 年 6 月我第二度參觀此修道院，上次是六年前的陳年往事。此次要購買門票時喜出望外，獲悉歐盟會員國公民免費，售票員問我是不是日本人？

皇家修道院創辦人華娜公主

　　華娜公主命運坎坷，父皇經常缺席，戚顏母后顯少笑容。四歲時母親在憂鬱中往生。十六歲時下嫁身體羸弱的葡萄牙王位繼承人，表弟璜・曼紐艾 (Juan Manuel)。他們有雙重親屬關係，華娜的婆婆是其姑媽（查理五世的小妹），公公是母舅。夫婿過世十八天後，她產下遺腹子塞巴斯提安 (Sébastian, 1554～1578)。塞巴斯提安性情古怪，三歲時稱王，治理葡萄牙，由祖母攝政。真正掌權後，不聽勸諫，遠征北非，二十四歲時在摩洛哥戰亡。政治婚姻、近親聯姻的後果，產生精神不正常的後代。

▲華娜畫像

西班牙攝政

　　華娜公主的哥哥菲利普於 1554 年前往英國，與姑媽血腥瑪麗成婚，並將國事交由華娜治理。故華娜在兒子幾個月大時傷心欲絕地離開葡萄牙。依照哥哥指示，她極謹慎理政。平常聽取大臣意見，遇見緊急狀況則自己決定。嚴格執行司法。

　　1555 年 4 月 11 日，查理五世母親瘋女王華娜辭世。之前華娜曾去探望病重的祖母，雖然後者拒絕其請求，但獲悉病情惡化，華娜還是前往。病患懷惱孫女的拜訪，華娜並沒久留。她給父皇去函敘述與祖母的最後會面，減輕查理的愧疚感。

　　華娜攝政期間的難題之一，是關於她姪子唐卡洛斯 (Don Carlos) 的教育問題。十四歲時他不僅任性，且變得有侵略性。誰的話他都不聽，只有菲利普對他有點權威。經常與姑媽爭吵，不接受任何約束。

心情從極端煩躁，一下子陷入極度憂傷。華娜對這位情緒不穩的姪子沒辦法應付。

信仰耶穌會

「華娜公主賢淑，舉止端莊、優雅，面貌柔和、高尚，皮膚白皙，擁有一頭淺棕髮，身材高挑、苗條、比例均衡。聰明、行事慎重，過著模範生活」，是相識者對她的一致看法。

二十歲的青春年華，貌美，充滿神秘感，亦是當時歐洲最強權君主的妹妹。這麼優秀的條件，追求者如過江之鯽，但她皆一一拒絕。外表莊嚴的年輕寡婦，有什麼心思呢？有人竊竊私語說華娜屬於一種教派，禁止她成婚。菲利普認為妹妹很有耐心，兼具美德，相信有朝一日將會遁世修道院。

從葡萄牙歸國之後，華娜變得很虔誠。在葡萄牙與夫君曾有短暫恩愛的幸福生活，後來美夢破碎、與兒子離別，像是看破塵世，極思奉獻上帝。然而貴為公主，身不由己，為了執行國際政治的政治聯姻，父王與哥哥需要她的協助。但她不忘靈性嚮往的心中理想。

她曾私下召見親信包傑阿神父（Francisco de Borja，是往昔的 duc de Gandia），後者是耶穌會成立不久的新會員。他剛到葡萄牙朝廷完成一項重大任務，謁見攝政王后凱薩琳。華娜與包傑阿神父有共同話題，而且包傑阿神父從華娜一出生就認識這位小公主，故其友誼悠久。像她家族的諸多女性成員，華娜極崇敬包傑阿神父附屬的教會。

1540 年 9 月底羅耀拉成立了耶穌會，當時約有一千名會士。眾多女性被此新創立、享有特殊威信的教派吸引，真想加入能為她們成立的支教派。華娜向包傑阿神父透露希望成為會員的願望。華娜知道這個計劃有風險，若她因此不再婚，家族將憤怒反對，同時會反對耶穌會會士。所以用匿名方式通信，根據一位神父透露，華娜已秘密成為耶穌會會士。她許過簡單的誓願，不是終身誓約，必要時可退出。

　　由於無法完全改變生活方式，但遵守貧窮誓願，在宮廷過著嚴肅、儉樸生活；以不再婚遵守貞潔；服從上層決定。最後一項對華娜公主來說不是件易事，因她慣於在朝廷發號施令，寄予包傑阿神父與羅耀拉的信件，有時缺乏謙卑語氣。

葡萄牙攝政問題

　　1557 年葡萄牙國王冉三世 (John III, 1502～1557) 過世，王位由三歲孫子塞巴斯提安繼承。華娜希冀去葡萄牙替兒子攝政，直至他成年（十四歲）。但她不為葡萄牙人諒解，認為她拋棄襁褓兒子回去西班牙攝政，極欲掌握權力。不像她婆婆凱薩琳王后，雖然也是西班牙人，其正直的判斷、眾所周知的明智，一切皆以葡萄牙為優先考慮，捍衛國家。葡萄牙人很滿意她極尊嚴地擔任攝政職位。

▲華娜畫像

　　認為其合法權力被剝奪，華娜請父皇做仲裁。結果令她失望，查理五世決定由小妹凱薩琳攝政，因他瞭解葡萄牙人驕傲、激烈的性格。雖然華娜再度請願，查理還是不改初衷。

創立皇家修道院

　　華娜明白自己將無法與兒子見面，遂決定在有生之年實現自己的理想。她想建造一座嘉勒修女會修道院，這將是她生命的傑作。看中離她出生和受洗的宮殿 Alcázar 皇宮不遠。她購買王室往昔財務大臣

的這座宮殿，堅持建造一座集聚所有美德，接納哈布斯堡族系及卡斯地爾貴族女子。策劃藍圖、進行工程之際，包傑阿神父是得力助手，除了請來家族成員，他還請姨媽當院長。

　　1556〜1557 年開始改建工程，1559 年 8 月 15 日修女們可入住，不過直至 1564 年才正式完工。這是一座融合宗教生活、王室威權和莊嚴的修道院。創辦人華娜公主在數年之間陸續捐贈，使修道院成為藝術、宗教博物館：廳堂、走廊、教堂皆布置名家畫作、雕塑品、掛氈。

◀修道院內主要樓梯

撒手人寰

1572 年華娜健康每況愈下，自覺來日不多，她盡量隱瞞家人、親信，不讓他們擔憂。時常赴皇家修道院禱告，感謝上帝讓她有時間準備最後的審判。有時候陪伴哥哥菲利普到艾斯科利亞王宮修道院。無法再隱藏病情時，她向菲利普表明她寧靜面對死亡，唯一的遺憾是無法見到長大的兒子。

著方濟各會修士衣袍，不戴珠寶，頭巾裹頭，西班牙公主就像是個一般的修女。在上帝面前是貧窮的，在其告解者之前是謙卑的，華娜不畏懼死亡。正在馬德里會議，菲利普急迫趕到愛妹身旁。全國修士、修女為這位慷慨的贊助者祈禱。1573 年 9 月 8 日聖母誕生日，華娜公主與世長辭，得年三十八歲。她希望葬禮簡樸，把金錢分發給貧困者及沒嫁妝的貴族女孩。她的棺槨覆蓋著一條繡著萬丈光芒太陽的簡單布條，中間 IHS (Iesus Hominum Salvator) 金字及上方一個十字架：耶穌會印章。

修道院巡禮

進入修道院之後，令人印象最深刻的是宏偉、華麗的大樓梯。飾滿宗教主題壁畫，放置於往昔宮殿的主樓梯。最有趣的是樓梯盡頭右上方，菲利普四世劇院皇家包廂內的那幅家庭畫像，國王與第二任王后奧地利的瑪莉安（是其外甥女），小公主瑪格麗特・泰瑞莎和王儲菲利普・博斯貝何。王儲於 1661 年畫作那年四歲夭折，令人哀慟生命脆弱、幼兒死亡率超高的世紀。

掛氈廳堂的掛氈是菲利普二世愛女伊莎貝拉・克莉爾 (Isabelle Claire Eugénie d'Autriche, 1566～1633) 所贈予的。菲利普二世與第三任妻子法國公主伊莉莎白，由於不是近親聯姻，兩位女兒美貌、聰敏、賢淑。長女伊莎貝拉與表兄奧地利公爵亞伯特 (Albert d'Autriche) 成婚後，共同統治西班牙屬地低地國（包括今比利時）。此廳堂亦懸掛修道

院創辦人華娜公主、著方濟各會修士衣袍的伊莎貝拉（1621 年她成為寡婦後）、及著修女服奧地利女公爵（即公主）瑪格麗特等人畫像。後者有一段故事，其大姐安娜是菲利普二世的第四任妻子，前者於 1580 年病逝後，母親瑪麗皇后（1528～1603，菲利普二世的大妹）特地從維也納帶她來與菲利普二世（舅父亦是姐夫）結婚。這位有個性的奧地利女公爵，寧願選擇遁入空門。她在此修道院度過餘生，亦葬於此。參觀者可看到她居住過的小房間。

　　我個人最喜愛國王廳堂，四壁掛滿王室家族肖像。觀看歷史人物畫像最能激發學習、瞭解歷史的動機，這是我本身經驗。1987、1988 兩年連續參觀倫敦英國國家肖像館 (National Portrait Gallery)，獲得寶貴感受與經驗。

　　此廳堂著修女服的瑪麗皇后（Marie, 1528～1603。查理五世長女，華娜的姐姐，1548 年與表兄未來的神聖羅馬帝國皇帝馬克西米里安二世 (Maximilien II, 1527～1576) 聯姻），畫像中左側桌面置身的皇冠示意她的皇后身分地位。她的女兒伊莉莎白 (Elisabeth d'Autriche, 1554～1592) 畫像，她曾是法王查理九世的王后，十九歲成了寡婦。她的強勢婆婆、歷史上著名的凱薩琳·德·梅迪西 (Catherine de Médicis) 掌權，伊莉莎白在法國朝廷已沒角色可扮演。像華娜公主一樣，不能攜帶四歲幼女離境，因她是法國公主。她的父皇替她設計幾樁政治婚姻，其中最引人注目的是與菲利普二世。她斷然拒絕，道出：法國皇后不會再婚。回到維也納之後，創立嘉勒修女會修道院。三十七歲時極虔誠地離世。她的命運與華娜公主類似。

　　參觀完這座宗教、藝術、歷史修道院博物館，心中十分踏實。十分可惜皇家修道院教堂內創立者的石雕墓不對外開放，我無法到華娜公主墓前膜拜、致敬。

修道院教堂內華娜墓

Chapter II
宗　教

▲馬德里西班牙國家圖書館

中古世紀初期西班牙的良知：塞維亞的伊吉多爾

西班牙西哥德王國的誕生

　　來自波羅的海居住在烏克蘭與俄國南部的日耳曼部族，375年因匈奴大舉西侵，東、西哥德人被迫南徙，逼近羅馬帝國邊界。衍生史無前例的大災難，占據了西羅馬帝國。378年巴爾幹半島的羅馬軍隊於亞得諾堡（Andrinople，今Edirne）被哥德人殲滅。一世紀之後，476年羅馬帝國最後一位皇帝羅慕路斯·奧古斯都(Romulus Augustule, 461〜525)退位，結束了西羅馬帝國往昔輝煌的歷史。406年歲末，大批汪達爾人（來自斯堪地那維亞的日耳曼族）、蘇維威人（Suaves，古日耳曼的一支）、亞蘭人（Alains，從伊朗來的部族）渡過萊茵河。410年8月底羅馬被東哥德人洗劫、掠奪四天，震撼西方世界。

　　汪達爾人、蘇維威人、亞蘭人等蠻族呼嘯跨越庇里牛斯山，於409年夏末南侵西班牙。416年西哥德人以羅馬帝國聯邦名義，在法國西部亞基甘(Aquitaine)地區安居下來。第五世紀期

間，一波波的異族蹂躪，引起軍隊、人口大遷徙。428 年汪達爾人離開西班牙進入非洲。蘇維威人在西班牙西北部加利西亞省 (Galicia) 建立獨立王國，585 年才被西哥德王征服。

五世紀中葉西哥德人脫離羅馬帝國，於法國南部杜魯斯 (Toulouse) 成立王國。507 年被法蘭克王克羅維斯 (Clovis) 擊敗，逐出法國。不過五世紀末葉起，西哥德人已逐漸進入西班牙，加強軍事控制及殖民。

羅馬帝國五百年前征服西班牙之後，後者從未歷經如此大動盪；搖搖欲墜的羅馬帝國無法在伊比利半島重建權威、恢復秩序。唯有西哥德人成功控制全局，駕馭伊比利半島達三世紀之久，直到 711 年阿拉伯人入侵。西哥德人與當地西班牙－羅馬居民，建立一個持久、脆弱的王國。開始在托雷多 (Tolède) 建都，行使中央集權政制，異於羅馬時期成立多處省都。

家庭被迫遷徙

塞維亞的伊吉多爾 (Isidore de Séville, 560～636) 在他的《傑出人物》(*Des hommes illustres*) 論著裡，關於他大哥雷昂得荷 (Léandre) 那一章，他提到他的家庭。讀者獲悉他們一家三個兄弟及一個姐姐，皆是神職人員或出世修道者；大哥及他先後成為塞維亞主教，二哥福冉斯 (Fulgence) 是艾錫哈 (Ecija) 主教，姐姐是修女。他們原籍迦太基那省 (Carthaginoise)，552 年拜占庭軍隊入侵之後，家產被充公，因而舉家逃避遷徙到貝迪克避難。伊吉多爾家庭是西班牙－羅馬後裔，受到羅馬化西哥德人統治已逾一世紀之久，拜占庭士兵被視為異族入侵。

▲聖伊吉多爾和哥哥聖雷昂得荷畫像

　　離開家鄉故土到異地居住，信仰虔誠的母親認為這是天意，拋棄塵世，選擇苦行生活。就像歸依宗教者，遠離故鄉、放棄人間財物，到修道院過禁欲日子。年輕時就被安置在修道院的姐姐，有意還俗。大哥雷昂得荷撰述《處女教誨及輕視俗世》書簡，讓妹妹瞭解走出家庭是實現上帝旨意，「為了妳的志向、好處，上帝把妳驅逐家鄉，若想回到故土是違反天意」。

　　家庭被迫遷徙，父母早逝，對伊吉多爾人格形成不小影響，幸虧大哥成了他的監護人，給予親情關懷，是他的智性、道德、宗教導師。

　　塞維亞是來自東方、義大利、非洲，經過地中海船舶的運輸、交通要港。縱使五世紀蠻族入侵的黑暗時期，塞維亞與東方的交通亦沒中斷過。六世紀末的西班牙，是古典文化的記憶存庫，我們可想像塞維亞圖書館是各種文化的匯合處，其藏書及手稿種類豐富。古代的學院生活回憶、對無神論作者採取的自由主義、對基督徒作者過度讚揚之熱誠；在此種研讀、活躍的氣氛下，有計劃性閱讀、培養文化素質，青少年的伊吉多爾開始成為圖書館常客，一生皆如此。大哥雷昂得荷與教皇格葛烈一世 (Grégoire le Grand, 540～604) 的親密友誼，前者去君士坦丁堡拜訪後者，後者把其著作《關於 Job 的道德書籍》題獻給前者，雷昂得荷把手抄本獻給塞維亞圖書館，對伊吉多爾意義非凡。伊吉多爾無疑受到聖奧古斯丁「卡西希阿昆會談」（Dialogues de Cassiciacum，卡西希阿昆離米蘭四十公里，可能是今日的 Cassago Brianza）影響，對「上天的一切感興趣」是他擷取的隱喻，先前獲得的知識，逐漸帶染基督哲學色彩。

撰述三部歷史著作

　　由於伊吉多爾親身歷經西哥德王國幾樁重大的歷史事件，歷史對他影響至鉅，其著作就有三部歷史書：《編年史》、《哥德人的源起》、《傑出人物》。他承認歷史的教育價值、益處，閱讀基督古老文化書籍

讓他獲益匪淺。《哥德人的源起》主要在讚美哥德人，哥德王孫提拉
(Suinthila, 590〜635) 戰勝拜占庭軍隊，伊吉多爾賦予他們《聖經》源
起。此書附錄有〈汪達爾人史〉及〈蘇維威人史〉，目的在襯托哥德人
的美德、功績。他仿傚兩世紀前一位頌詞作者及一位詩人「頌揚西班
牙」的例子，「從西方延至印度的漫長廣闊土地，西班牙，您是最美麗
的，不斷孕育王公及人民的神聖之母。您是宇宙的榮耀及光彩，世界
最燦爛、輝煌地區，人民喜悅洋溢。土壤肥沃、物產富饒、氣候適中、
河川密布。羅馬，金碧輝煌之都，萬國之首，它期望您，您結合羅馬
人的勝利價值，歷經數次勝仗，在王國的冠冕及最高主權，您享有平
靜的幸福。」

　　哥德人種族比羅馬人歷史悠久，他們勇敢善戰，可媲美亞歷山大
大帝、希臘伊庇魯斯國王皮洛
斯 (Pyrrhus of Epirus，前 318〜
前 272) 及凱撒的軍隊，他們
入侵巴爾幹半島，有點基督
化，但後來改信阿利安教
(Arianisme)。410 年侵襲羅馬
時，尊重基督教堂、聖物、人
民。受羅馬人之託，西哥德人
才介入西班牙以掃蕩蠻族。然
後他們漸漸制定成文法令，蓋
往昔是以風俗習慣為依據。亞
馬拉里克國王（Amalaric，
526〜531 在位）對天主教徒持
容忍態度。但是篡位者亞達拿
紀德（Athanagilde，555〜567
在位）為了奪權，謀殺亞吉拉

▲國家圖書館前聖伊吉多爾雕像

王（Agila，549～555 在位），求援拜占庭軍隊，但後者後來拒絕離開西班牙。在伊吉多爾眼中的異族軍隊，是哥德王國衝突加劇原因。亞達拿紀德把朝廷固定在獲利於天然屏障的托雷多。他數次打擊往昔盟軍，但拜占庭軍隊繼續控制東南部沿岸地區。

　　面對戰亂、政局不穩威脅，意志堅強的偉大名君雷歐維紀德（Léovigilde，571/572～586 在位）攻打拜占庭士兵，贏了幾次勝仗，再度鞏固西哥德人在西班牙的王權：充裕國庫，強求近乎羅馬皇帝式的典禮，濡染東方傳統，他是首位著皇袍、威嚴地在寶座上發號施令者。此王以其次子赫卡瑞德（Reccarède，568～601 在位）之名建造一座新城赫可波里斯（Reccopolis，意味王都，諸多西哥德貨幣在此鑄造，位於馬德里東部八十公里，瓜達拉哈哈省 (Guandalajara)）。不僅是軍事、經濟、行政中心，亦是建有皇宮、教堂的威望城市；面對拜占庭帝國，西哥德王權增強、標榜其權威與獨立。

塞維亞大主教

　　雷昂得荷擔任塞維亞大主教期間，伊吉多爾是哥哥的得力助手，他輔佐、觀摩；借助手足幫助、參與主教的公、私生活，非罕例。累積多年經驗與心得，當雷昂得荷於 599 年撒手人寰，伊吉多爾順理成章繼承大哥主教職責。深情地尊重主教大哥，後者惜弟如子，伊吉多爾尊兄如父。兄長友愛弟弟，後者聽取其建議，是哥哥管理教會事務助理，日常事務委任人，教會財產及收入代管人，閱讀良伴，《聖經》註釋者，旅途解悶者。相互忠信的手足之情，此典範令人羨煞！

　　主教職責像是城市監護者、老闆，尤其是省區法官每年舉行司法會議的大城如塞維亞，主教角色特別突顯。第六世紀後半葉，雷昂得荷獨特、傑出的政治、宗教權威，左右貝迪克甚至整個王國的重大事件。祝聖儀式當天，主教接受權杖，在其權威下，統治和糾正人民，支持弱者；亦被授予象徵主教榮譽的指環。當主教需具備那些條件？

《聖經》的學識使他的教導更豐富，「他的言語必須簡單、清晰、意賅，以充滿莊嚴、正直、柔和、魅力的語調，來詮釋律令的神秘、信仰的教義、正義的美德、正當行為之紀律，視對象而施以不同的勸戒。」這是伊吉多爾集主教先賢之大成，而立下的恰當語言信條。

王國的監護人

伊吉多爾擔任塞維亞大主教逾三十五年，他具魄力又多元的獨特人格，使其在西班牙西哥德王國的監護角色占優勢，例如在 619 年塞維亞第二屆省區主教會議，及 633 年第四屆托雷多全國性主教會議。由於他與歷任國王之私交，對君主政體及行使政權、教會權之深謀遠慮，使其影響力無遠弗屆；尤其一個雖然統一，但年輕、時常更換君主的脆弱王國，伊吉多爾像是中流砥柱。西哥德王國統治西班牙三百年的致命傷是謀殺、篡位奪權事件層出不窮，522 年的拜占庭軍隊介入及 711 年阿拉伯人入侵伊比利半島，皆是爭奪托雷多王權寶座，爆發內戰，盟軍或敵人才趁虛而入，而失去江山國土。

Reccarède 王改信天主教，從此西哥德人成為天主教王國持續一世紀之久，大部分該歸功於伊吉多爾的監護角色。他著手重新組織教會及鞏固王國的艱鉅任務，兄長雷昂得荷主持第三屆托雷多全國性主教會議時，就已起草藍圖。「伊吉多爾廣泛的文化涵養，在遭受諸多災難的西班牙，上帝特別指派他讓我們遠離無知，監督、呵護我們。」這是薩拉戈薩 (Zaragoza) 主教強調伊吉多爾的監護角色的讚美之辭。

雖然托雷多是政治首都、王城，但塞維亞可說是道德首都，它具有三種悠久傳統：一、往昔代理主教職位；二、雷昂得荷的雙重威望：他與教皇格葛烈一世的深厚友誼，及說服西哥德王改信天主教；三、伊吉多爾以弟弟及繼承人身分衍生個人權威。主教正式拜見托雷多君主的儀式，尤其是大主教，讓伊吉多爾有機會直接、定期與國王交談。他間接、非正式充當慎重的監護角色，彷彿往昔羅馬皇帝的私人顧問。

　　在《哥德人的源起》一書，伊吉多爾對首位改信天主教的赫卡瑞德較多著墨：「他恬靜、溫柔，擁有一顆慈善的心；討人喜歡的外貌，其寬厚心腸感動人心，甚至頑固的惡人亦對他起好感。公正無私，他把父王不當充公的財物歸還給老百姓和教會；十分寬宏，時常對人民免稅。讓人民致富，許多人享有榮譽。把其財富分發給窮人，他知道上帝委託他王國，乃為其靈魂救贖。統治十五年之後，他寧靜地在托雷多駕崩（601年）」。個性良好、積極實施慈善的這位模範君主，史上罕見，伊吉多爾對他觀察入微。

　　631年3月底，原籍法國南部的一位西哥德貴族西塞納德 (Sisenade)，受到法蘭克王達格貝爾一世 (Dagobert, 602/605〜638/639)的協助，於薩拉戈薩起兵發動政變，塔哈貢納 (Tarraconaise) 地區的貴族階級紛紛向他靠攏。孫提拉被迫退位，他沒被謀殺，且被允許在托雷多繼續居留。此種無血腥刺殺的權力轉移，無疑該歸功於教會的調協角色，伊吉多爾可說厥功甚偉。

▼雷昂聖伊吉多爾皇家教堂

西塞納德奪權篡位後，王權並不穩固，西班牙進入十多年的叛亂，連其弟亦想稱王。鞏固王國政局及教會權威是當務之急，即繼續、完成 589 年第三屆托雷多全國性主教會議及 619 年塞維亞第二屆省區主教會議擬訂的改革方案。633 年第四屆托雷多全國性主教會議，是伊吉多爾執行監護功能最後機會。此會議討論的大部分主題被編纂為七十五條法規，可說是他生平最後傑作。

如何選擇國君

在《格言》(*Les Sentences*) 一書，見證如何讓野蠻族群融入羅馬文化與基督教傳統，有助於俗世社會邁向永生。最重要的篇幅是關於國君的職責任務。

如何選擇一國之君呢？他必須是謙卑之人。政權的問題是無最高權力阻止它行惡；擁有政權者最壞的事是可自由犯罪，最不幸的是成功做壞事。若不是美德十全者，伊吉多爾勸阻勿當國君，人無防惡利器，必先克己，然後才能統治王國。

一國之君不當運用權力即違背信仰。壞的國君是上帝懲罰人民的過錯：「良君是上帝的恩賜；產

▲聖伊吉多爾白銀棺槨

生惡君是因人民犯錯」。

　　國君的首項政治美德是有正義感，在上帝與人們之前，他是正直之人。以謙卑心態執政；真正偉大的國君是於上帝之前謙卑。厭惡不公正，貪婪不動其心。正義概念是以行動付諸實行，而非只是言語幌子。以平常心看待幸與不幸；幸與不幸皆不形於色，換句話說避免驕傲與自憐。

　　第二項政治美德是寬厚，虔誠治理上帝所委託的，以寬宏之心看待人民。不要壓制他們，換句話說勿輕易使用暴力。讓基督徒國君記住，其統治對象也是基督徒，執政者須明白基督教對於行使政權的不同邏輯。此亦隱喻篡位者西塞納德非法奪取王位時，約束對反對者的報復。

國君的道德意識

　　國君須遵守法律，亦須受法律制裁。若他濫用權力，即傲慢、過奢侈生活、傷風敗俗、貪婪、犯罪，他將被開除出教。

　　權力受制於教會紀律。政治權力受宗教權力控制，擁有最高權力者，雖然登上寶座，但他們與信仰密切相關；以其法令傳導基督信仰，以其德行說教。蓋基督徒國君須在上帝面前對其行為負責；因宗教紀律與他有關，若他犯錯，主教有職責在私底下勸諫他，必要的話公開地把他開除教籍。

　　政權若想介入教會，其任務是保護角色；國君須保護教會執行教導及控制風俗習慣的任務。

未來的世界

　　《格言》的道德條例是以「未來的世界」為遠景。在社會道德那一篇，就以「上帝的懲罰」為開頭。在世上上帝似乎讓惡人得逞，事實是要在未來處罰他；正直之人遭遇不幸，在永生將受到報償；上帝

的憐憫、正義是存在的，這與我們中國人說的「人在做天在看」、「舉頭三尺有神明」、「不是不報是時辰未到」不謀而合。正直之人在塵世受苦，上帝的秘密審判，讓他未來免受煉獄之災。在社會上須維持恐懼地獄的懲罰；惡之誘惑是人們相信煉獄不是永恆的。

伊吉多爾竭力關心被壓迫者的救贖，他似乎認為富人難以進入天主之城：「追求世上贏利者必須明白，他們喜愛、辛辛苦苦追求的財富是徒勞無益，且招致損害的：因這些財富他們將來會被酷刑懲罰」。伊吉多爾援引福音箴言「富豪是不幸的！」(Malheur aux riches)，意味太汲汲營營尋求世間物質利益，而無暇追求靈性生活，往生後的靈魂還是眷戀人間財物，故無法解脫、超度。

不過他又進一步解說：有些正直富人使用其財而無損害他人；就像某些誠實富翁富而不驕。《舊約》中有不少富裕聖人，卻是溢滿謙卑。擁有財富本身並非罪惡，不當使用才是。若搞慈善事業、不惜施捨，是感謝造物主，他們將得救。除了施捨外亦不能犯錯，因它無法贖救罪行。國君不能榨取私人財產，來獎賞他的效忠者；私人財產捐贈必須是自願的。

哥德人統治時期的西班牙，教會與政治的組織者，古典時代賢明、睿智的象徵，636 年伊吉多爾在塞維亞溘然長逝，得年七十六歲。1598 年被奉為聖人，1722 年被宣稱為教會博士。其著作傳布西方修道院，被尊稱為歐洲教育家，西方文化拯救者。其遺骸於 1063

▲阿方斯七世蒙聖伊吉多爾保佑，1147 年奪回安達魯西亞巴埃札城的紀念碑

▲巧奪天工的皇家神殿壁畫

年被移至雷昂 (Leon) 聖伊吉多爾皇家教堂 (La Collégiale Royale Saint Isidore)。

雷昂聖伊吉多爾皇家教堂

西元前 68 年，羅馬第七兵團在一平原紮營。選擇此戰略價值的地理位置，可控制、掌握開墾拉斯梅都拉斯（Las Medulas，當今被列為世界文化遺產）銀礦路線，及監視、防禦最近征服的北部地區。後來一群平民在兵團附近定居下來，這是雷昂的起源，其名稱 Leon 衍生自 Legio（軍團）。585 年隸屬於西哥德王國。712 年被阿拉伯人占領；阿曼蘇爾攻陷、掠奪、燒燬此城而去。崇高的阿方斯五世 (Alphonse V le Noble, 985～1026) 重建、移民，鞏固城牆。1017 年 8 月，他曾在此口述西班牙中古世紀最初的領土法規，因此俗稱雷昂法令。

數十年之後，斐迪南一世 (Ferdinand Ier, 1016～1065) 與皇后桑霞 (Sancha, 1013～1067)，在雷昂重建一教堂作為皇家神殿 (Pantheon)，

遺留至今，葬有十一位國王、十四位皇后、無數王子、公主、伯爵。他們長眠之地只是簡單的石棺，有的刻有碑文。整個神殿是藝術極品，雕塑柱頭上，保留完整的壁畫展示《新約》重要情節及鄉村生活農作，它有「羅馬藝術 (art roman) 的西斯汀教堂 (Sixtine)」美譽。為了增強朝廷威望，於教堂置放卓越人士、聖者遺骸是明智的作法，其中伊吉多爾便是理想人選。

　　斐迪南攻打南方伊斯蘭教小王國 (tarifas)。要求塞維亞王付贖款及聖伊吉多爾遺骨。他派遣由主教、伯爵組成的重大代表團，浩浩蕩蕩迎回聖骨。1063 年12 月 21 日，西班牙教會博士，在國王及三位王子肩上進入教堂。朝廷、舉城歡騰，奢華宴饗由王室一家人招待。當天，教堂收到很多珍貴的捐贈品。

拉斯梅都拉斯奇異山景▶

▲錯誤的一幅畫

道明會創始者：聖多明尼克

一幅畫的誤導

左邊這幅畫中有一位站立著穿紅色衣袍者正在唸手中文件，明顯是在宣讀審判。另外一位戴黑巾、把一本書置於膝蓋的主教，與鄰座交談。畫面上方中間則有一位道明會士位居最高座，光環圍繞剃髮頭頂、身軀微向前傾、右手伸張，專心聆聽座臺下正在進行的事件，他是聖多明尼克。「聖多明尼克主持一個宗教審判」這幅畫，是 1500 年不久之前，西班牙宗教裁判總長杜爾格瑪達 (Thomas de Torquemada, 1420～1498) 代理亞維拉 (Avila) 一家修道院，向卡斯地爾一位畫家訂購的。

這幅精美的歷史繪畫毀壞宣道兄弟會 (Ordo Praedicatorum) 創始人的形象、名聲，錯誤加諸於他未曾扮演過的角色，多明尼克·德·古茲曼 (Dominique de Guzman, 1170～1221) 於 1221 年過世，換句話說，在宗教裁判所成立十二年之前。道明會歷史學者教士揭舉此種可悲的「黑色傳說」(la légende noirc)，更讓他們痛心的是宣道兄弟本身，當時為對抗異端贊同宗教裁判，而捏造傳說。1260 年，一位道明會修士的編年史中有一段記載：「為了制止異端邪說，聖多明尼克在法國杜魯斯 (Toulouse) 特別成立宣道兄弟會，四十年以來，此地區的兄弟們，於寒冷窮困及各種苦難中，抵制異教徒及其保護者，幸虧教皇格葛烈賦予道明會士宗教裁判權。」

十四世紀初期，Bernardo Gui 更直接了當把宗教裁判與聖多明尼克的任務混在一起：「他操持宗教裁判以對付異教，被教皇特使指派在杜魯斯地帶行使職務。」

從此，人們把打擊異教徒，當作宣道兄弟會及其創始者首要及唯一的志向，然而那是宗教裁判的主要任務。拿聖人來充當宗教裁判的創辦人，是無上的榮耀，杜爾格瑪達才敢跨越一步，混淆歷史年代。

　　須等到十七世紀末葉，逐漸興起一股批判的歷史驗證風氣，這種事情才慢慢獲得修正。經過十八世紀的啟蒙主義，十九世紀時，質疑一位聖者怎麼會成立一種帶有矇昧主義色彩的制度（指宗教裁判）。為了恢復宣道兄弟會聲響，澄清法國人對聖多明尼克的錯誤觀念，一位道明會修士於 1840 年出版他的傳記。但是混亂的概念不是那麼容易抹滅，甚至連著名的歷史學家米契勒 (Jules Michelet)，還是把多明尼克視為宗教審判的恐怖成立者。此牢固傳統一直延續至今日，雖然數位道明會歷史學者教士的博學著作問世，且有供一般人閱讀改變他形象的大眾化文學，但是聖多明尼克仍然不是位很受喜愛的人物。

雙親對他的志向期望

　　多明尼克的父親菲利克斯 (Félix) 是位出身貴族的富裕地主，母親華娜也是貴族出身。兩個家族皆來自卡斯地爾斗羅河 (Duero) 邊界地

▲聖多明尼克畫像

區最重要貴族領主，雙親在加勒胡威卡 (Caleruega) 定居下來。1170 年誕生的多明尼克是家中老三，命名多明尼克是崇拜西羅斯的聖多明尼克 (Saint Dominique de Silos)。到西羅斯修道院退隱之前，這位本篤會修士 (bénédictin) 曾經拯救淪為穆斯林奴隸的基督徒，卡斯地爾十分尊崇這位聖人。他才逝世一百年，西羅斯位於加勒胡威卡北方十六公里，據說多明尼克的母親到西羅斯這位聖人墳前祈求，由於後者的靈顯，她才喜獲第三個麟兒。這位母親賢明、貞潔，對於受苦受難

者甚具同情心，享有極佳聲譽。

　　早期時多明尼克的父母，就期望兒子將來為教會服務；年幼時即鍛鍊其身心。他天性善良、成熟、個性堅強，但不太喜歡和同齡小孩一起玩。傳記作者說他是「小孩老人」，意味他具有嚴肅和純真明智的奇異特質相融合。

　　他最初是在當總司鐸舅父的教堂內學習，很早就唸拉丁文、學習讀、寫、計算、訓練記憶力、聖歌。十四歲左右，到離家鄉百里的大城巴勒西亞 (Palencia) 的主教堂就讀，課程有文法、修辭學、雄辯術、算術、音樂、幾何學、天文學。強記這些知識外，這位青少年還有其他的志向。當他感覺到學習得差不多時，害怕再度浪費時間，卻獲益淺薄，因而改學神學，貪婪地吸取、沉浸在聖言裡，覺得比蜂蜜還香醇。多明尼克研讀四年神學，勤奮向學、挑燈夜讀，加強記憶力以保留神諭。他過著簡樸的學生生活，也志願身體力行聖書所學到的。當時饑荒猖獗，對於窮困者的憐憫心，他成立一所慈善屋，施捨他人，賣掉他所擁有的，甚至包括羊皮紙書。「有人因饑荒而斃，我總不能還拿死皮製造的書籍來讀！」他的同學、教師羞於自身卑鄙的行為，因而爭相仿效。

▲加勒胡威卡教堂建在聖多明尼克故居遺址

歐斯馬的議事司鐸

　　在巴勒西亞唸書十年之後，多明尼克於 1197 年離開此城。歐斯馬 (Osma) 的主教風聞他的名聲，詳細打聽之後，派人去找他來歐斯馬教堂當固定的議事司鐸。其職責除了朗誦外，主要是祈禱。此種靜修生活讓他有空閒閱讀與研習，其床頭書是《神父沙漠會談》(*les Conférences des Pères du désert*)，是拉丁修道士冉卡希安 (Jean Cassien, 360/365～433/435) 的著作，包括二十四篇對話，論及罪惡及靈性生活，討論「完善」的論著，整本書的架構成為修道院生活的憲章，東方（中東）修道士的模範與經驗可作為西方君主主義的借鏡。書中談及卡希安年少就前往東方，開始過著聚居修士的生活；在伯利恆度過兩年歲月，在埃及七年與沙漠修士共居；然後到法國普羅旺斯創立兩座修道院。

　　靜修、禱告、閱讀之外，多明尼克相信真正的基督徒，需要執行有效的慈善，全力以赴拯救靈魂，他逐漸邁向戰鬥的福音傳教。

▼巴勒西亞最古老大學遺址

赴丹麥的外交任務

1203 年，卡斯地爾國王阿方斯八世的朝廷，駕臨離歐斯馬不遠的聖德田‧得‧哥瑪茲鎮 (Saint Etienne de Gormaz)，除了皇室家人外，王公貴族及宗教人士亦隨行。國王此行目的除了確認歐斯馬主教迪耶哥 (Diègue d'Acébès) 在蘇利亞 (Soria) 成立的女修道院外，亦想委任迪耶哥當其大使、代言人，替斐迪南王子到丹麥一貴族皇室家族求親。這一年夏天，迪耶哥伴隨多明尼克、傭人、士兵、馬夫、導遊、秘書、財政官、理髮師兼外科醫生等一行人啟程出發。

途經杜魯斯時，接待他們的主人是異教徒，即是卡達爾派 (Cathare)，又稱為純潔派。這是多明尼克首度與異教徒接觸。這年羅馬教廷派員說服杜魯斯的行政官宣誓效忠羅馬教會。1204 年冬末，當卡斯地爾代表團回程時，法國南部異教徒更猖獗。

卡斯地爾代表成功地完成任務。1205 年夏季，阿方斯八世派遣更盛大的代表團去迎娶丹麥公主。但帶回來的消息卻是丹麥公主已不幸過世。然而這是官方說詞，根據一位丹麥歷史學者詳盡研讀 1205、1206 年文件資料，尋找這樁奇怪事件的蛛絲馬跡，研究結果是這位未婚妻選擇進入修道院，原因為何？是害怕離鄉背井？猜疑異國婚姻？不久前丹麥公主英哲布格 (Ingeborg) 遠嫁法王菲利普‧奧古斯特 (Philippe Auguste)，被屈辱的不幸例子，可能令這位未婚妻心寒，退避三舍。

解除婚約須有正當理由，雙方朝廷遣信給教皇英諾珊特三世 (Innocent III)。1205 年秋末冬初，迪耶哥與多明尼克歸國時，並未直接回去卡斯地爾，而是前往羅馬觀見教皇。不過他們另有目的，迪耶哥向教皇請求辭去歐斯馬主教職務，意圖到晉魯士、中歐傳教，但被拒絕。鑑於其年齡，也考量安全問題，雖然迪耶哥懷抱烈士犧牲精神。伊比利半島大半地區還是受摩爾人控制，卡斯地爾需要他，光復國土尤其需要多明尼克，讓西班牙基督化是當務之急。

「布格尼的希督修道院」

　　這兩位旅者先到法國布格尼 (Bourgogne)，去參觀 1098 年創建的希督修道院 (l'Abbaye de Citeaux)。為何繞遠道呢？想迪耶哥必定被教皇委託任務。數十年前成立的希督修會 (l'Ordre)，是羅馬教會用來打擊異教的根據地。杜魯斯伯爵雷蒙五世 (Raymond V) 曾於 1177 年向教皇派送一封緊急信件。1203 年後者派遣普羅旺斯省兩位希督修士到朗居多克 (Languedoc) 地區，並任命為教皇特使。1204 年於希督修道院招募修士以輔助前述兩位特使。1206 年夏季時，教皇特使無法勝任艱鉅的任務；等待之際，下令在朗居多克地區之外，招集一支強大軍隊，以充公其爵位、封號、屬地，來打壓異教徒的保護者。等待打擊異端十字軍組成之際，先從民眾下手，以勸導、傳教方式及宣戰威脅。

神聖講道 (La Sainte Prédication)

　　迪耶哥與多明尼克留在法國傳教。在一個對教士不甚友善的地區，我們可想像托缽及遊走宣教之困難，使他們深感成立一個據點之需要：休憩、冥想的場所，由固定的人員管理，協助招募及訓練未來的傳教士。1206、1207 年冬季，他們整修一座破教堂並加以擴充。

　　卡達爾派異教徒這邊也總動員，請博學、能說善道人士來講解、宣傳，讓他們敵人的任務越來越艱辛，但迪耶哥和多明尼克的神聖講道仍對異教徒造成威脅，異教徒教堂於是準備一個大反攻。

卡達爾派的辯論

　　1207 年 4 月，異端首腦為大辯論齊聚一堂。全徒 (les Parfaits，有別於一般單純的信徒，他們會傳教，是宗教積極參與者，許多貴族女士也加入行列) 並不畏懼公開論戰，難處是如何總動員。論戰期間定為兩星期，指定四位仲裁：兩位騎士及兩位自由民。每場辯論結束後，雙方寫下其觀點交予仲裁評定，然後公布結果。王公貴族、騎士、

貴婦及市井小民紛紛參與信仰辯論。

　　教皇發兵攻打異端兩年前之前，異教徒與天主教徒表面上還能和平共存，只是羅馬教廷眼中容納不下這項威脅，是潛藏的危險。異端教士雖然人數不多，但傳教時誹謗羅馬教會，批評其神職人員，嘲諷其聖事。全徒外表上符合福音信仰，故迪耶哥對任務失敗的教皇特使道出：是他們的行為令人不信任基督教，而不是卡達爾派信徒的問題。

　　卡達爾派信徒並不拒絕討論，他們勇於和迪耶哥及其隨從正面辯論，因他們確定其立場：「羅馬教會既不是基督的妻子，亦不神聖；它是魔鬼的教會及教條。它不是耶穌基督所成立的機構。」附加「基督或使徒從未對目前教會舉行的彌撒儀式下定義」。

　　雙方各自小心翼翼慎選、評論《聖經》引言，來展示自己的論據。天主教這邊則是證實羅馬教會的合法性，其論點是福音告誡貧窮、謙卑、不使用暴力。但事實上，教會富有，牧師驕傲，生活在奢侈、逸樂中；剝削別人的工作，而自己卻不工作；貪婪到甚至榨取錢財；收取一部分稅金，販賣赦罪券；教會崇拜偶像：耶穌被釘在十字架的酷刑，木

▲聖多明尼克修士房間內的迷你教堂：聖多明尼克逝世於此室，臨終之前請修士們放心：「我在天上將比我在塵世生活對你們更有用」

雕及石雕像；教會嗜好殺戮：贊同戰爭，且激發它；贊同俗世的正義及死刑。卡達爾派輕而易舉在《聖經》中，找到羅馬教會無恥地違規的例子。

此次論戰並無勝負結論，但顯然天主教徒這邊是輸了。異教徒不但沒改宗，他們更堅定其信仰。告知希督修士論戰結果的一位當事人認為，裁判大多數是異端信徒，他們沒把天主教徒的論據公布示眾。1209 年征戰異教徒的十字軍來臨時，前者逃亡之際，論戰記載及文件亦隨之遺失。

火驗奇蹟

歐斯馬主教迪耶哥於 1207 年底魂歸西天之後。在方浙 (Fanjeaux) 小鎮，雙方再度援引《聖經》語錄來確定自己的論據。天主教徒這邊，多明尼克的論文脫穎而出，被選定與異端論文抗衡。當時三位裁判亦無法判決，決定使用「神意裁判」，把兩篇論文丟入火焰中，真正信仰

▼方浙聖母教堂內牆上擺掛火驗奇蹟一塊木頭

▲火驗奇蹟圖　　　　　▲義大利波隆納聖多明尼克教堂內
聖者的大理石雕墓

的文件一定不會被火燒燬。結果異端的論文立即被燒掉。至於多明尼
克的不僅完整如初，大家還目睹被火焰吹到一旁。再兩次把論文擲向
火焰，結果還是一樣。傳說中強烈的火炬燒焦了一條樑柱，此傳奇深
植人心，至今在此鎮聖母教堂內，人們還可看到這塊木頭。

　　火驗奇蹟及多明尼克的神聖性皆成為奇蹟標誌，人們認同的真誠
信仰。1267 年此情景被雕刻在他於波隆納的大理石雕基碑上；1344 年
比薩聖塞西亞 (Sainte Cecile) 教堂祭壇後的裝飾屏敘述此奇蹟；道明會
義大利修士畫家安哲利哥 (Fra Angelico) 畫了一組繪畫，此祭壇屏飾畫
被收藏在羅浮宮。威尼斯聖喬凡尼及保羅教堂 (San Giovanni et Paolo)
亦有一座十八世紀的青銅浮雕描繪此景。

　　不過希鐸修士的傳教完全失敗。雙方的辯論激戰對民眾起不了作
用，卡達爾派信徒拒絕改宗，天主教傳教士紛紛回歸他們的修道院。
1207 年 7 月只剩迪耶哥與多明尼克孤軍作戰。

對異教徒宣戰

　　1209 年春季，天主教軍隊在布格尼集聚後，經過羅納河 (Rhône) 河谷出發南下，由一位教皇特使亦是希督修道院院長帶頭。杜魯斯伯爵雷蒙六世 (Raymond VI) 眼見戰火就要燒到其領地，急速到十字軍面前「宣誓和平」。在一座修道院教堂前庭，舉行了一場他的公開懺悔的羞辱典禮。典禮之後，前一年被開除教籍的罪名是：與異端同謀及唆使暗殺一位教士，全被取消。為了受到教廷保護其人身及屬地，他甚至加入十字軍行列。

　　貝吉耶 (Béziers) 被洗劫，卡爾卡松納 (Carcassonne) 經過十五天的圍城及激戰後投降。十字軍的慣例是，把與異端共謀且戰敗領主的頭銜及領土，贈送給天主教領主。西蒙・得・蒙佛荷 (Simon de Montfort) 接受教廷特使贈予，成為貝吉耶、卡爾卡松納及阿爾比 (Albi) 的新子爵。他是位十字軍東征的沙場老將，榮耀披身，野心勃勃，信仰虔誠，私生活檢點。也一躍成為十字軍將領，發揮其軍事天才及超強的耐力。武力鎮壓持續二十年之久。

▲石雕墓旁的大理石雕像

創立「宣道兄弟會」

　　我們的主角多明尼克不參與剿除異端戰爭。1213 年他成為卡爾卡松納副主教；次年擔任方浙神父職務。1215 年在普伊葉 (Prouille) 創立「宣道兄弟會」，1217 年獲教皇批准。與方濟各會不同的是，宣道兄弟會認為研讀學習極重要。不久，多明尼克把修士送去巴黎和波隆納，目的是讓他們就讀大學，理由是傳教必須擁有深厚的學識，希望

個個是飽學之士。他本身也是博學之士，這點在與卡達爾派的論戰發揮功能。精通神學亦是宣道的利器。宣教兄弟會此種新的宗教派別模式是貧窮與托缽。

1220 年多明尼克在義大利北部傳道。感染阿米巴痢疾 (dysenterie amibienne) 長達一年半，疲憊使情況惡化，1221 年 8 月 6 日於波隆納撒手人寰之前，他仍持續招募年輕人入會到世界各地傳教。一位新入會的修女對他的描述如下：「他身材中等、瘦削；臉孔俊美，膚色淺粉；髮色及鬍鬚淺紅棕；眼睛漂亮；前額及眼神散發令人尊敬、引人好感的光芒。他永遠神態自如、笑容可掬，除非感受到別人的悲痛時。擁有纖纖玉手，聲音宏亮、悅耳。他並不禿頭，完整圓頂只是參雜白髮……」。1234 年被教皇格葛烈九世 (Grégoire IX) 宣稱聖人。

宣道兄弟會創立八百週年　加勒胡威卡的聖家庭

2016 年是宣道兄弟會創立八百週年紀念，6 月 13 日我們來到聖多明尼克的故鄉加勒胡威卡，才知道他們一家人皆很傑出。這是一塊以牧羊業與農業為主，種植葡萄樹的土地。1237 年在他哥哥的建議下，此村落在他們故居處建築一座教堂。1266 年明智的阿方斯十世緊鄰教堂建一修道院，十六世紀末兩者皆被擴建。

聖多明尼克的母親華娜·德·阿札 (Juana de Aza, 1135〜1205) 亦成聖，哥哥曼奈斯 (Beato Manes de Guzman, 1166〜1237) 被宣真福，父親菲利克斯及另外一位哥哥安東尼歐 (Antonio) 亦是真福品 (Venerable)，他們是加勒胡威卡的聖家庭 (Santa Familia)。我不禁想起聖奧古斯丁的母親亦成為聖莫妮克 (Sainte Monique)，塞維亞的伊吉多爾，其人哥、二哥亦成為聖人。被冠以謹慎、慷慨、慈祥、慈善等諸多美譽的華娜，1970 年其遺骸被移至加勒胡威卡的教堂，從此村落每年 8 月 8〜18 日，抬舉其雕像遊行尊崇、紀念她。

村落一教區教堂

聖塞巴斯提安 (San Sebastian)，是聖多明尼克受洗的教堂。阿方斯
十世把受洗石盤移至他建造的修道院，作為監護，直到 1605 年。這年
被運送到華拉度利德，為未來的菲利普四世受洗派上用場。後來王室
遷到馬德里，受洗石盤亦隨之而行，從此西班牙皇室成員受洗皆使用
迄今。

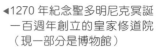

◀1270 年紀念聖多明尼克冥誕
　一百週年創立的皇家修道院
　（現一部分是博物館）

▲展示廳　　　　　　　　　　　　　　　▲隱修院迴廊

▲亞茲貝其亞大教堂

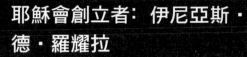

耶穌會創立者：伊尼亞斯 · 德 · 羅耀拉

西班牙巴斯克 (Basque) 基布茲高阿省 (Guipuzcoa) 亞茲貝其亞 (Azpeitia) 小鎮，1491 年聖誕夜伊尼亞斯 · 德 · 羅耀拉 (Ignacio de Loyola) 在祖傳的方形城堡 (La casa torre) 誕生。父親貝坦 (Beltran de Onaz) 曾經為亨利四世效勞；1475 年在圖合 (Toro) 發生的西班牙王位繼承戰，他則站在天主教君主這邊，亦參與防禦布格斯 (Burgos) 城堡，在法西邊界福恩地哈比亞城 (Fuenterrabia) 對抗法軍。為獎賞其功績，天主教君主批准貝坦在亞茲貝其亞享有贊助與保護其衍生財務、定期收益等特權。母系方面，被稱為翁達何阿博士的外公 (Docteur Ondarroa，翁達何阿是其出生地)，出身貴族，是著名的法學家，從事過華拉度利德 (王室經常駐留城市) 司法部專員，及國王顧問。累積相當財富之後，他購買一貴族領主權及長子世襲財產，躍升為基布茲高阿省的高官。

母親瑪利娜 (Marına) 結婚時帶來一筆嫁妝，與貝坦育有五女八男，羅耀拉是最小的孩子。他的名字來源是要紀念當地一位像聖人般的本篤會 (Ordo

Sancti Benedicti) 教士。由於羅耀拉是家族中最小的，已被設定未來將要成為教士，因此從小就被剃去圓頂頭髮。

　　七歲時母親往生，十五歲時父親撒手人寰。有四位哥哥從軍當兵，分別在那不勒斯（兩位）、墨西哥、匈牙利戰死沙場，小哥是神職人員。父親離世後他無憂無慮的青春期不再，幸虧當過天主教女君主伊莎貝拉女官的二嫂對他特別關愛，繼續教養他。啟發他閱讀「聖人生活」、「耶穌生活」書籍，傳達

▲故居方形城堡

篤信宗教熱誠。羅耀拉和家人經常拜訪一位在隱修院避靜的修女親戚，方濟各會的虔誠氣氛，在他腦海中留下深刻印象。

流動王室的年輕侍從

▼羅耀拉誕生的房間

　　居住在阿瑞法羅 (Arévalo) 的一位母系親戚瑪莉亞，夫君維拉茲凱茲 (Juan Velázquez de Cuellar) 權高位居要津，是天主教君主斐迪南（伊莎貝拉已於 1504 年駕崩）的財務總管（相當於財政部長），居所是舊皇宮，1506 年瑪莉亞接納羅耀拉來家中居住。斐迪南及再娶皇后法的哲嫂（Germaine de Foix，法是法國一伯爵領地京都，在南部離西班牙邊界不遠）的流動王室，經常來此城停駐，成了財政部長的座

上賓。羅耀拉以年輕侍從身分參與例行性的慶典、宴會、比武、狩獵等活動，亦跟隨王室到其他城鎮。沉浸在豪華、娛樂的宮廷生活之餘，他不忘利用主人翁家中藏書豐富的圖書館，閱讀拉丁文法及宗教書籍，尤其是《解說祭壇後裝飾屏畫耶穌生活及十二位使徒的十二項勝利》(*Le Retable la vie du Christ et les douze triomphes des douze apôtres*) 一書，特別引起其興趣，他的文化涵養更加充實。

　　如同他自傳所言：「直至二十六歲，我愛慕世間虛榮，酷愛練武操兵器」。他仰慕曾有一面之緣、與瘋女王華娜被囚禁在杜德吉亞斯 (Tordesillas) 的凱薩琳公主（後來成為葡萄牙王后）。他過著年輕人的荒唐放蕩生活，1515 年嘉年華會夜間滋事，被法庭傳訊。

法軍砲轟城堡　羅耀拉受傷

　　1516 年元月斐迪南因服壯陽藥生病駕崩，次年外孫查理從布魯塞爾來接管政權。新王新作風，維拉茲凱茲的特權、屬地不再被承認，他失寵後鬱鬱寡歡，不久就告別人世。羅耀拉須尋求新的公爵來保護提拔他，於是投靠拿哲哈公爵 (Le duc de Najera)。拿哲哈公爵與法國多年衝突，1512 年那瓦荷 (Navarre) 被歸併到卡斯地爾王國，這位遠親拿哲哈公爵被任命為那瓦荷副王。1520～1521 年西班牙境內反抗查理當選神聖羅馬帝國皇帝後，為實行帝國政治而課新稅，烽火四起、揭竿起義。法國一直不服那瓦荷被併吞，趁機侵入拿哲哈公爵的領地，攻擊龐波林（Pampelune，是那瓦荷王國首都）城堡，意圖另立新王。此城市政官員打算開啟城門迎敵，我們的英雄羅耀拉和幾位伙伴發誓堅守城牆。法軍砲轟六天之後，西班牙守城兵的長矛與火槍抵擋不住，終於投降。1521 年 5 月 20 日這天，羅耀拉雙腿被小型輕砲擊中，看到首長負傷，被圍攻者才降敵。

　　他被送回家裡，經過數次昂貴手術，病況並沒改善。病情不太樂觀，人們勸他做告解，他接受臨終敷聖油聖事。聖彼得及聖保祿日（6

月 29 日）前夕，醫生們說若午夜之前沒好轉，一切就沒望。羅耀拉虔信聖彼得，相信承蒙後者保佑，當天晚上他開始覺得比較好，接著幾天情況逐漸好轉，不久完全康復。

在家療傷時羅耀拉勤讀家中圖書館的宗教書籍，回顧以往的無意義生活，「浪子回頭金不換」，不是嗎？興起前往耶路撒冷朝聖，模仿聖人懺悔贖罪。有一天晚上，聖母抱著兒子耶穌顯靈，他沐浴在強光下，加深羞恥及不名譽的厭惡欲望，一切醜惡的形象驟然消失，其心靈變得純淨無比……。

皈依宗教

1522 年 2 月他告別家人，目標是到巴塞隆納，然後搭船去耶路撒冷朝聖。路途中他發誓堅守貞潔諾言，先抵達位於加泰隆尼亞 (Catalunya) 的蒙塞哈聖殿修道院 (Montserrat)。他找一位神父告解，三天期間詳盡檢視良知，且記錄其告白。把騎驢送給神父，長劍及短刀置放聖母祭壇前。3 月 24 日夜晚羅耀拉完成懺悔贖罪程序及祝禱儀式，脫胎換骨。隔日把貴族、軍人的人世間服飾，換成朝聖者的衣裝。

接著他去芒瑞茲 (Manresa)，這是個適合個人避靜靈修的山間小鎮，他停留十一個月。起初住在一所醫院，符合他想助人的意願，也教導教義；行善與苦修兼併。在醫院居住期間，連續八天晚禱時間，他神志恍惚，

▼芒瑞茲羅耀拉修道院教堂

大家以為他快要過世。後來被一修道院收留時，也有過短暫感受三位聖體 (la Très Sainte Trinité) 的顯聖，他感動到淚如泉湧、嗚咽不止。他決定避開眾人眼光，選擇在一河濱洞穴冥想，心靈及智性超越，蘊釀出《靈性操練》(*Les Exercices Spirituels*) 一書，亦身體力行。伴隨謙卑和貧困來行動，以此書指導未來的門徒。

　　1523 年他離開芒瑞茲，從威尼斯出發前往耶路撒冷。但在聖地不受到教士歡迎，苛求的後者捍衛他們聖地守護者特權，懷疑外來者。羅耀拉只好折返巴塞隆納。

求學

　　1524 年 2 月羅耀拉在巴塞隆納上岸，雖年逾三十歲，決定上學認真學習，彌補文化涵養。自覺才疏學淺，接受此城顯貴名人的贊助，他上中學學習基礎文法。若沒把當日課程學好，他甚至請求老師鞭打他。時常閱讀《模仿耶穌》(*l'Imitation du Christ*)，此書還成了他的傳

▼往昔河濱洞穴現在教堂內　　　　　　▼教堂內部

教工具。除了上課和個人冥想外,他也開始在城內傳教;贈送他的《靈性操練》一書,與人進行心靈對話。看不慣修道院風俗敗壞、紀律鬆懈,他接洽本篤會修士,努力讓修女潔身自愛,讓她們過著隱避的生活,竟然招致其愛慕者棒打呢!

在一位神學博士的建議之下,1526 年他去著名的阿卡拉・德恩納瑞斯 (Alcalá de Henares) 大學研讀哲學。哲學課程概括邏輯學、宇宙學、希臘文、初步神學、物理學。上課之餘,他把《靈性操練》分送給文人、眾多虔信的婦女。羅耀拉酷愛閱讀文藝復興偉大的人道主義者鹿特丹的伊拉斯姆 (Erasme, 1466/1467/1469~1536) 的書,尤其是《基督士兵手冊》(le Manuel du Soldat Chrétien) 一書,此書提議以慈善為基礎,進行自由的天主教改革。1525 年西班牙宗教審判者判決天啟論 (l'Illuminisme) 的信徒,後者放棄教會採用的儀式,強調內在追求神性。宗教審判者把天啟論及伊拉斯姆學說皆視為異端邪說,羅耀拉和三位從巴塞隆納來的同伴,穿著像教士,並非其信仰引起宗教權威質疑,他們因衣著奇異被判罪入獄四十二天。最後判決他們須改穿學生服裝,未畢業之前禁止討論信仰問題及傳導教理。

既然無法傳教,在阿卡拉・得恩納瑞斯逗留毫無意義,羅耀拉轉移陣地到沙拉曼卡,1527 年 7 月抵達此城。在華拉度利德,道明會修士及方濟各會修士爭論伊拉斯姆作品的宗教建議。但宗教問題如火如荼進行,延燒至沙拉曼卡大學。羅耀拉這一行人在聖艾斯得邦修道院 (San Esteban) 被道明會修士扣留、質問,然後交給法庭。坐牢二十二天之後,被判處完成學業之後才有資格辯論大罪與小罪之區別;但被允許有限度地講授教理。深思熟慮之後,羅耀拉決定前往法國,遠赴馳名歐洲的巴黎大學求師。

巴黎求師

1527 年 9 月中旬,羅耀拉告別沙拉曼卡路過巴塞隆納。他徒步跟

隨在一隻裝載他書本的驢子後頭，1528 年 2 月 2 日風塵僕僕來到巴黎。投宿在巴黎北郊一所朝聖者醫院，去市中心蒙泰居學校 (Le collège Montaigu) 上課。學校紀律嚴格、實施體罰、食物粗糙，但並沒讓羅耀拉退卻。他的《靈性操練》不是勸人苦行、粗食、禁酒嗎？故他並不在乎物質上的匱乏。他勤學拉丁文，他的經濟情況很糟，從一位西班牙教士那裡獲悉，可向比利時佛蘭德 (Flandre) 的西班牙商人尋求援助。1529～1531 年期間，他利用學校假期空檔去佛蘭德，最後一年還去了倫敦。

　　除了上課外，他幫助病人、窮人，尤其瘟疫在法國首都猖獗時。

　　一年多期間，他研習文法、及包括古希臘文、拉丁文與古典文學等人文科學。1529 至 1532 年進修藝術與哲學，再來是物理學、形而上學、亞里斯多德的倫理學，次年獲得藝術學士學位。1533 年才開始研讀神學，1535 年拿到藝術碩士。1529 年 10 月初他轉學到聖芭比學

▼巴黎聖芭比學院

院 (Sainte Barbe，成立於 1460 年；1998 年因財政困難關閉；2009 年成為大學圖書館)，與幾位學生同住一房，解決了住宿問題。與同寢室友方沙冉維耶 (Francois Xavier, 1506～1552)、皮耶‧法夫荷 (Pierre Favre, 1506～1546)、迪耶哥‧萊依內茲 (Diego Lainez, 1512～1565)、亞方索‧薩湄隆 (Alfonso Salmeron, 1515～1585)、西蒙‧羅得圭 (Simon Rodriguez)、尼古拉‧波包迪亞 (Nicolas Bobadilla, 1511～1590)，在星期日的修道院團契有機會討論靈性問題，友誼滋長茁壯。他們後來皆成為耶穌會的同伴。求學之際，羅耀拉繼續撰寫、修改《靈性操練》，此書成為一本戰鬥書。

蒙馬特的誓約

　　這七位取得學位的同伴，不約而同決定從威尼斯啟程，前往耶路撒冷，做些有意義的事。若無法長期居留，則赴羅馬覲見教皇，任後者自由指派他們為上帝榮耀服務。若在威尼斯等待一年而無法搭船出發，則直接去羅馬。經過長時間的討論，一致決定立下貧窮、貞潔、去聖地朝聖的誓約。回來後，盡心拯救眾人、信徒、非信徒的靈魂，傳播上帝的話，無償地執行懺悔聖事。

　　1534 年 8 月 15 日星期六聖母升天日，一行七個人掩不住興奮、狂喜，離開巴黎城牆，前往隱藏在葡萄園的一座小教堂，它位於蒙馬特山丘南坡，250 年巴黎首位主教聖丹尼 (Saint Denis) 及兩位

▲1534 年 8 月 15 日巴黎蒙馬特誓約圖片

同伴聖魯斯迪克 (Saint Rustique)、聖艾勒第爾 (Saint Eleuthère)，曾在此被迫害斬首殉教。蒙馬特 (Mons Martyrium) 意味紀念殉教者教堂的山丘 (Mont des Martyrs)。他們就在目前聖彼得教堂地下聖殿，做完彌撒、告解之後，舉行貧修、貞潔、順從誓願儀式。然後他們走到奇哈東路 (rue Girardon) 噴泉，據說聖丹尼在此洗自己的首級。「飲聖丹尼噴泉水的少女將忠於丈夫」的諺語，噴泉神奇力量吸引無數妙齡女郎。像聖丹尼的慕名者一樣，七位同伴選擇於此紀念地野餐。

羅耀拉繼續求學深造神學，聽道明會修士講解。有人告發他創會

▼蒙馬特誓約場所

的意願，宗教審判者傳喚他，以確信是否符合教規。羅耀拉被此藐視打擊身心，他病倒了，決定回家鄉養病。

回西班牙辦事

　　朋友們偷偷湊錢買一匹馬給他上路，其他的伙伴留在巴黎繼續求學；相約在威尼斯會合，一起前往耶路撒冷。

　　羅耀拉在巴黎擔呆了七年，一位也是在巴黎求學的西班牙同胞，對羅耀拉的評語如下：「他求學遭遇三項難題：一、極端貧窮；二、身體不太健康，其告解聖事把胃搞壞了；三、研讀或聽課時，有時因祈禱及靈性思考，而無法專注。雖然有這些困境，他很用功，令我們十分讚歎。一位出色的神學家很欽佩他，說從未見過像他一樣的人，談起神學頭頭是道、且極具權威。」

　　「有關靈性方面，上帝似乎透過他去感召眾人。就是這樣，他當學生時，促使不少人告解和領聖體，其他的人則完全放棄俗世，發誓過貧困生活及信教。雖然有些後來沒繼續下去，但受到上帝感化，過著基督徒般的生活；有些則去當教士，以身作則，進入道明會、方濟各會、或夏爾特修會 (Chartreux)。」是萊依內茲 (Lainez) 的心聲。

　　自從羅耀拉離開巴黎後，覺得病痛逐漸減輕，離故鄉越來越近，他完全恢復。1535 年 4 月 23 日，他抵達亞茲貝其亞鎮，選擇在鎮外瑪妲蓮娜 (la Magdalena) 醫院兼隱修院住下，雖然名為醫院，其實是乞丐的收容所。屬於亞茲貝其亞望族的家族成員，竟然不想住在家裡，並且於離家不遠處乞討，對於當大家長的二哥來說是個奇恥大辱。羅耀拉的回答是，我並不是回來分家產，亦不期望住宅第。我是來傳播上帝福音，和讓人瞭解大罪是極可怕的。

　　在家鄉停留三個月期間，他挨家挨戶請求施捨，把部分錢捐給醫院的貧戶；教導教義；對成年人則嚴斥罪惡，叫人祈禱請求避免犯罪。他積極參與鎮議會已開始進行的經濟與道義的改革。協助廢除一項危

險的習俗：立法規定只有已婚婦女才能戴頭巾，戴頭巾的同居女性將被懲罰。對判官施壓，請其嚴厲處罰生活放蕩、行為不檢點的神職人員。他還把私人財產捐贈給宗教機構。

接著羅耀拉又前往龐波林、亞馬冉 (Almazan)、西古恩札 (Sigüenza)、托雷多 (Toledo)，替蒙馬特誓約同伴帶信給家人，父母皆很理解兒子的選擇，解決他們放棄遺產問題後，羅耀拉朝瓦倫西亞 (Valencia) 前進，準備乘船去義大利。

在義大利會合

羅耀拉在熱那亞上岸前往威尼斯途中，因生病被迫在波隆納駐留一星期，終於於 1536 年 2 月 12 日到達威尼斯。等待明年與同伴相聚之前，羅耀拉贈送名人顯貴他的《靈性操練》。1537 年 1 月 8 日，巴黎的六位同伴多帶來三位，他們立刻分別去醫院照顧病患。羅耀拉派遣幾位同伴去羅馬，請求教皇批准去聖地傳教使命。教皇保祿三世不僅應允，且祝福他們。1537 年 6 月九位接受聖職授任禮，確認他們在蒙馬特的誓約。

很不幸他們要前往聖地傳教的願望被耽擱下來，因威尼斯共和國總督中斷與土耳其人的和平相處，轉而與查理五世、教皇結盟，來對抗強大的鄂圖曼帝國。他們把旅程延至明年秋季，等待之際讓教皇自由派遣至其他處服務。共同決定舉行首次彌撒之前，先避靜三個月。羅耀拉在維仙斯 (Vicence) 傳教，召集其他同伴在維法路羅 (Vivarolo) 修道院，共同做彌撒，把他們的團隊稱為「耶穌會」。羅耀拉、法夫荷、萊依內茲二人去羅馬，其他的人去帕多、費拉拉、西恩納、波隆納等地傳播福音。

史托塔的顯聖

羅耀拉一行三人，在接近永恆之都西北部卡西亞 (Via Cassia) 的路

上，歇腳進入一座小教堂禱告。

　　他正在虔誠祈禱之際，其心靈改變了，慧眼被一道燦爛光輝照耀，他看到天父上帝轉向攜帶十字架的獨子，以大悲大愛向他推薦羅耀拉及其同伴，把他們置於他強大的右手，以獲得庇佑與贊助，和藹可親的耶穌迎接他們，接著轉向羅耀拉，溫柔仁慈地對他說：我將在羅馬保佑您們。

　　這是羅耀拉在史托塔 (Storta) 小教堂深刻體驗的著名顯聖現象。

　　在羅馬他們靠接受施捨過日子；在不

▼體驗顯聖現象的史托塔小教堂

同教堂傳教讓人認識他們；也在公共場所講道，布道時不接受施捨；依人請求聽告解，教導小孩、農民教義；若有時間，則去醫院幫助窮人，撫慰痛苦的患者。羅耀拉還在羅馬大學教授實證神學及評論《聖經》，與眾人有機會交談時，當然他會分發《靈性操練》一書。

1538 至 1539 年的冬天特別嚴酷，他們加強協助貧民，把一宅第轉變成收容所，收留了將近三千人。羅耀拉的傳教熱忱亦感召猶太人和摩爾人，他為這些初學教理者建造一場所。此外在羅馬竭力杜絕嫖妓，為懺悔的妓女創立一個學校機構。羅耀拉及其同伴對羅馬貧困者的奉獻，對非基督徒講道的成功，讓查理五世感動不已。從此要求教皇派遣耶穌會教士去美洲和印度，這是皇帝間接認同耶穌會存在的一種方式。1540 年 9 月 27 日教皇簽署諭旨，耶穌會正式成立。

1541 年羅耀拉起草、撰寫耶穌會憲章，他因不同活動而改換居所，一位羅馬朋友接待他，讓他在寧靜的花園中寫作，兩個月之後，四十九教條出爐，後續日期可更改和增添。在羅馬的六位耶穌會教士簽名認同。

接著是選耶穌會會長，教士集合先討論選舉問題，接著祈禱、避靜三天之後才投票。大家不約而同推選羅耀拉，但他謙虛地推辭。教士們再度避靜三天，探測良知。第二次投票結果還是羅耀拉，他不完全拒絕，但請求給他三天時間，他將與他的良知導師（一位方濟各會修士）商討。方濟各會修士的贊同，大家一致推崇，羅耀拉終於接受會長職責。1541 年 4 月 2 日他們精心挑選宏偉、意義重大、遠離塵囂的城牆外的聖保祿教堂（Saint Paul Hors les Murs，聖保祿於此被斬首，遺骸葬在此教堂）舉行彌撒，慶祝憲章公布及個別宣誓。

在羅馬坐鎮指揮

從此羅耀拉在羅馬坐鎮指揮，與散布世界各地的教士通信。此時方沙冉維耶已抵達印度，其他同伴被派至葡萄牙、西班牙、德國、奧

地利、蘇格蘭等傳播福音與創辦學校。他繼續慈善任務，成立孤兒院。1542 年參與教皇制定廢除沒收改宗猶太人財產習俗敕書；此嚴屬風俗可追溯至十三、十四世紀，當時整個歐洲，尤其是西班牙，把一切天災禍害歸咎於猶太人，包括黑死病。羅耀拉對此民族毫無偏見，反而仰慕，耶穌和聖母不是猶太人嗎？1543 年教皇諭旨允許建造改宗猶太人或穆斯林的住所。建築未完成之前，羅耀拉邀請想改宗者，到他的居所停留，教導教義外，還幫他們找工作。

　　1541 年他搬了家，口述秘書書寫《靈性日記》(*Journal spirituel*)。經過他同伴神父的堅持，羅耀拉覺得有必要回顧一生，於是從 1553 年 8 月底開始口述「自傳」。此種告白是要傳達他的生命過程、靈性經驗

▲羅馬耶穌教堂
▶耶穌教堂內羅耀拉墓

給其繼承者；1555 年完成。此書引用「行動」、「遺囑」、「回憶錄」、「朝聖者的故事」等名稱。

教皇保祿三世當時居住在威尼斯宮殿 (palais de Venise)，他把鄰近的「保佑路途平安的聖母小教堂」(Santa Maria della Strada) 讓與耶穌會，它成為教士市區傳教總部。1556 年羅耀拉蒙主恩召。他辭世後兩年，這間小教堂被改建為今日的耶穌教堂 (Eglise du Gesu)。耶穌教堂左側前方有座供奉保佑路途平安的聖母小教堂；耶穌會教士遠行上路之前，經常會祈求聖母保佑；十七、十八世紀，加入耶穌會的教士，在此十分崇敬的聖像前隆重宣誓。

1622 年羅耀拉被宣布為聖人，十七世紀下半葉，羅耀拉的靈柩被安置在耶穌教堂左側。其聖壇兩側四組雕像，代表教皇准許耶穌會的成立；信仰戰勝狂熱崇拜；羅耀拉被宣布為聖人；宗教擊敗異端邪說。羅耀拉的聖壇對面，就是聖方沙冉維耶的小教堂，聖壇上方聖骨盒安放他的右手臂。

▼羅耀拉聖畫（畫面下方雙手合十者）

耶穌教堂右側是羅耀拉最後十二年在羅馬的居所，經過將近兩年的整修，1991 年紀念他誕辰五百週年，房間對外開放免費參觀。未至房間之前長長走廊，展示羅耀拉的生平。1537 年的羅馬約有五萬名居民，一切以教廷威尼斯宮殿為中心；羅耀拉在此宮後方建造他的基地，羅馬市政府、猶太人社區皆在附近。

▲聖德瑞莎畫像

我在亞維拉遇見聖德瑞莎

　　她原本可像當時一般女子一樣，結婚生子，做個賢妻良母，過著平凡的日子。但其性格使然，深信被賦予神聖使命，反抗拒絕平庸的生活，她知道本身價值，自視甚高，成了不朽的女聖人。「祝福上帝，祂讓我們看到一位可當榜樣的女聖人，一位像我們一樣生活的女聖人！」聖德瑞莎參觀馬德里一座皇家修道院之後，修女們發出的讚賞。

家境、青春期

　　1515 年 3 月 28 日，德瑞莎誕生在一個家境不錯的末等貴族家庭裡。祖父是托雷多 (Toledo) 富賈，經營布莊、絲綢店；替皇室、地方稅捐處及教會徵收稅金；也從事農業生產。後來舉家遷到亞維拉 (Avila)，1500 年後就不再從商，靠經營農產及稅吏薪俸生活。父親亞隆索 (Alonso) 繼承祖父的事業，後來只經營農產，但亞維拉附近土地並不肥沃，收入遞減。兩次婚姻結果，一家有十二個孩子待養；1543 年 12 月底亞隆索過世時，負債累累。

　　父親第一任妻子病歿於黑死病，留下兩個孩子，德瑞莎是父親第二任妻子第三個孩子。除了一位外，她的哥哥、弟弟皆赴非洲、美洲從軍、殖民。他們家庭並無社會人脈，沒唸過書，欲避免庸碌的人生，唯一的途徑就是像新大陸的遠征者一樣，到海外發展，尋求希望、理想、與財富，衍生社會地位與威望。

　　德瑞莎孩童、青春期時，喜愛閱讀騎士及聖人小說。崇拜英雄主義，羨慕其在上天的永恆榮耀，同時免除煉獄之苦。有一天，與哥哥兩人離家出走，想冒險去北非當摩爾人的俘虜，因當時北非海盜猖獗，擄掠基督徒充當奴隸，這兩位小探險家在城外被叔父抓回。

德瑞莎十三歲半喪母，請求聖母瑪莉亞當她母親。十五歲時不再想當烈士。十七歲時長得亭亭玉立，喜歡打扮，她自知聰明美麗，愛與表兄、表姐一起閒聊、玩樂。奇怪的是她厭惡結婚，把婚姻視為奴隸，因女性成了家囚；她的個性使她反叛此種命運。父親擔憂女兒前途，把她送到奧古斯丁教派修道院，與修女朝夕相處，當寄宿生。

▲聖德瑞莎畫像

決心當修女

受到修道院女院長影響，德瑞莎學習禱告及靈性生活。漸漸意識到可以過另外一種生活，賦予生命意義。不過她可能無法完全適應修道院嚴謹的生活方式，十八個月之後，她病得很嚴重。被帶回已婚姐姐鄉間家中休養，再回到亞維拉父親家裡。

在靜養期間，她思考人生何去何從。受到女院長引導，瞭解世界的虛空浮華，逐漸嗜愛靈修；女院長以身作則的模範，令她印象深刻，經過一番掙扎，心理圍牆慢慢倒塌了。二十歲時終於下定決心成為修女。促成她做此決定另一主因是，與其結婚不如選擇進入修道院生活。

她到降生修道院 (Couvent de l'incarnation) 度過一年的初修期，1536 年 11 月初正式成為修女。真誠學習謙卑與懺悔，由於過分認真，她病倒了。醫生診斷不出病症，父親決定把她帶回家。雖然求醫、靜養，身體毫無起色。人們以為她有癲癇、肺結核，藥石罔效；1539 年 8 月 15 日，她陷入昏迷，於是拿鏡子置放鼻嘴前測驗是否氣息尚存，家人認為已回天乏術，接著替她準備後事。當時習俗是二十四小時之

內須入殮，其父認為女兒命不該
絕，再等幾天吧！三天之後，守
在她床邊睡著的弟弟，因棉被被
蠟燭的火燒到而驚醒，德瑞莎亦
同時醒過來。

1542 年 4 月，她回到修道院，
但健康尚未完全恢復。一生皆受
三年期間神秘病狀後遺症之苦。
根據當時加爾默教派 (Le Carmel)
的規定，修女須發貞節、貧修、
從順等誓願。9 月中旬至復活節，
一星期只吃三次肉；其他日子每
天只食一餐；復活節前一個月及
聖誕節期間，則戒齋。用餐時有

▲亞維拉降生修道院前聖德瑞莎雕像

人朗讀聖人的生活、靈修書籍及講道。在教堂、食堂及宿舍內，須保
持沉默。修女們必須在大廳堂做工。

她被分配到有兩個房間的小公寓，可接待親人居留，但不太適合
靜修。降生修道院沒嚴格遵守教條，有些是真心誠意成為修女，有些
則是嫁妝不夠，但付得起修道院的住宿費用，有些年紀不大、希望隱
居的寡婦，也住進來。在這種情況下，怎能苛求大家皆自發地遵守修
女嚴謹的紀律呢？

除了可接待訪客外，修女
並未被禁足，獲得允許後，即
可外出，探望親友、參加家庭
節慶；有時候甚至是院長請求
一位修女去拜訪名望之士，因

◀教宗保祿二世 1982 年 11 月 1 日訪
問此修道院紀念雕刻

後者不吝慷慨解囊。另一項經濟考量是，讓修女們到親朋好友家居留，可減少修道院供食人口，我們知道修道院並不富裕。德瑞莎時常被邀請去陪伴富有的慈善恩人。1561 年聖誕節，她前往托雷多，與一位喪夫、憂鬱的女貴族作伴。在華廈居住六個月期間，觀察豪門巨室人家的生活習性之際，在自己房間竭力冥想默思，開始撰寫她的人生經歷。

在奧古斯丁教派修道院時，她被灌輸虔誠不只是參與彌撒及唸祈禱文。僅僅有信仰不足以成為基督徒，唯有內在生活能賦予信仰意義。她大量閱讀宗教、性靈方面書籍，大大裨益其靈性生活進展。

1553 年，耶穌布滿傷痕的一幅畫震撼她，意識到耶穌為她受苦，她深受感動，跪在聖像前痛哭一場，懇求祂賜予力量，永不再違背祂。次年閱讀聖奧古斯丁的《懺悔錄》，她的心靈再度震動，尤其在花園聽到上帝聲音那一段落，德瑞莎感覺耶穌是針對她說的。於是下定決心改變生活，更勤默禱。

1555 年，可說是德瑞莎皈依主的轉捩點。之前二十年她心意不定，缺乏勇氣，現在嚮往真正的性靈生活。她在靈修方面進步神速，1557 年，聽到「超自然的言語」；兩年之後，「想像的顯聖」；再過一年，「智性的顯聖」。

創辦修道院

1560 年 9 月，德瑞莎因為與修女們的一席話，萌生創辦一座修道院的念頭。她擔憂邁向未知的途徑，她諮詢宗教人

▼浮身的聖璜 (San Juan de la Cruz, 1542～1591) 與聖德瑞莎畫像

士意見，有些勸她小心行事，因可能有人會向宗教裁判所揭發她。

　　1567 年 4 月下旬，她獲得加爾默教派會長的特許，創立修女修道院，但修女須保證遵照加爾默教派當初的規律。

　　她創辦修道院並非一帆風順，分三個階段：一、1567 至 1571 年，披荊斬棘、篳路藍縷，之後三年被禁止；二、1574 至 1576 年，教派內部衝突迫使她退隱四年；三、1580 至 1582 年，輪流指導她所創的五個修道院。

　　基於諸多理由選擇朝氣蓬勃的城市，較容易找到能幹的精神導師、

▲德瑞莎創建的亞維拉聖荷西修道院 (San Jose)

熟悉大學紀律的神學家；較多富裕的貴族及優渥的資產階級，他們會購買修女們生產的東西，或慷慨解囊。這皆是城市的有利環境與條件。這些修道院位於卡斯地爾的富庶地帶，集聚手工工廠、麥田、葡萄園、馳名大學、行政中心等地。

　　德瑞莎總共創辦十七座修道院。聖奧古斯丁的《懺悔錄》對她影響至鉅，她是自學成功的作家，獨特的藝術天分，撰述「自傳」、修女手冊《完美路徑》(Le Chemin de perfection)、《內心城堡》(*Le Château intérieur*)、《上帝之愛沉思錄》(*Pensées sur l'amour de Dieu*) 等書。智性的她成為經典作品作者，是西班牙最有深度的作家之一。

　　在當時由男性主導的社會裡，她果敢要求女性有權成為自己，且勸服當代有影響力人士，服膺她的理想與計劃。以謙卑的態度，採取行動，實現意志力。她是位令人欽佩的洞察人性者、虔誠的神秘主義

▼德瑞莎於艾勃‧得‧托湄斯辭世小室

者、完美、能力強的組織者。

　　1582 年 10 月 4 日在艾勃‧得‧托湄斯 (Alba de Tormes) 與世長辭，被葬在此鎮教堂。羅馬、里斯本、及西班牙不少城鎮爭相保存她的一點聖骨。

　　1614 年德瑞莎被宣福；1622 年被稱聖；1627 年被宣稱為西班牙的主保聖人。1970 年被教皇保祿六世賜予教會博士榮譽，鼓勵信徒把她當作楷模與導師；亦是沙拉曼卡大學博士。其作品影響後世的神學家，她是服務教會和世人的模範。「耐心可成就一切」是其座右銘，她做到了在神聖與人性、熱情與理智、行動與靜修之間取得均衡。

▼鍍金棺槨

▼聖母瑪莉亞

Chapter Ⅲ

歷　史

▲義大利托雷比古戰場

迦太基英雄：漢尼拔將軍

西元前 218 年冬季，迦太基將軍漢尼拔（Hannibal，前 247～前 183）率領四萬精兵及三十七隻大象，跨越阿爾卑斯山的壯舉，令人印象深刻，激盪人們想像力，吸引歷史學者。逾千的文章、書籍，為此「不可能的事實」跨越時空先後著墨，畫家亦不落後，哥雅（Goya）就以一幅「漢尼拔在阿爾卑斯山瞭望波河平原」畫作，在義大利帕爾瑪（Parma）參加畫展。

希臘人稱當今黎巴嫩地區一些城鎮為腓尼基，希臘文 phonix，意指荔枝螺，是此地區最繁榮的工業活動（把螺磨製成紫色染料，是當時珍貴的原料、商品）。這些沿海城鎮並無政治統一、劃定地理疆界；腓尼基人擅長航海與貿易。西元前 814 年泰爾（Tyr，今黎巴嫩南部）公主伊莉莎（Elissa）為逃避哥哥國王的追捕，與一群人橫渡地中海，在當今突尼斯不遠處登陸；他們探尋安居樂土之際，挖掘出一具石馬頭，它成為迦太基的象徵，Carthage 意味「新城」。

擁有西西里島大部分及薩丁尼亞的城邦國迦太基，於西元前 264 年逐漸國力興盛。與控制義大利波河以南，極欲

擴展勢力範圍的古羅馬，互相爭奪地中海利益。西元前 264 年爆發第一次布匿戰爭（La guerre punique，羅馬共和國與迦太基的戰爭，布匿是羅馬對迦太基的稱呼）時間長達二十五年，結果迦太基戰敗，失去西西里領土。

巴卡家庭

漢尼拔的父親漢密卡・巴卡（Hamilcar Barca，前 275～前 228），是位驍勇善戰的名將。就像大多數的迦太基名字，漢密卡隱含神意，漢密卡代表泰爾的大神及腓尼基人向西方擴展的神主「梅爾卡特的僕人」(le Serviteur de Melqart)。擁有此名者受到閃族 (Sémite) 神祇的保佑。此名字最常被用，亦最著名。漢密卡來自迦太基的貴族家庭。

第一次布匿戰爭斷斷續續在海陸交戰十八年之後，迦太基經常敗北，新任戰將漢密卡被委以重任，拯救迦太基在西西里島的最後防線。已經是三個女兒的父親的漢密卡，這一年迎接長子漢尼拔的誕生。迦太基的船舶直搗過義大利南端海岸，亦攻擊羅馬人控制的大城巴勒莫 (Palerme)。但羅馬已逐漸控制海權，西元前 241 年春季，羅馬船隊摧毀、擄獲迦太基補給及援兵船舶。尚堅守兩個軍營的迦太基人，孤立無援。漢密卡接到迦太基傳來與羅馬執政官和平談判的指令。與希臘人爭執數世紀奪來不易的西西里島，迦太基元老院（長者會議）決定放棄，讓經常戰勝的漢密卡大將，滿懷悲戚。

傭兵叛變

漢密卡擔憂被迫撤離西西里島的迦太基傭兵，因當時國庫已空、數月無法給餉，他們返回北非後集聚首府，又尚保留武器，恐怕是個潛藏危險。但元老院卻認為讓傭兵齊聚之後，才向他們宣布接受刪減的軍餉。無所事事、不耐煩、粗魯的傭兵，每人只拿到一枚金幣。元老院還下令把傭兵驅散至迦太基西部兩百公里辛卡 (Sicca) 兵營城。迦

太基軍事總督兼陸軍統帥漢諾（Hannon，此富裕的貴族是巴卡家的敵人），向此特殊群眾致辭訓話，說明迦太基財源困難，提議以分期低利的方式給付軍餉。由北非人、伊比利人、高盧人、義大利北部利古里亞人 (Ligures)、西班牙東部巴勒亞爾島民 (Baléares) 及歷史學者所謂的「半希臘人」組成的雜七雜八傭兵，大多數是逃兵和逃奴。他們無法瞭解漢諾的說辭，漢諾透過部隊長官分別陳述，結果溝通不良或翻譯不佳，情況更糟。傭兵集體公開叛變，反抗其部隊長官，朝向迦太基前進，在突尼斯附近建立營地。

漢諾無法勦平叛亂，迦太基元老院請漢密卡出場。他先瞭解叛兵陣地，然後展示其謀略才能。延燒三年的傭兵叛變，終於被他弭平。叛兵首領及同謀者被處以酷刑，整個北非臣服迦太基。漢密卡不僅恢復和平，亦擴張迦太基帝國領地。但是西元前 237 年結束的傭兵叛變，卻已波及至薩丁尼亞島。

薩丁尼亞島的迦太基傭兵，受到非洲同僚叛亂一開始的成功所鼓舞，於是群起效尤。羅馬元老院派遣一支遠征隊進駐該島，迦太基派一使團赴羅馬解說在該島的權益。羅馬方面回覆，任何對於該島的軍事舉動，將是對羅馬人的敵意行為，藉由戰爭來威脅迦太基退出薩丁尼亞島。對抗傭兵元氣大傷，已削弱迦太基的國勢，迦太基只好妥協，放棄薩丁尼亞。迦太基痛苦地退出逾三世紀的勢力範圍，羅馬更趁機進占科西嘉島。

漢密卡個人對羅馬人的反感，種下第二次布匿戰爭的主要禍因。羅馬人快速併吞兩島，再度掀起雙方仇恨，敲碎迦太基漢諾及同夥言和派之夢想。羅馬亦意識到地中海沿岸兩個共和國的和平共存，逐漸遠離。

漢密卡進駐西班牙

迦太基失去薩丁尼亞之後，在國內有人趁此機會算帳。其指責漢

密卡在西西里指揮作戰時，對傭兵做了輕率的許諾。漢密卡受到審判威脅，但得助於迦太基權貴人士之庇護，亦獲得人民愛戴。此時民眾的票數在大會決定占優勢，迦太基是以大多數結果做決定。在羅馬，元老院擁有最高權威，菁英的投票勝過庶民。希臘將軍、政治家、最偉大的歷史學者波利貝（Polybe，前 208～前 126，曾伴隨第三次布匿戰爭的傑出戰將小西庇阿，參與摧毀迦太基之圍城戰），在羅馬居住期間研讀羅馬人的政治與軍事，作出如下評論：羅馬的貴族政權是它在歷史上成功的要素；迦太基處理國事不當與平民議會有關。

迦太基元老院，通過進駐西班牙以限制羅馬往西擴展的提案，是否是漢密卡及其黨派的藍圖？安達魯西亞豐富的礦產很吸引人，與傭兵作戰，從薩丁尼亞撤退後，須賠償羅馬龐大軍費，迦太基國庫掏空。漢密卡在本土英雄無用武之地，思欲到異地發展、顯身手。西元前 237 年春夏季交接時，漢密卡和二女婿漢斯德魯巴（Hasdrubal，前 270～前 221）及九歲的漢尼拔，率領一支遠征隊赴伊比利半島。

希臘時代的伊比利半島

伊比利半島位於歐洲大陸極西端，邊緣的地理位置使它像次大陸。其群山高地、起伏地勢、嚴酷氣候、粗野居民，保護它免受外族侵入。半島北部、西北部及中部，與西元前一千年初期，在地中海邊緣盆地已發生的歷史毫無關聯。東北部、中南部及地中海沿岸，有塞爾特伊比爾人 (Celtibères)，因他們有共同的文明（包括葡萄牙南部），後來被通稱為伊比爾人 (Ibères)。他們頑強抵抗迦太基入侵。

西元前一千年初期，腓尼基人已在安達魯西亞沿岸成立貿易據點。西元前 666 年彿西亞人（Phocéens，居住於小亞細亞的古希臘人，彿西亞位於今土耳其西海岸 Izmir 省境內）在伊比利半島及法國南部（馬賽及尼斯），建立商業站及港口。漢密卡一行人上岸時，伊比利半島無政治結構，更遑論軍事組織。他們面臨諸多挑戰：征服、安撫、殖民。

漢密卡宿願未竟

漢密卡嚴厲與寬恕雙管齊下，不甚費力就鎮壓塞爾特伊比爾戰士，平服半島東南部，從卡地茲 (Cadix) 到阿利坎特 (Alicante) 是他建立的城市。漢密卡在西班牙的快速發展令其敵手漢諾及迦太基的元老院感到不安，憂心這位戰勝的將領意圖稱君，成立自己的王國。漢密卡向他們擔保，其唯一意願是迦太基的榮耀與繁盛。羅馬驚慌迦太基在西班牙的勢力擴張，於是派遣使團探問漢密卡的真正目標。後者的答覆是，要儘快償還第一次布匿戰爭的賠償。

西元前 228 年，即漢密卡抵達西班牙九年之後，在西南部對抗一部族出征時被突擊，為躲開追趕者，渡過上漲河流時被淹死。當時漢尼拔未滿二十歲，雖然早期就在父親身邊南征北討，但太年輕，由姊夫漢斯德魯巴繼承父業。

漢斯德魯巴建造迦太基那城

作戰經驗豐富，一向是岳父的得力助手，漢斯德魯巴順理成章被推選為迦太基將領後，得到非洲來的壯大援軍，率領五萬步兵、六千騎兵，兩百隻大象，終於擊敗敵手，替漢密卡報仇。此時迦太基已控制伊比利半島東南部大部分土地。

不知漢斯德魯巴是已成為鰥夫，或是政治考慮，他娶了一小王國公主，成了伊比爾人，被公認為伊比爾人最高首長：專制的將領君主 (strategos autokrator)，這是希臘科林特同盟 (ligue de Corinthe) 於西元前 335 年，授予年輕的亞歷山大的尊號。

亞歷山大大帝在他征服過的地方，成立的大城市具有王國組織、措施；新的領土、新的據點以傳播希臘文化，實施融合文化政策，創造奇才亞歷山大發明古代世界的更新，他成為往後征服者仿效的對象。例如他娶伊朗公主蘿珊 (Roxane) 為妻，漢斯德魯巴亦與一位伊比爾公主聯姻，後來漢尼拔也學他樣。漢密卡建立阿利坎特，漢斯德魯巴則

在此城更南海岸，建造迦太基那 (Carthagena)，極佳的地理位置，日後
發展成重要港口。迦太基那意指新的迦太基，新京城。聳立著無數廟
宇及一座豪華皇宮，並製造、流通貨幣，上面的人頭像是否是漢斯德
魯巴？可能是。

雖然漢斯德魯巴沒成立君主政體，但其權威具有王權特質，他不
請示迦太基元老院，而自行統治。羅馬人開始顧慮漢斯德魯巴在西班
牙日漸強大的控制與影響。

西元前 226 年，羅馬再度派遣使團來交涉談判。強求迦太基人不
許越過艾伯河 (Ebre)，任何越界行動將被視為對羅馬宣戰。此河是兩
國的天然國界。此時的羅馬不希望在西班牙用兵，因當務之急，是防
禦居住義大利北部，不服膺羅馬法律管轄、好戰高盧人的突擊。西元
前 390 年，高盧人就曾蹂躪羅馬。從此羅馬人擔憂高盧部族再度渡過
臺伯河 (Tibre)，一世紀半之後，塞爾特部族 (Celtes) 的災禍威脅繼續
存在。這是羅馬與迦太基簽訂互不侵犯條約的理由。

高盧人及義大利北部盟友，是無組織、高傲，紀律、軍備差的烏
合之眾，於西元前 225 年被羅馬軍擊敗，逾四萬名高盧人屍體橫臥戰
場。出乎意料的勝利，羅馬人恢復鎮定。此後兩年羅馬軍連續贏得兩
次勝仗，從保衛者轉變為征服者，從此占領波河平原。此時在西班牙
發生一樁悲劇，漢斯德魯巴在皇宮被侍從謀殺。其繼承者是二十五歲
的漢尼拔，他野心勃勃，不想與世敵維持現況，意圖繼續完成父親遺
願：雪恥西元前 241 年條約，進軍義大利。

漢尼拔登場

在伊比利半島（當時尚未稱為西班牙）度過十六年歲月，漢尼拔
沉浸在怨恨羅馬的氣氛中。他遺傳父親的軍事奇才，是後者的化身。
根據羅馬史學家 Tite Live 描述士兵對漢尼拔的印象：我們得到年輕的
漢密卡，精力旺盛，樣子一模一樣；其個性可適應服從（於父親與姊

夫旗下）與指揮，是漢斯德魯巴最勇敢善戰的得力助手，最勇猛士兵最有信心、最想服從的將領。面臨危險，果敢、冷靜無人能比。身心永不疲倦，耐勞功夫超強。飲食為需要非樂趣；只要有空日夜皆可入睡，隨時隨地倒頭就睡。其衣著與一般年輕人無兩樣，其武器與頭髮引人注目。最佳的騎兵與步兵，最先上陣最後撤退。其缺點是極殘忍（當時的將領誰非如此）、不畏神祇、背信忘義。

第二次布匿戰爭的肇因

　　準備直驅義大利之前，漢尼拔先在西班牙西北、中部地區擴展勢力範圍，及穩固基地。不到兩年地中海海岸由迦太基人管轄，除了艾伯河南部一百五十公里沙貢特城（Sagonte，今瓦倫西亞北部）效忠羅馬，此如同迦太基人的芒刺在背。無預先通告迦太基，漢尼拔決定率領大軍拿下此城，圍攻沙貢特意味對羅馬採取敵對態度。

　　經過八個月的奮勇抗戰、僵持不下，沙貢特終於投降。血腥鎮壓與堅強抵抗成正比。

　　羅馬匆促派遣一組元老院議員到迦太基嚴重抗議，強求迦太基交出漢尼拔，否則羅馬將開戰。惱怒如此最後通牒，迦太基議員一一駁斥羅馬的斷言。宣稱西元前 226 年與漢斯德魯巴的協議，未獲得元老院首肯，無法生效。迦太基只承認西元前 241 年結束第一次布匿戰爭時簽訂的和平條約，此條約並未提及沙貢特，無任何條款提到西班牙。迦太基驚訝羅馬缺乏誠意，縱使羅馬援引與漢斯德魯巴的協議，其中只規定迦太基軍隊不許越過艾伯河，而沙貢特位處艾伯河南方呢！

　　西元前 218 年 3 月，第二次布匿戰爭就此展開，主要戰場在義大利，它持續十六年，兩度威脅羅馬的存亡。漢尼拔從西班牙跨越阿爾卑斯山遠征義大利，留名青史，是古代重大事件，銘刻在後代的集體記憶裡。

從迦太基那到波河平原

　　直搗義大利本土的計劃須周詳精密的準備，漢尼拔派遣密使到法國南部探知情況，也在迦太基那接見高盧使者。採取防禦與攻擊措施，派伊比爾人組成的部隊，防衛迦太基及迦太基在北非的殖民地。在北非召集不同部族組成軍隊，遣送到西班牙。漢尼拔娶一位安達魯西亞女子伊蜜爾絲 (Imilce) 為妻，生一兒。遠征之前把妻兒送到迦太基，他到卡地茲朝聖，祈求泰爾保護神梅爾卡特履行祂的誓約。

　　西元前 218 年春天，漢尼拔率領七萬名士兵、三十七隻大象離開迦太基那，軍隊主要由利比亞人與伊比爾人組成。渡過艾伯河，在今日的加泰隆尼亞及庇里牛斯山腳下，因當地居民頑強抵抗，蒙受重大

▲從西班牙到義大利路線圖

▲漢尼拔軍隊、大象跨越阿爾卑斯山

損失。他留下一名副將及一萬步兵、一千騎兵駐守在此地區。

　　漢尼拔為避免與目前法國南部盧西雍地區 (Roussillon) 塞爾特區域聯邦臨時民兵相衝突，寧願贈予禮物獲得過路權。8 月底行至離羅納河岸不遠處，此時羅馬執政官老西庇阿（Publius Cornelius Scipio，？～前 211，兒子大西庇阿被稱為非洲征服者）率領艦隊駛近馬賽港，目標是到西班牙與漢尼拔軍隊交戰。他很驚訝地獲悉漢尼拔已在法國南部，前往義大利的半路上，完全在羅馬的各種戰略計劃之外，萬萬意料不到羅馬會遭到威脅。

　　西元前 400 年，一大群高盧塞爾特人就曾攀越阿爾卑斯山，長途跋涉直驅羅馬城下。但是率領一支有組織的龐大軍隊及大象，可謂史無前例！來自氣候迥異北非、西班牙的士兵，時時面臨暴風雪、烈風、雪崩、飢寒交迫的威脅。攀登至一山嶺高峰，波河平原（波河是義大利最長、最重要的河流，流入亞得里亞海）盡收眼底，克服大自然屏障的狂喜，漢尼拔向士兵訓話鼓舞士氣，歷經六個月的艱辛跋涉，迦太基將軍已失去半數兵員。

與羅馬軍團首度接觸

　　漢尼拔帶領兩萬步兵及六千騎兵殘軍，三天內拿下杜林 (Turin)，下令割喉宰殺所有抵抗者，此恐怖政策目的在影響處於觀望態度的高盧人，因羅馬兵團逐漸逼近，漢尼拔覺得有必要快速地激起一股高盧人加入聯盟的熱勁。

　　迦太基軍隊已踏上義大利土地，且奪得皮埃蒙 (Piémont) 首都的消息震撼羅馬。火速調回正在西西里島準備進軍非洲的第二位執政官隆居斯 (Longus) 及其兵團，與第一位執政官老西庇阿的軍隊會合，以迎戰漢尼拔。

　　初次交戰成敗將影響士氣，可說極為重要，這是迦太基將軍生命中最大的一場賭注，若是敗北，遠征義大利就此收場；假如勝利，猶豫不決的高盧人將在他的旗幟下效忠，他才有足夠兵力繼續南征。他向士兵們保證，奮勇作戰的報償是，每個人可隨心所欲在義大利、西班牙或北非獲得一塊土地，不需繳稅，且惠及後代子孫；亦可成為迦太基公民；至於跟隨主人在軍中效勞的奴隸，可恢復自由身，主人則可獲得兩位奴隸作為補償。漢尼拔左手抓住一隻羔羊，右手執一石塊，祈禱之後用力擊破羊頭，表示若他不守信將會有一樣的下場。

　　西元前 218 年 11 月底波河平原左岸北方隆梅羅（Lomello，在 Pavie 省）附近，老西庇阿與漢尼拔兩方的偵察騎兵隊不期而遇。迦太基的北非騎兵兇猛奮戰，羅馬軍隊分批逃逸。老西庇阿受了重傷，幸虧十八歲的兒子及時拯救才得以倖免於敵手，這是西庇阿首次參戰。

　　老西庇阿的急迫撤退，沒讓漢尼拔獲得全盤勝利，但他馬上坐收戰勝的利益。原本觀望的高盧人立刻派遣密使來，建議提供食糧與士兵。此外監守羅馬糧倉的首長，原籍義大利南方人（仇視羅馬），背叛羅馬開城門引進迦太基軍隊。羅馬遭到凌辱，迦太基將領禮遇歡迎這些變節士兵。

托雷比戰役 (Bataille de la Trébie)　西元前 218 年歲末

羅馬軍隊的高盧士兵趁著深夜，殺害駐營其旁的羅馬軍，砍其頭顱，兩千步兵及兩百騎兵投誠迦太基軍隊。漢尼拔把他們分別派遣至其部落，激勵同胞來結盟。波隆納地區居民亦來呈獻羅馬特派員，後者任務是建議雙方分享土地。

這一連串的背叛讓老西庇阿深惡痛絕，擔憂整個義大利北部、阿爾卑斯山以南的高盧人，紛紛投歸漢尼拔。因缺乏安全感，拔營另駐紮於波利冉斯 (Piacenza) 南部托雷比河 (La Trébie) 東岸山丘上，等待從西西里島趕回義大利的援兵。

漢尼拔知曉深入異地無明確後勤組織的軍隊，必須時常移動，他積極準備作戰藍圖，希望隆居斯掉入其陷阱。布置步兵、騎兵埋伏於荊棘、沼澤植物叢生的河岸，清晨另外派遣著名、驍勇善戰的北非騎兵到羅馬兵營前挑釁，目標是誘敵過河。隆居斯果然中計，下令六千名步兵、騎兵出營追擊。當天雪花紛飛、視線模糊、寒冷刺骨。沒吃早餐的羅馬兵，渡河時冷水高至胸膛，上岸後僵硬手臂無法操持武器；反之，迦太基軍隊不僅飽食，四肢還塗抹油脂防寒。

羅馬與迦太基的兵數是四萬，可說是旗鼓相當。但漢尼拔擁有一萬名騎兵，在戰術上較占上風，他把他們分成兩隊排放兩翼，中間布置步兵部隊，陣線約三公里長。羅馬亦採取一樣布陣；雙方步兵肉搏戰分不出勝負，但前方羅馬兩翼騎兵不堪敵方眾多、強勢的騎兵一擊，紛紛退卻而無法保護步兵。此時埋伏於河岸的迦太基士兵傾巢而出，攻擊羅馬步兵後陣，慌亂升高。背對河川的羅馬兵，早上渡河的冰冷經驗心有餘悸，許多中央步兵團三十六計逃走為上策。衝出迦太基陣線時，引起敵方不少損失。約一萬名逃兵組合後退到波利冉斯，靠近兩邊的步兵大量被殺戮，少數脫逃，與大部分騎兵隊到波利冉斯會合。

惡劣氣候阻止漢尼拔追趕羅馬敗兵。但無可否認，這場戰役是羅馬的災難。

塔西門湖畔

西元前 217 年 3 月，羅馬選出兩位新的執政官：貴族出身的塞爾維里斯 (Servilius Geminus) 及來自平民階級的法拉米尼斯 (Flaminus Nepos)。後者不是政治新手，曾為平民仗義執言；西元前 227 年羅馬併吞西西里島之後，他被委任行省總督一職。

亞平寧山脈雖沒阿爾卑斯山高，但跋涉其森林濃密山坡、深淵峽谷並非易事，強風、酷寒、傾盆大雨，無法紮營的亞諾 (Arno) 河谷的沼澤地帶，眾多士兵紛紛倒斃。氣溫驟變的多雨春季，加上多少無眠夜晚，耗損漢尼拔的抵抗力，眼炎使他瞎了一隻眼。

塔西門湖 (Trasimène) 北岸與山丘之間是一狹窄平原，漢尼拔看中這設計陷阱的好地勢。他的部隊在丘陵上布陣、過夜；6 月 21 日早上，在湖西北岸紮營的羅馬執政官，率領其隊伍追蹤漢尼拔，那天地面上霧濃視線不佳，羅馬軍不知敵人在高處窺伺他們，伺機行動。帶頭的執政官及軍官最先遭殃，其他驚恐的士兵不知敵從何處來，為保命各自逃逸，選擇跳湖的不幸與武器下沉而溺斃。混戰持續三小時，一萬五千名羅馬士兵被殲滅，一萬名被俘獲，高盧士兵斬了執政官首級當戰利品。漢尼拔放過羅馬盟兵，鼓勵他們不再與羅馬結盟，且讓他們明瞭他的義大利政策只是對抗羅馬。此戰役再度展現漢尼拔的策略天才。

策略殊異的兩位最高行政官

　　羅馬軍團三次連續戰敗，挑釁、埋伏、殲滅，每次戰役都是在迦太基統帥選擇的地面進行，三位羅馬執政官皆中了圈套；他們高傲、無能、不耐煩、缺乏深思熟慮。上天似乎特別眷顧迦太基軍隊，冰冷河水及地面濃霧幫助了羅馬敵人，「獨眼龍」漢尼拔是否所向披靡、攻無不克？

　　每次選出兩位執政官，在軍事行動上不太有效率。在特別情況下羅馬決定停止兩頭執政，採用一個人掌握軍權、是由議員與人民合選的最高行政官。此一人掌權與現代「獨裁者」定義不一樣。

坎尼會戰 (Bataille de Cannae)

　　西元前 216 年，在平民對抗貴族的緊張氣氛下，羅馬照例選出兩位執政官：出身低微的瓦宏 (Terentius Varron) 及來自羅馬名門的艾密勒 (Paul Emile)。兩位主張恢復殊死戰鬥政策，尤其是前者。鬥志高昂聲浪瀰漫各社會階層，被平民指控態度被動的富裕貴族家庭，欲趁機顯示愛國情操，百餘位元老院議員決定以個人名義參戰。3 月時已召集了八個軍團，加上盟軍，總共有九萬人及六千騎兵。羅馬兵數超過迦太基，後者擁有五萬名士兵，一萬名騎兵。

　　兩位新執政官急著在平原與敵軍會戰，勝利在握的信心將使他們

▼塔西門湖全景

感到驕傲。夏季時飢餓迫使漢尼拔移到阿布里省（Apulie，今 La Pouille，義大利文 Puglia）歐菲德河（Aufide，目前是 Ofando）旁，拿下羅馬人的穀倉坎尼城堡，亦要挑釁

▲塔西門旅客中心展示的戰衣及雕像

羅馬兵團。瓦宏與艾密勒匆促趕去。兩方軍團皆紮營在河左岸。羅馬軍紀嚴格、士兵效忠、團結、有共同理想。嚴重的缺點是有兩個執政官輪流指揮，偏偏此次又是一個急性子一個慢郎中，每天更換戰術對羅馬兵不利，漢尼拔知道這點。

8 月 1 日北非騎兵故意騷擾羅馬兵，這一天擔任統帥的艾密勒保持緘默，紋風不動，瓦宏卻顯得急躁、絕望。隔日輪到瓦宏指揮，一大早命令士兵渡河在右岸布陣備戰。艾密勒雖然不太熱衷，但還是幫同事一手，他留下一萬名士兵（包括新的盟兵）看守兵營，這些士兵後來成了俘虜，逃過被殺的命運。

羅馬兵擺陣方式：

右翼——兩千四百名羅馬騎兵、一團步兵及盟軍步兵，由艾密勒指揮；
左翼——盟軍騎兵、兩團一萬名新兵、一萬名盟軍步兵，由瓦宏指揮；
中央——重步兵則交給兩位舊執政官；
與平常布陣不同，瓦宏縮短步兵支隊之間的距離。通常負責開戰持輕標槍的步兵，在最前線形成一條長細線。

迦太基這邊：

漢尼拔先觀察敵軍布陣方式，他雖然擁有一萬名騎兵，但步兵才四萬

名，比敵軍少多了。看來無法抵擋羅馬強大的步兵團，為了避免被包圍的危險，他須把前線像敵軍一樣拉長；結果是其戰線較不深，抵抗力較弱。這位軍事天才知道如何以寡敵眾。

其步兵隊最堅固的單位是非洲的重步兵，他把它當成攻擊要素。分成兩組置放中央，配備塔西門湖戰役時在羅馬兵身上取得的武器。中央以凸出形狀布陣伊比爾及高盧步兵，像盾牌或新月形，凸出部分正面對敵人，成為羅馬兵的目標，也有伺機變換的可能。左翼六千名伊比爾與高盧騎兵，由漢尼拔大弟漢斯德魯巴（Hasdrubal Barca，前245～前207）指揮；右翼非洲騎兵由騎兵將領馬哈拔 (Maharbal) 率領，佐以漢尼拔小弟馬貢（Magon，前243～前203）。漢尼拔留在中央指揮步兵，可觀望戰情以隨時操兵。

交戰：

如漢尼拔所預料的，凸出部分的伊比爾與高盧步兵，面對羅馬排山倒海般大批步兵很快就崩散，羅馬步兵繼續往前衝，不知不覺把非洲重步兵折成新月狀，兩翼待機的非洲步兵向中央圍剿敵軍。由漢斯德魯巴率領的伊比爾與高盧騎兵，擊敗羅馬右翼騎兵

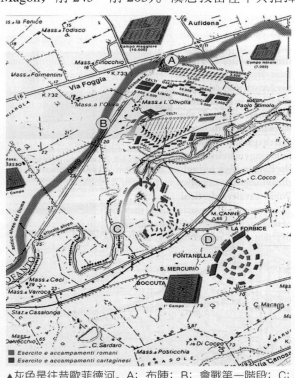

▲灰色是往昔歐菲德河。A：布陣；B：會戰第一階段；C：會戰第二階段；D：會戰第三階段

後，轉向敵軍後方攻打左翼騎兵，後者與迦太基勇悍非洲騎兵激戰後，被迦太基兩翼騎兵包圍，不久就潰敗。此時迦太基騎兵再繞去打擊已被包圍的羅馬步兵。

迦太基方面損失不及六千名戰士。羅馬部隊損失慘重，四萬七千名步兵、兩千七百名騎兵、一萬九千名俘虜；二十九位行政長官、八十位自願參戰的議員、大部分軍官皆魂斷沙場，艾密勒是其中一員，瓦宏則與一小撮人逃離。受重傷的艾密勒寧願與士兵同歸於盡，臨死之際，請一位本想協助他撤離的行政長官，通告元老院議員準備緊急狀況。

迦太基在坎尼的漂亮勝戰，漢尼拔非凡的戰略、戰術才智發揮得淋漓盡致，成為許多作戰學校、軍校研究的對象。

▼坎尼會戰告示牌

親臨戰場遺址

　　2015 年 6 月義大利文化之旅，前往坎尼戰場前夕，我選擇一家修
道院改建的旅館 Tenuta San Francesco，19 日黃昏時抵達旅館，慶幸戰
場就在鄰近，迫不及待卸下行李，與外子驅車去踏尋。往昔戰場現是
一大片葡萄園，亦種植橄欖樹，有少數菜園、果園。山丘上城堡廢墟
在夕照下特別耀眼，看一下戰爭博物館 (Canne della Battaglia) 開放時
間，明早再來參觀。博物館對面果園金黃色果實纍纍，是黃色桃子或
是杏子 (abricot)。望見有人在採摘，我向果園主人說想購買，他送我
一袋，我頻頻道謝。這是我品嘗過最碩大甜蜜的杏子。

　　隔日，我們先攀登山丘，迎來陣陣蟬鳴，漫步城堡廢墟，一孤立
石柱有希臘史學家波利普的希臘文，及羅馬史學家 Tite Live 的拉丁文
題詞。興奮、感動摻雜絲絲沉重，我選擇最能觀望戰場位置，倚靠矮
石牆凝思，歐菲德河兩岸被樹叢遮掩，戰役在河右岸，戰場並不寬廣。
想像西元前 216 年 8 月 2 日，熾熱的天氣，戰士們披甲戴盔，衝鋒陷
陣。死的死、逃的逃，橫屍遍野、血流成河，慘不忍睹。當時並無戰
爭焦慮後遺症的醫學概念，受傷者或是逃過一劫的，只能自生自滅。

▼坎尼古戰場今日景觀

▲卡布羅馬競技場：奴隸出身的鬥士 Spartacus，西元前 73 年在
　此競技場帶領史上著名、血腥的奴隸、鬥士叛變

漢尼拔將軍：困境 失敗 放逐

羅馬不接受和平提議

坎尼全面戰勝後漢尼拔並未乘勝追擊攻陷羅馬，為什麼呢？他的騎兵將領馬哈拔 (Maharbal) 想像四天後可在羅馬晚餐，當他獲悉漢尼拔不想趁勝進擊時，懊惱地說道：「你知道獲勝，漢尼拔，但是你卻不知利用勝利」(Vincere scis, Hannibal, uictoria uti nescis)。迦太基將領的猶豫不決，無疑拯救了永恆之都及未來的帝國，世界的命運從此改觀。

漢尼拔到義大利的目標及計劃，不是發動滅絕戰爭。遣返羅馬盟軍俘虜回鄉，對羅馬兵俘虜說明他的意圖，對羅馬施壓，克制其帝國主義。現在他期待羅馬承認迦太基的勝利，請求簽署和平條約，恢復西元前 241 年條約之前狀況，一雪迦太基蒙受的重大恥辱與損失。他同時施展外交活動，促使義大利南部地區不再受羅馬控制。

明顯地，漢尼拔的政策是，恢復義大利南部往昔大希臘時期古城的自由，讓這些區域成為迦太基的保護領地。漢尼拔知道六十年前希臘伊庇魯斯國王 (Epire) 皮洛斯 (Pyrrhus，前 378 ～前 212) 的例子，此王擅於讓城市和平相

處，義大利南部居民寧願接受一位外國國王統制，而摒棄長期以來的主人翁羅馬人。西元前 280 年戰敗的羅馬拒絕簽約，雖然皮洛斯沒完成大業，但其理想激勵了漢尼拔。

「戰勝者並沒真正獲勝，假如戰敗者並不承認」，漢尼拔派遣十位俘虜代表赴羅馬請求贖回眾多戰俘，及試探和平意願。但羅馬不接受這一招，指責降敵的俘虜。命令滿十七歲男子總動員，還招募購買來的八千奴隸，加上盟軍，不久就組成一支重要軍隊，戰爭繼續下去。漢尼拔派小弟馬貢率領一支軍隊，南下降服南部地區居民，然後回迦太基報告義大利行軍狀況，並期望獲得援軍首肯。

坎尼戰役之後，漢尼拔本欲攻打那不勒斯，以獲取好港口，但一見到堅固城牆，厭惡圍城的他就放棄，於是選擇較北部的卡布 (Capua)。此城受羅馬管轄，但羅馬戰敗誘引它見風轉舵，當漢尼拔抵達時與羅馬代表不期而遇，後者來警告卡布城應自力救濟，以免落入野蠻敵手。迦太基將領與此城達成協議：保留其法律及行政官員，居民不需為迦太基服兵役。漢尼拔不費吹灰之力，輕易接收此城。

西元前 215 年夏末，漢尼拔試著攻下那不勒斯東部的挪拉 (Nola)，但無法動搖此地顯要人士對羅馬效忠，於是轉移陣地到東部亞布利（Apulie，今普利亞省 (Puglia)）紮營過冬。西元前 211 年，漢尼拔曾攻到羅馬城下，但沒成功。

羅馬與迦太基在西班牙的爭奪

西元前 217 年底，老西庇阿兩兄弟在西班牙艾伯河以北的分別戰役，讓管轄西班牙的漢尼拔弟弟漢斯德魯巴，意識到西班牙局勢告急。但迦太基議會還是維持原計劃，由漢斯德魯巴率援兵赴義大利。西元前 216 年秋天，老西庇阿兩兄弟聯合於艾伯河阻擋迦太基援軍前進。後者戰敗且損失慘重，主要是西班牙步兵鬥志低沉，寧願在本土被擊敗，也不願以勝利者的姿態遠征義大利，漢斯德魯巴統率大軍的希望

破滅。迦太基議會派遣漢尼拔小弟馬貢到西班牙援救；西元前 212 年底，另外一位漢斯德魯巴（季斯孔 (Giscon) 之子）亦被調到西班牙，率兵加入馬貢軍營。老西庇阿兩兄弟再度分兵南下迎敵；西元前 211 年兄弟倆在一個月內戰亡，他們在西班牙英勇戰鬥七年，此時義大利的羅馬軍隊已逐漸強大。

漢尼拔長駐義大利南部，羅馬決定加強騷擾、破壞迦太基在西班牙的勢力範圍。以特別方式選出將軍兼行省總督，與父同名的西庇阿（Publius Cornelius Sipio，前 236～前 183，即未來的非洲征服者，被稱為大西庇阿）被提名當選，這年他才二十三歲。

羅馬軍奪取迦太基那

年輕的西庇阿受命統領羅馬在西班牙的軍隊，他與副官分別從水路圍攻迦太基那，此城是迦太基在西班牙的首府，具有重要的戰略地位，當時卻只有一千多名士兵守衛。羅馬軍攻陷迦太基那後，獲得鉅大的戰利品：兵器、運輸船、無數金銀財寶。為了獲得西班牙人心，

▲西班牙東岸 Tarragona 附近傳說中老西庇阿兄弟的墳墓

西庇阿釋放此城居民，讓他們回歸原
來故里。羅馬將軍強求屬下尊重俘虜。
其寬宏大量讓海岸地區伊比爾首領、
小王，紛紛投效於其旗下。

　　漢斯德魯巴眼見其盟軍逐漸遞
減，而羅馬軍卻逐漸龐大，決定來場
速戰速決戰役，然後率領勝軍或殘兵
前往義大利與漢尼拔會合。西元前 209
年春季，兩軍於哈恩 (Jaen) 以北四十公
里白利安 (Bailien)，即瓜達基維爾河右
岸對峙。羅馬軍先攻擊，迦太基方面
尚未完成布陣，右翼已被衝擊。漢斯
德魯巴選擇不交戰，朝北離去。西庇

▲非洲征服者西庇阿雕像

阿考慮到敵軍援兵可能會合，放棄追擊。

　　從此瓜達基維爾河谷門戶大開，西班牙南部首領亦陸續來效忠，
他們推擁小西庇阿為國王，他竭力放話：「羅馬無法容忍國王的尊號」。

希望破滅：梅多爾戰役（西元前 207 年夏季）

　　漢斯德魯巴順利地經過法國南部，招募高盧人，來到義大利北部。
原先計劃與漢尼拔在中部會合。他派遣騎兵快馬加鞭送信給哥哥，但
於往塔罕特 (Tarente) 途中被羅馬士兵攔截。從信函中執政官尼祿 (C.
Neron) 獲悉，迦太基兩兄弟相會地點是中部翁布里 (Umbria) 地區。捎
信給羅馬議會之際，尼祿逾越職責、擅自作主，離開他管轄的省區。
夜間悄悄帶領部分軍隊輕裝疾行朝 Picenum 前進，漢尼拔是否風聞敵
軍異動呢？總而言之，鄰近羅馬大量兵團，他不輕舉妄動。

　　數日之後尼祿已趕到北部塞尼加利亞 (Senigallia)，為避免敵方起
疑，也是晚上與在此紮營的兵團會合。漢斯德魯巴聽到號角聲響徹一

陣子，此意味兩位執政官相聚；他的前哨士兵亦觀察到羅馬軍隊增多。
漢斯德魯巴感到心慌，決定移動軍隊渡過梅多爾河 (Metauro)。毫無準
備的行動，且嚮導臨陣脫逃，縱隊在蜿蜒曲折的河中迷路，找不到河
灘上岸，只能緩慢前進。被羅馬軍追逐，漢斯德魯巴不得不開戰。背
水一戰，迦太基軍隊處境不利。尼祿率領右翼軍隊，繞過自軍背後，
轉到敵軍右邊，從側面攻擊敵軍右翼。此策略決定勝敗結局，漢斯德
魯巴見大勢已去，不願逃生苟活，英勇衝向敵陣，壯烈犧牲。

　　經過十二年的戰爭，羅馬總算能鬆口氣，過和平的日子了。數日
後尼祿回到原本駐紮地卡奴西薷（Canusium，今 Canosa di Puglia），
派人把漢斯德魯巴頭顱投擲到迦太基陣營。漢尼拔可遙望被鍊鎖的北
非戰俘，執政官還故意讓其中兩名戰俘跨越敵界作為不幸的使者。漢
尼拔承認迦太基的厄運，至少他承受打擊，把整個軍隊移動到義大利
半島最南端的布魯提烏姆 (Bruttium)。

艾利帕戰役之後　羅馬在西班牙取代迦太基

　　漢斯德魯巴率兵前往義大利,削弱了迦太基在伊比利半島的軍力。
迦太基決定由漢諾 (Hannon) 將軍指揮部隊前往增援，與漢尼拔小弟馬
貢會合。漢諾被西庇阿的副官擊敗，且被擄獲，迦太基的塞爾特伊比
爾士兵崩潰逃散，馬貢撤退到南部卡地茲地區。此時羅馬已控制迦太
基在伊比利半島的據點。

　　西元前 206 年春季，在塞維亞北部十五公里，瓜達基維爾河右岸
阿卡拉·德里約 (Alcala del Rio)，展開了關鍵性的西班牙戰爭。西庇
阿召集四萬五千名步兵、三十騎兵，包括伊比爾人在內，南下紮營；
迦太基軍隊數目旗鼓相當。經過幾次小型衝突，雙方布陣對峙、互相
觀察，西庇阿的兩項戰略使羅馬軍略占上風。幾天以來，他注意到季
斯孔之子漢斯德魯巴早晨很晚才讓兵出營。

　　他決定開戰那天，讓漢斯德魯巴措手不及，西庇阿不僅黎明就出

兵，並且陣容與這幾天不同，伊比爾兵在中央，羅馬兵在兩旁。清晨，迦太基軍隊尚未布署完畢，羅馬將軍就派騎兵、輕步兵去擾亂，數小時之後召回他們，分成兩團布陣於兩翼羅馬重裝步兵後面，然後才命令前進會戰，此重要戰術決定勝負，與敵軍距離數百米時，兩側有羅馬重裝步兵，後頭有輕步兵、騎兵支持，開始分別圍攻迦太基兩側較弱的西班牙兵。後者被包圍、撞亂、擠壓，此時迦太基的軍隊菁英非洲兵及迦太基老兵，幾乎難以接觸到西庇阿用來壯勢的伊比爾兵。下午時分，迦太基行列疲憊不堪、熱不可支，排行撤退，驟然的暴風雨阻止羅馬軍的追擊，避免嚴重的大災禍。羅馬軍的大勝，是西庇阿從漢尼拔學來的教訓：以最強的兵力攻擊敵軍最弱的部分。

　　漢斯德魯巴逃往卡地茲避難，然後返回非洲。駐守此城的馬貢明白光復西班牙希望渺茫。巴卡家族在西班牙的征服於西元前 206 年底停止，亦終結腓尼基人在西方的冒險，羅馬逐漸取代迦太基。結束西班牙征服後，西庇阿於西元前 205 年返回羅馬，把伊比利半島留給繼任者，他已完成後世認為西班牙羅馬化的奠基者。在塞維亞西北部分配土地、安置士兵，建立西班牙首座羅馬城義大利卡（Italica，今桑蒂

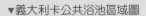

▼義大利卡公共浴池區域圖　　　　　　　　　　　　　　　　▼海神鑲嵌地磚

蓬斯鎮 (Santiponce) 郊外)；一世紀半之後，凱撒使它成為自治市，羅馬兩位傑出皇帝塔冉 (Trajan, 53～117) 及亞德利安 (Hadrien, 76～138) 就誕生於此城，他們兩位象徵羅馬帝國巔峰時期。

漢尼拔為何久駐義大利

遠離故鄉，漢尼拔在充滿敵意的異地作戰、駐留已屆十三年，率領不同族群組合的龐大軍隊，如何解決食物供給及軍餉給付是個難題。這麼多年，下屬、士兵沒叛亂過，可見他的號召力、影響力多麼強大，他與他們光榮、患難與共。漢尼拔已經多年沒迎接迦太基的援軍。

他在義大利南部進行拉鋸戰是有原因的，西元前 215 年，漢尼拔以迦太基的名義與馬其頓國王菲利普五世簽約。此條約不排除後者派兵渡海援助迦太基軍隊，事實上此種可能性從未發生過。蓋從西元前 215 年起，羅馬停駐於布林迪斯 (Brindes) 五十多艘的艦艇，巡視亞得里亞海義大利海岸及塔宰特海灣 (Tarente)，禁止馬其頓人登陸。西元前 214 至前 210 年，行省總督萊維奴斯 (M. Valerius Laevinus) 的任務是監視達馬特（Dalmate，舊南斯拉夫）及希臘沿岸。希臘半島的伊脫利人 (Etoliens) 屬於對抗馬其頓聯邦成員。西元前 212 年底，萊維奴斯以羅馬之名與伊脫利人簽訂盟約。羅馬行省總督認為菲利普五世忙著應付鄰邦，從此無暇顧及義大利，履行與漢尼拔的條約。西元前 205 年馬其頓選擇與羅馬和談。

西元前 213 年，漢尼拔試著奪取塔宰特港不成；西元前 206 年，馬其頓援兵的希望已成泡沫，漢尼拔為何還停留在義大利南部呢？我們不要忘記漢尼拔是依照迦太基的命令作戰，雖然由他自由決定戰略。此時羅馬的元老院正準備讓西庇阿率軍登陸非洲自由採取戰術。迦太基這邊，仍然認為應該持續對羅馬施高壓，讓義大利厭倦十五年的戰爭，而傾向和平協定，梅多爾戰役的敗北並沒改變此選擇。

馬貢試圖與漢尼拔會合

　　西元前 206 年秋天，在卡地茲的馬貢接到迦太基指令，乘船至義大利北部，於當地召募利古里亞人及高盧人。他嘗試收復迦太基那城不成，次年春天他帶領三十艘戰艦及載滿一萬兩千名步兵及兩千騎兵的運輸船隊，從梅諾克島 (Minorque) 一路趕到義大利西北部。毫無困難攻占熱那亞，與利古里亞人達成協議，此地區對迦太基一向友好。夏季時迦太基的援兵抵達，同時利古里亞人公然加入迦太基陣營，波河平原的高盧人則較不張揚地投效。

　　駐紮亞利彌奴（Ariminum，今 Rimini）的行省總督，任務是監視整個義大利北部地區。他察覺迦太基的新威脅，於是通告元老院。為了阻擋馬貢南下，羅馬調動、增加軍團，嚴守亞利彌奴及亞瑞提烏（Arretium，今 Arrezo），亞平寧山脈東西兩邊，封鎖通往中部的道路。馬貢軍隊在隆巴第 (Lombardie) 地區停駐近兩年之久。但西元前 203 年夏季，他在米蘭附近接受羅馬四個軍團的挑戰。雖有大象助陣，迦太基軍隊仍在開戰後不久便潰不成軍，在最前線作戰的馬貢因大腿

▼迦太基那羅馬劇場

受傷墜馬，幾天之後傷口感染，在薩丁尼亞外海不瘉過世。

　　漢尼拔一定風聞過小弟在利古里亞成功登岸、招兵的消息；不過對於兩軍在義大利中部會合不存幻想。自己的軍隊人數漸減，羅馬軍隊到處封鎖，迦太基的援助無法抵達；西元前 205 年夏天就有八十艘迦太基補給船，在薩丁尼亞外海被攔截。漢尼拔被侷限於有四百年希臘文化的克羅托 (Crotone)，十三年以來他初次感到英雄無用武之地。

羅馬登陸非洲

　　經過長期、成熟的政治考量與外交準備，羅馬深刻瞭解要在迦太基本土打勝仗，唯一條件是取得北非原住民國王中立，若能與他們結盟則更佳。西元前 204 年夏天，西庇阿率領龐大軍艦在非洲登岸。當時除了位於今日突尼西亞的迦太基外，北非有三個王國：

一　極西端，摩爾王國控制目前摩洛哥北部，雖然具有重要戰略地點，但未捲入羅馬及迦太基之間的衝突；

一　東部廣闊的努米底亞 (Numidie) 有馬沙艾西王國 (Massaesyles，包括今摩洛哥東部邊緣與三分之二的阿爾及利亞)，其王是西法克斯 (Syphax)；

一　由馬西尼沙 (Massinissa) 統治的馬西人王國 (Massyles，阿爾及利亞東北部及突尼西亞西北部海岸)，此王國土地較狹窄。

　　當馬西尼沙還是王儲時，於西元前 212 至前 206 年期間，奉父王之令率兵到西班牙，與迦太基軍隊並肩作戰。西元前 211 年老西庇阿兩兄弟先後敗亡，馬西尼沙亦有功勞。但他後來目睹迦太基的地位逐漸被羅馬取代，於是見風轉舵。西元前 206 年於卡地茲，請求與西庇阿會談。提議若有朝一日羅馬在非洲作戰，他將提供協助。西庇阿珍惜努米底亞騎兵的勇猛善戰，欣然接受。

　　至於西法克斯，多年來一直與羅馬有所聯繫，盼望羅馬可助其擺脫迦太基的監護、控制。西元前 213 年老西庇阿兩兄弟從西班牙派遣

大使，到非洲與馬沙艾西王國締造友誼與同盟條約。西元前 210 年則是西法克斯派出使節到羅馬擔保，他是最忠信的盟友。羅馬亦遣代表到非洲致贈回禮。但西法克斯最終還是持觀望態度，西元前 206 年仍然與迦太基有盟約。

　　這年夏天西庇阿（未來的非洲征服者）特別從西班牙渡海到北非，與搖擺不定的西法克斯會面。不料在 Siga 港口（今已成廢墟）遇到艾利帕戰役 (Ilipa) 敗北的敵手漢斯德魯巴，後者於歸途中路過此港。兩人成為馬沙艾西國王的座上賓，國王熱誠接待。與西庇阿不期而會，漢斯德魯巴對他印象深刻，不禁道出：「碰到這種大將人才，迦太基人不該尋求失掉西班牙的原因，而是應該尋找捍衛非洲的方法」。

　　締約之後，西庇阿認為已與努米底亞國王結盟，安心回去迦太基那。殊不知喜愛扮演和事老的西法克斯，不敢輕易背叛強大鄰國迦太基。至於迦太基這邊，面對羅馬把戰場轉向非洲之危急，他們十分在意保持與西法克斯之友誼。西元前 205 年歲末，已有成年孩子且邁入老年的馬沙艾西國王，與漢斯德魯巴的女兒蘇佛妮斯蓓 (Sophonisbe)成婚，她不僅年輕漂亮，且聰慧、有音樂才華，換句話說，魅力與靈性兼具。不久她的懷柔政策奏效，夫君與迦太基簽訂同盟誓約。深知此王的機會主義態度，為了慎重起見，漢斯德魯巴還讓西法克斯派代表團到西西里島，警告在此停駐的西庇阿，若他要把直搗迦太基的計劃付諸實現，他將會在非洲迎戰。

關鍵性的大平原戰役

　　迦太基警惕西庇阿的登陸消息，漢斯德魯巴匆促招兵組軍，在迦太基四十公里處守備，等待西法克斯軍隊會合。之後，迦太基發動兩次攻擊，但皆失敗；尤其是第二次，變節的馬西尼沙亦因西法克斯侵犯其領土，懷恨在心，而倒向羅馬這邊；他勇猛善戰的騎兵是此次羅馬致勝關鍵。

　　西元前 204 年夏末，西庇阿圍攻烏迪克港（Utique，後來形成湄浙達 (Medjerda) 三角洲，此港城建於西元前 1101 年，為腓尼基人在泰爾與卡地茲航程中的商業據點）四十天未果，他在東部岬角紮營。他在非洲的職權被延長；擔心抵擋不過敵方超多兵數，且在他鄉異地作戰，羅馬大將想讓西法克斯違背與迦太基的盟約。於是遣使與馬沙艾西國王秘密會談，後者態度與先前一樣，他是和平使者，不願與迦太基斷交；但提議迦太基人須撤離義大利，羅馬軍隊亦要撤出非洲。此建議被呈現至雙方元老院，歷經十五年的戰爭，兩邊已精疲力盡，此方案應該有成功的機會。漢尼拔於南義陷入困境，已無反攻機會；至於羅馬這邊，至少已經獲取西班牙。但是西庇阿卻不這麼想，他一心一意要打勝仗。

　　他假裝繼續和談，但心懷鬼胎。從偵查官獲悉敵營只是簡陋的木屋、茅屋，他決定夜間突擊、放火。蒐集一切情報之後，翌年春天準備就緒，他讓兩千名步兵守住西邊山丘，預防烏迪克兵營傾巢而出，攻擊羅馬軍營；同時讓船艦下海，也留下不少士兵守住軍營。西庇阿率兵預計午夜時抵達敵營附近，分隊先讓馬西尼沙燒燬西法克斯兵營；等到努米底亞兵營陷入亂陣之後，他的軍團才下手放火燒漢斯德魯巴兵營。此計出乎意料成功，敵方兩位將領雖然成功脫逃，但是兩方盟軍大多數被摧毀。這是西庇阿最漂亮、最有計謀的一戰，羅馬兵幾乎無損失，如此一來，雙方兵數達到平衡，創造進攻的有利條件。

　　西元前 203 年春末，漢斯德魯巴與西法克斯再度組成三萬大軍，駐紮在湄浙達河谷平原蘇克卡密斯 (Souk el-Khemis) 附近地區。羅馬將軍趕來這裡，經過幾天觀察，他先發制人。結果西庇阿與馬西尼沙的聯軍獲勝，漢斯德魯巴率殘兵退回迦太基，馬西尼沙與部分羅馬軍追趕西法克斯。後者逃回到首都君士坦丁（Cirta，今 Constantine），倉促招募組成烏合之眾的軍隊。夏初與敵方交戰，西法克斯因坐騎受傷而墜地，成了俘虜。後來在羅馬東北部蒂沃利 (Tivoli) 被軟禁至過

世。不願被羅馬征服，他的美豔王后寧願飲毒自盡，其節義被歐洲十八世紀古典時代的畫家頌揚，亦是不少淒清哀怨歌劇的女主角。在勝利者這邊，西庇阿首次向尊稱為王的馬西尼沙致敬，授予象牙權杖。

漢尼拔奉召回非洲

　　盟友努米底亞王被逮捕及大平原戰役之挫敗，對迦太基是沉重打擊。元老院派出三十名議員到西庇阿營區求情，謙虛承認雙方敵對的起因是迦太基的過錯，不過該歸咎於巴卡家族，懇請羅馬將軍開恩。西庇阿開出的條件如下：迦太基必須遣返所有的戰俘；撤離駐留義大利南部的軍隊；放棄西班牙及義大利與非洲之間島嶼之所有權，退出西元前七世紀中葉迦太基人已開始經營的巴利阿里群島 (Baleares)，尤其是伊比札島 (Ibiza)；必須繳出所有戰艦，僅可保留二十艘；繳納五千塔蘭（talents，希臘及羅馬帝國使用的重量及貨幣單位，在雅典一塔蘭相當於二十五公斤的銀）戰爭賠償費，及供應羅馬軍隊生存所需鉅量穀糧。

　　羅馬希望早日結束這場歷久、耗資、疲憊不堪的戰爭，目前迦太基戰敗，這些條件讓它永遠不再具有侵害性，被剝奪海軍，侷限在非洲本土，此結果羅馬從未希望過。迦太基議會接受這些條件，但暗地裡另有打算——至少支持巴卡家族的派系：所有停戰都是好的，讓漢尼拔有時間從義大利返回，說不定可扭轉局勢。

　　迦太基派代表團到羅馬和談之際，漢尼拔不甘情願、遺憾地離開義大利南部，於西元前 203 年秋季抵達

▲漢尼拔雕像

他九歲時遠離的非洲。他在迦太基南方的哈得魯梅特（Hadrumete，今日的蘇斯 (Sousse) 古城）登陸，選擇此地點是想與迦太基政府保持距離。他不信任祖國議員，因其時常受巴卡家族的宿敵漢諾派系主控，他認為後者的卑鄙、嫉妒、毀謗、扯後腿，是他在義大利挫敗的主因。漢尼拔在哈得魯梅特紮營過冬、整軍、買馬、備戰。

扎馬戰役

　　西元前 202 年春季，羅馬軍隊的補給船因暴風雨在迦太基外海避風，飢餓的迦太基不顧休戰條約，奪取船艦拖回港口。西庇阿同時獲悉停戰條款被違犯事件，及羅馬批准他準備的和平條約。他決定雙方關係破裂之前，再給一次機會。派三位副官到迦太基告知條約被批准及求償盜船行徑。羅馬代表態度傲慢，諷喻迦太基等待漢尼拔的拯救，激怒元老院，僅有少數贊同交還船艦及貨物。許多元老院議員希冀關係破裂，三位副官回航船艦被埋擊，大多數海軍被擊斃，雖然三位副官安全逃脫。看來戰爭是不可避免的。

　　西庇阿傳訊給馬西尼沙，請他召集最多的士兵，快速趕來與他會合。羅馬將領行經城鄉時大肆破壞，居民淪為奴隸。漢尼拔在哈得魯梅特接見迦太基元老院代表，為這些蹂躪感到激憤，元老院催促他儘快拔營迎戰。幾天之後，他動身率軍行至扎馬附近。派出偵察兵去打探敵情，結果被逮到。羅馬將軍下令一名軍官帶領偵察兵自由參觀營區；並護送回程，讓他們據實報告目睹的一切。

　　漢尼拔對羅馬將軍的超自信及果敢風範感到好奇，讓西庇阿知道交戰之前期望與他會面。在這決定性的戰役前夕，迦太基的勝算不大，最後談判或許還能避免戰爭。但是馬西尼沙的一萬名援軍已抵達，西庇阿以強勢的態度參加會談。迦太基將軍賭注很大，戰勝的話只是把羅馬軍隊逐出非洲；若是敗北，迦太基必須臣服羅馬。四十五歲的漢尼拔提議迦太基放棄所有的海外領土，被三十三歲的西庇阿拒絕：迦

太基由羅馬統治，或是一切由戰爭來解決。

隔天，西元前 202 年秋天，一個天氣晴朗的日子，展開決定地中海世界未來的扎馬戰役 (La bataille de Zama)。

迦太基方面約有五萬士兵、八十頭大象。西庇阿有兩萬九千步兵，優勢是他的騎兵較多，且戰力較強。漢尼拔把大象擺在最前線，後面是傭兵；第二陣線是利比亞兵及迦太基兵；第三陣線主戰力距離兩百公尺，則是在義大利跟隨多年生死與共的士兵，他在此陣線中央指揮。右翼布陣迦太基騎兵，左翼是盟軍努米底亞騎兵。他的騎兵少於敵方，難以發揮坎尼會戰成功的圍攻戰術，但希望能阻擋敵方騎兵。

羅馬將軍把步兵分成前後三排布署，前衛是較沒經驗的年輕士兵，中間排是主力軍，後衛是執標槍的老兵，他在後衛後方指揮；左翼由副官萊利烏斯 (Laelius) 指揮義大利騎兵；右翼則由馬西尼沙統帥他帶來的騎兵與步兵。

戰爭分兩個階段。大象攻擊沒發揮效果。同樣，迦太基傭兵並沒搗亂敵方前衛陣線，反而被後者擊退。第二陣線則在混亂中開戰。兩陣線亂七八糟往後倒退，漢尼拔下令他們往左右兩邊撤退；他的精銳部隊將站在最前方。

第二階段開始時，西庇阿集合年輕士兵置於中央，左右則是主力軍與老兵。現兩方主將陣線面對面，漢尼拔的老兵本來有致勝的機會，但是追逐、擊敗迦太基騎兵的萊利烏斯及馬西尼沙騎兵隊，再趕回戰場，後面受攻，漢尼拔的老兵多數被殲滅。黃昏時分，迦太基方面，有兩萬名橫臥沙場，另外兩萬名被俘虜；羅馬軍隊才損失一千五百名。漢尼拔率領少數騎兵，馬不停蹄逃回基地哈得魯梅特。

反貪執政官樹敵

迦太基戰敗條件極嚴厲，雖然理論上還是獨立國家，享有其法律、風俗習慣，不受異族占據。但相較先前的和談條約，解除武裝的情況

更嚴重：從此只能保留象徵性的十艘三層漿戰船，必須繳出所有大象；外交上臣服羅馬：禁止對非洲之外的任何民族開戰，在非洲的話，須得到羅馬允許。戰爭賠償為一萬塔蘭，分五十年償還。此巨額賠款乍看將窒息迦太基的經濟，但事實證明僅為其發展帶來些許阻礙。

西元前 202 年歲末羅馬選舉，西庇阿保留非洲行省總督職權。次年羅馬將軍率領軍隊及迦太基交還的四千名羅馬戰俘，凱旋歸國，沿途受到民眾熱烈歡迎。可能此時被冠上「非洲征服者」的榮譽，他是唯一擁有征服地區人民的尊號。

在非洲那邊，是迦太基哀慟的日子。尤其是大量戰船被燒燬的那天，全城居民齊聚港灣，面對熊熊大火的劇痛，如同迦太基城被摧毀。這不祥的預兆半世紀之後不幸實現。

西庇阿對敵軍將領的尊重，讓漢尼拔在迦太基成為自由人。可能考慮到他是擔保迦太基履行賠償的最佳人選。西元前 196 年漢尼拔被選為最高執政官 (suffete)，迦太基人民議會權力逐漸擴大，開始慢慢侵犯元老院的特權。執政官的權力與影響力也增強。

任職不久，與一位掌管財務法官有財政問題爭論，漢尼拔趁機指責「法官公會」，傳喚此法官前來解釋。後者屬於反對巴卡家族派系，根本不理傳喚，反正任期屆滿就可加入「法官公會」，成為終身法官。漢尼拔下令逮捕該名法官並解送到人民議會，後者接受他的控告，漢尼拔於是呈報並立即通過法官必須每年選舉、不得連任的條文。元老院不滿人民議會決定之前未向它諮詢。此憲法改革是針對寡頭政治，漢尼拔的目的就是要管束元老院，因其中有長年反對巴卡家族的議員。

漢尼拔有機會檢查公共財務，發覺有些寡頭執政者嚴重貪污。在人民議會裡宣告強求償還非法所得的公款，這些貪污錢財就足以給付戰爭賠款，就不需要再榨取民膏民脂，如此一來人民可減稅或免稅。我們可想像元老院的反應，及那些被迫償還公款議員的心態。看來漢尼拔在迦太基是無法立足了。

▲漢尼拔長眠之地：利比沙（今土耳其 Gebze）一山丘上

漢尼拔將軍：
海外流亡　服毒自盡

　　漢尼拔當執政官期間樹立不少敵人，元老院對他懷有敵意的黨羽連續寫信給羅馬，揭發他與塞琉西王 (Séleucide) 安提歐修斯三世 (Antiochos III, 前 242～前 187，無疑是希臘‧敘利亞‧伊朗帝國最偉大的君主，有大帝之稱) 密通。羅馬元老院討論此問題；尊重敵方將軍，西庇阿替漢尼拔辯護，反對相信無事實根據的流言，認為「羅馬人民贊同漢尼拔控告者的仇恨和讓羅馬權威牽涉到迦太基派系爭端，是可恥的行為」。多麼高貴的言論，可惜未被採納。

　　羅馬元老院決定派出一使團到迦太基元老院，起訴漢尼拔與安提歐修斯密謀戰爭計劃。為了不讓漢尼拔起疑，他的敵人建議羅馬代表團，佯稱此行目的為解決迦太基與馬西尼沙之間的爭議。但是漢尼拔很聰明，許久以來就為有一天須匆促逃離做準備。快馬加鞭南下一百五十公里，夜晚出航，經過克肯納群島 (Kerkennah) 最大島嶼塞爾西納 (Cercina)，抵達腓尼基人祖國泰爾城邦，開始長達十二年的放逐生活。

塞琉西王安提歐修斯三世的軍事顧問

　　被迦太基的敵人和羅馬反對他的議員控告與塞琉西王密談，是否促使漢尼拔投向後者懷抱？另一考量因素是，塞琉西王是當時可對抗羅馬的強敵。漢尼拔於西元前 195 年秋天在艾菲茲（Ephèse，土耳其）與安提歐修斯會面，後者是以何種心情接待這位歷史名將呢？

　　非洲戰事完畢，羅馬共和國逐漸滋長的帝國主義伸展至希臘本土，也關注小亞細亞希臘城邦情況。以防衛希臘城邦自由名義，羅馬先與馬其頓交戰，與被降服的馬其頓王菲利普五世，於西元前 197 年夏天簽署和約。無後顧之憂之後，再來解決小亞細亞問題。安提歐修斯是位野心勃勃的君主，以光復祖先遺留失土之名東征西討，西元前 196 年征服小亞細亞西部。羅馬無法承認東方霸主塞琉西王的領土擴展政策。西元前 194 年冬季，安提歐修斯派兩位全權代表到羅馬簽訂友好條約，且要羅馬承認他在小亞細亞及色雷斯（Thrace，包括今希臘北部，保加利亞南部及土耳其歐洲部分）的主權，說他只是維護先祖留下的領土（塞琉西帝國是亞歷山大大帝西元前 323 年過世後，由他的將領平分的三大帝國之一）。羅馬的回答是若安提歐修斯不干涉歐洲，羅馬就不插手小亞細亞。

　　西元前 193 年秋季，羅馬代表加上小亞細亞希臘自治城邦代表，在艾菲茲再度談判，亦不成。會談期間，羅馬一代表頻頻向漢尼拔示好，私底下詢問他的意圖如何，向他擔保羅馬的善意。羅馬此代表的陰謀，意欲破壞安提歐修斯對漢尼拔的信任，結果達到預期效果。被誤解討好羅馬刺傷，而他一生的行為證明相反，迦太基名將才對塞琉西王透露心中秘密：九歲時向父親發誓他將永遠不是羅馬的朋友。

　　數位歷史學家敘述一段成為傳奇的歷史插曲：漢尼拔與西庇阿在艾菲茲相遇，兩人有過一段對話。後者問前者誰是歷史上最偉大的將軍，漢尼拔順理成章地回答：馬其頓的亞歷山大大帝；西庇阿再問：誰是第二名呢？漢尼拔回答：伊庇魯斯國王皮洛斯（在對抗羅馬的戰

役中雖然獲得勝利，但也付出慘重的代價，西方諺語「皮洛斯式的勝利」即出自於他），他的攻城術及外交手腕是第一流的；誰是第三名呢？漢尼拔毫不猶豫地回答：當然是我。西庇阿聽了笑一笑且繼續問：假如在扎馬戰役你戰勝了呢？漢尼拔理所當然地答覆：那我將超越亞歷山大及皮洛斯。西庇阿恍然大悟，很高興敵手對他的高度評價。

　　西元前 192 年秋天，安提歐修斯受希臘盟邦伊脫利 (Etolie) 之邀，登陸中部偏北地區色薩利 (Thessalie)。伊脫利人讓他誤以為只要他一踏入希臘本土，希臘人就會在他旗幟下作戰。殊不知希臘城邦分歧，多數已經不怎麼心甘情願地與羅馬結盟。充當軍事顧問的漢尼拔不太贊成此次遠征，以批評眼光關注安提歐修斯行軍情況。三百名羅馬士兵在希臘中部貝奧西省 (La Beotie) 被安提歐修斯副官殲滅。西元前 191 年 2 月底，羅馬以此為藉口對塞琉西王宣戰，後者在希臘中部門戶著名的溫泉關（le défilé des Thermophyles，前 480 年斯巴達王列奧尼達 (Leonidas) 率領三百名戰士於此對抗波斯大軍壯烈犧牲，2007 年美國影片「300 壯士：斯巴達的逆襲」，即描述此戰役）迎戰，因夜間敵軍登山從背後突襲，兵潰逃回艾菲茲。僅此一役，塞琉西王想打的希臘牌已經失效。

　　安提歐修斯希冀伊脫利人能在希臘阻擋羅馬軍追擊到小亞細亞。他們頑強抵抗的確讓羅馬執政官頭痛，於是元老院派代表到伯羅奔尼撒半島 (Le Péloponnèse) 北部阿該亞城邦聯盟 (La Ligue achéenne)，讓後者說服伊脫利人與羅馬簽訂和約。希臘戰爭一旦結束，羅馬可放手去亞洲追趕塞琉西王。

小亞細亞的帕加曼王國與羅得島

　　位於小亞細亞的帕加曼（Pergame，前 283～前 133），趁著塞琉西王朝內憂外患之際，乘機擴展領土，加上本身亦對外戰爭取得一些城邦、疆土。本來只是帕加曼城市，於西元前 241 年發展成王國。與羅

馬結盟，是羅馬在東地中海最忠實的盟國。

　　愛琴海東南方的羅得島 (Rhodes) 也是羅馬盟友。在西元前 190 年羅馬與塞琉西帝國之間的愛琴海海戰，羅得島人熟練的航海經驗，它快速、易操作的四列槳船發揮極大作用，替羅馬贏得戰績。

愛琴海海戰與亞洲戰爭

　　非洲征服者西庇阿與弟弟魯西烏斯・西庇阿（Lucius Cornelius Scipio，前 228～前 183）再度登上戰場，前者任參謀，後者則是總司令。就像上一代他們的父親與叔父並肩在西班牙作戰一樣。安提歐修斯風聞西庇阿兄弟抵達馬其頓的消息，打算與羅馬和談。羅得島人也願意，但帕加曼王歐邁尼二世 (Eumène II) 則反對。

　　塞琉西王知道無法避免與羅馬作戰，最重要的是誰有制海權。漢尼拔被委任到敘利亞腓尼基港口收購、裝備船艦。漢尼拔往北航行，西元前 190 年 8 月與羅得島船艦相遇、交戰。最初因船艦數量較多，起初占上風，但由於敵艦豐富的航海技術及船舶優勢，迦太基將軍被當時地中海無以匹敵的船艦擊敗，撤退到巴菲利海岸（Pamphylie，今土耳其南部）科哈卡西烏（Coracaesium，今 Alanya）。且敵艦巡察附近海域，使他動彈不得。

　　第二場海戰離第一場海域不遠，羅得島船艦小組增援羅馬艦隊，塞琉西海軍總司令率船艦離開艾菲茲。雖然較多船艦，但和上次海戰一樣，羅得島水手略勝一籌的船技，加上使用裝備瀝青混合硫磺甕的放火小船，塞琉西損失慘重，從此失去愛琴海的制海權。

　　海戰失敗，失去海軍的掩護，安提歐修斯退守在利底 (Lydie) 首都沙得 (Sardes)。他派遣一位全權代表向羅馬執政官談判：塞琉西王願意賠償半數戰費，放棄歐洲占有地及小亞細亞三座城市。但羅馬獅子張大口，索取因他發動戰爭的全部軍費，及放棄小亞細亞所有領土。塞琉西全權代表私底下籠絡非洲征服者西庇阿：願意無條件歸還先前

海戰中他被擄獲的兒子；若他能幫助塞琉西王，讓他建議的和約條件被接受，西庇阿可獲得他自己決定的賞金數目，也可和塞琉西王分享國家稅收，甚至可一起統治塞琉西帝國。當事人謹慎回答很感激兒子將被送回，為了感謝他，他建議塞琉西王接受羅馬提出的條件以避免戰爭。

當然西庇阿的提議沒被接受，數星期之後，西元前 190 年冬季，兩軍在馬格尼西亞（Magnesie du Sipyle，今土耳其 Manisa）附近交戰。塞琉西帝國這邊的兵數較多，但像是烏合之眾。敵方則由西元前 192 年的執政官阿漢諾巴布斯 (Cn. Domitius Ahenobarbus)，及帕加曼王國的歐邁尼二世 (Eumène II) 指揮領導。結果塞琉西軍潰敗，五萬名士兵陣亡和被俘。

阿帕美和平條約

安提歐修斯見大勢已去，只得妥協求和。西元前 189 年在沙得簽訂《阿帕美和約》(Treaty of Apamea)，塞琉西王必須賠償一萬五千塔蘭巨額戰費；撤出、割讓脫魯斯山脈 (Taurus) 以西的小亞細亞；限定海軍數量；尤其須交出羅馬最頑強的敵人漢尼拔，在羅馬眼中，放逐者已經成為叛亂者。從此羅馬帝國主義擴展至地中海東部。

分享戰功，歐邁尼二世獲得塞琉西帝國小亞細亞大部分屬地，從此成為愛琴海最強大的王國，扮演保護、施惠希臘城邦的角色。

西元前 189 年秋天歸國，馬格尼西亞戰役具功者魯西烏斯，在羅馬受到盛況空前的歡迎，從此被奉上「亞洲征服者」(Asiaticus) 的桂冠，但其名號在歷史上沒有其兄「非洲征服者」響亮。

漢尼拔繼續流放

被羅得島船艦擊敗之後，漢尼拔不看好塞琉西軍隊勝算希望，他開始流放逃亡生活。暫時停留在戰亂煙火尚未波及的克里特島 (La

Crète)。由於歐邁尼二世控制小亞細亞，流放者只能選擇希臘化城邦東方邊緣地區，即黑海與裏海之間作為落腳處。受亞美尼亞國王之請託，漢尼拔設計規劃亞塔扎大（Artaxata，今 Artachat，被稱為亞美尼亞的迦太基）。

　　與安提歐修斯在馬格尼西亞交戰之前，西庇阿兄弟以熟練的傳言，說服比提尼亞王 (Bithynie) 普魯希亞斯一世 (Prusias I)，解除與塞琉西王的聯盟，成為羅馬人民的盟友。普魯希亞斯南方的強勢鄰居歐邁尼，在《阿帕美和約》的重新劃分領土時分到大餅，普魯希亞斯非常不滿。兩王國之間的米錫（la Mysie 或 Phrygie）地區，本應落入歐邁尼版圖；但西元前 196 年起就占領該地區的普魯希亞斯遲遲不肯交出。兩王國於西元前 186 年爆發戰爭。羅馬於西元前 183 年才介入。

　　在馬格尼西亞戰役中保持中立，普魯希亞斯給漢尼拔提供庇護。暫且利用他的軍事技能及建城才華，待有必要時再揭發他。比提尼亞與帕加曼在馬爾馬哈海 (Marmara) 海戰時，迦太基將軍曾積極參與。比提尼亞當時的首都是尼科米底亞 (Nicomédie，今伊茲密特 (Izmit))，普魯希亞斯期望在南方建造另一京城普爾薩（Prusa，今布爾薩 (Bursa)，位於土耳其西北部，是該國第四大城），日後鄂圖曼帝國的首都。漢尼拔無疑是此城的建築師。

兩位歷史名將同年凋零

　　西元前 187 年在加圖 (Caton) 的煽動下，魯西烏斯被元老院控告侵吞公款，即《阿帕美和約》之前安提歐修斯預先給付的戰爭賠款。西庇阿兄弟繳給國庫的一萬五千塔蘭中短缺五百塔蘭。布伯利烏斯・西庇阿 (Publius C. Sipio) 在元老院很有權勢，替弟弟辯護，把帳簿當眾撕毀，此舉否認元老院有權過問軍人將領們的帳務，亦意味宣告弟弟無罪。「非洲征服者」當時的特別權威讓控訴平息下來。但是頑強的控訴者還是不死心，三年之後加圖當選監察官，委任一位護民官再度

告發西庇阿。提起六年前安提歐修斯願意無條件釋放西庇阿的兒子，一定有內情；「非洲征服者」與塞琉西王直接商談，就好像他也是國王一樣。欲加之罪何患無辭。西庇阿輕蔑地回答，請議員及他的朋友跟隨他，到卡皮脫勒 (Le Capitole) 山丘，祈求羅馬國運昌隆。羅馬城的民眾伴隨這位救國英雄，到所有的廟宇。這是西庇阿最榮耀的一天，也是他告別政壇的日子。從此退隱立德爾尼別墅 (Literne，位於 Campanie 省)，次年病逝，得年五十二歲。拒絕葬在羅馬阿比亞大道 (La via Appia) 旁家族墓園內，在別墅院子裡的墓誌銘如此寫道：「忘恩負義的祖國，甚至不讓你擁有我的遺骨！」

　　為了調解歐邁尼與普魯希亞斯之間的國土爭端，西元前 183 年羅馬元老院急遣 Flamininus 到比提尼亞王國。另外一個目的是要引渡羅馬永遠的敵人？或是普魯希亞斯為了向羅馬討好邀功，不惜出賣漢尼拔？他一向瞭解比提尼亞王的弱點，故時時警惕。在尼科米底亞西方利比沙 (Libyssa) 有七個密道出口的古堡被包圍，當漢尼拔獲悉所有出口皆被普魯希亞斯守衛看住，不願落入敵人手中，寧願飲毒自盡，迦太基將軍、一代英雄從此與世長辭。他的悲劇離世使他成為傳奇的歷史人物。

羅馬為何決定摧毀迦太基

　　扎馬戰役之後，羅馬三不五時派遣調查團，勘察受降國情況及仲裁迦太基與鄰居努米底亞之間的糾紛。年邁的加圖雖已八十一高齡，但在羅馬元老院還很活躍，他屬於對迦太基採取強硬政策的黨派首腦，即防禦戰爭。西元前 153 年加圖是調查團的一分子，和其他使節一樣，十分驚訝迦太基城和鄰近鄉間的富庶繁榮。加圖另外發現城市充斥各式各樣的武器，及磨刀霍霍的備戰聲；甚至還齊集建造船隊材料。此次巡察回歸之後，一直到西元前 149 年他過世，每次元老院會議無論是什麼議題，輪到他發言的結尾語總是重覆：我認為必須摧毀迦太

基 (Delenda est Carthago)！主張發動第三次布匿戰爭，徹底消滅迦太基。加圖擅於雄辯，讓他的說詞更具說服力，舉例三天前在迦太基摘取的無花果，運送到羅馬還是很新鮮可口，此意味敵人近在咫尺，只要迦太基存在一天，對羅馬將是永遠的威脅。

元老院溫和派的理論是，一個泱泱大國必須接受一個強大敵人的共存，來自後者的壓力讓前者維持國家向心力，避免內部分裂及爆發革命的危機。對迦太基採取何種政策，羅馬元老院意見分歧。然而，害怕鳳凰浴火重生讓主戰派最後獲勝。並且西元前 201 年簽訂的五十年賠款，西元前 151 年迦太基已經賠償完畢，如此它的經濟起飛將更加速，羅馬堪憂。主戰派現掛念尋找戰爭藉口。

最後通牒

努米底亞經常侵犯迦太基非洲領土，已令後者忍無可忍。雖然第二次布匿戰爭結束後簽訂的和約中規定，無羅馬同意迦太基不得與他國交戰——甚至是防禦戰爭。過去數十年迦太基曾多次派遣使節團，到羅馬請求元老院仲裁與努米底亞的土地爭端。但羅馬無積極回應，馬西尼沙得寸進尺，繼續擴展領土。迦太基終於決定反擊，羅馬總算找到殲滅宿敵的冠冕堂皇藉口。

為何半世紀之後羅馬才決定摧毀迦太基呢？因西元前 168 年發生一樁重大的歷史事件，即第三次馬其頓戰爭（前 172 至前 168 年），馬其頓王國滅亡，也結束安提柯王朝 (Antigone) 的命運，馬其頓被割劃成四個獨立共和國。羅馬人從此去除迦太基與安提柯王朝聯盟的隱憂。亞歷山大大帝繼業者希臘大王國之消失，是古代史的重要轉捩點。我們不要忘記另外一位繼業者塞琉西帝國已於西元前 189 年被擊敗。羅馬的帝國主義已完全延伸至地中海東部。

雖然未正式向迦太基宣戰，但羅馬的備戰狀況已傳到北非。迦太基鄰城烏迪克懼於強勢羅馬，已先見風轉舵。當時迦太基的主和派當

權，於西元前 149 年初期派遣使節團到羅馬求情。羅馬元老院通告一個月之內，迦太基須遣返三百名人質。

西元前 149 年春天，羅馬兩位執政官率兵在烏迪克登陸駐紮，迦太基的代表團才大夢初醒，瞭解羅馬的真正意圖：迦太基必須繳出所有的戰爭武器、器具。雖然人民抗議，迦太基元老院還是乖乖遵守。二十萬件私人武器及兩千座攻城投石器，一長列的馬車運往烏迪克。已經沒防禦能力的迦太基人，才被告知羅馬一直保持秘密的最後藍圖。迦太基城三十位重要人物組成的代表團，在烏迪克得到最後通牒：迦太基人可以擁有自己的法律，條件是必須放棄他們的城市，遷徙到離海岸十五公里的任何地方，因羅馬決定毀滅迦太基城。

霸權羅馬的嚴苛指令相當於宣判迦太基的死刑。古代歷史中，一個城市的廟宇、大公墓一旦被摧毀，宗教祭祀被剝奪，祖墳不再，這個苟延殘喘的城邦國家無法在政治上存活。羅馬的最後通牒等於把迦太基侷限於羅馬的農業殖民地，元老院議員被控訴背叛往昔的海洋帝國子民，被逼至絕境，與其集體自殺，反而激起與死一搏的驅策力。迦太基城門被關閉，元老院宣布國家處於戰爭狀態，解放奴隸讓他們從軍，不再追究逃亡在外被判死刑的一位將領，請他在城牆外準備抗敵。迦太基人同仇敵愾的凝聚力，每天製造一百個盾、三百把劍、五百支標槍、一千支大箭桿。婦女們捐獻金銀珠寶，剪髮以製繩索。

迦太基城被圍剿

位於半島上的迦太基城三面臨海，東北部有堅固城牆圍繞，西部地峽則有五公里寬的二層城牆。西元前 149 年夏天，羅馬兩位執政官分別攻打南方商港、軍港及西部城牆。多次襲擊，只是在三層城牆的第一層打破一個缺口。羅馬並無獲得輝煌戰績。北非腓尼基的一些其他城市模仿烏迪克的例子，紛紛放棄迦太基城。

「非洲征服者」大西庇阿的養孫西庇阿‧艾米利安（Scipio

Aemilianus，前 185～前 129），又稱為小西庇阿，其母是大西庇阿的
女兒，後過繼給大西庇阿之子；西元前 168 年曾隨生父參加第三次馬
其頓戰爭；西元前 133 年征服西班牙最後一座抵抗羅馬的努曼西亞鎮
(Numancia)，於西元前 148 年初期安排馬西尼沙三位兒子繼承問題。
其中馬西尼沙負責率領軍隊的兒子後來跟隨艾米利安，壯大羅馬軍團。
羅馬選擇掃蕩尚對迦太基城忠貞的城市，以斷絕其供應糧食與兵馬。

　　羅馬人民大會於西元前 147 年選艾米利安為執政官，雖然年紀尚
未達到此職位標準，但人民指名他指揮非洲軍隊。招兵擴充軍隊後，
他在烏迪克登陸，重整軍紀。封鎖迦太基城、斷糧是戰役決定性的轉
捩點。羅馬軍建築堤防，封鎖港灣入口處。迦太基人於夜間秘密開鑿
一條通海運河，雖然有船舶出航，但起不了什麼作用。冬季時艾米利
安與努米底亞援軍，攻克迦太基附近尚存的抵擋勢力。

　　被圍困的迦太基城眾多居民，不是餓死就是受傷倒斃。西元前
146 年春天，羅馬將軍決定結束這場拖延三年的攻城戰。迦太基軍以

▲迦太基港口

為敵人會從外面的商港進攻，所以在環繞的倉庫點火，但羅馬軍卻是從圓形的軍港開始攻擊，被圍困的迦太基人已經精疲力盡，無法頑強抵抗。經過六天六夜的肉搏戰、搜索每棟房屋，最後目標是山丘上的衛城，逃難到衛城的五萬市民因向艾米利安求饒，得以離開，但淪為奴隸。九百名居民退守神殿做殊死戰，但是疲憊、不眠、飢餓使他們無法撐下去。迦太基護城將軍跑去向艾米利安投降，其妻帶領兩個孩子投入火焰，壯烈自盡。

　　面對熊熊大火，婦孺老弱的哀嚎，羅馬將軍不禁潸然淚下，大聲唸出荷

羅馬征服西班牙最後一座城努曼西亞海報▶
努曼西亞廢墟▼

馬史詩:「總有一天,特洛伊城、國王及很會操矛的人民終將滅亡。」隨行的好友希臘史學家波利普,問他為何引喻這句子,艾米利安的回答是,他擔憂有朝一日羅馬也會遭到同樣的命運。樹立六百六十八年的古城毀滅了,黑暗、

▲西元前 146 年熊熊大火中的迦太基

沉默籠罩著曾經華麗的古城。第三次布匿戰爭結束了。羅馬元老院下令完全摧毀斷垣殘壁,從此嚴禁在此城廢墟建造,還以隆重莊嚴的宗教儀式詛咒違犯此禁令者。迦太基成為羅馬的非洲行省,由進駐烏迪克的總督統治。須等到凱撒被刺殺之前不久,才決定讓迦太基成為羅馬殖民地。

迦太基滅亡

「一山不容兩虎」,是羅馬霸權的政治。以通商、航海起家的迦太基帝國,在第一次布匿戰爭只是捍衛其海外屬地西西里島。漢尼拔在西班牙奪得羅馬控制的沙貢特,開啟了第二次布匿戰爭。他的政治藍圖是停駐義大利,對羅馬施壓,控制其領土野心,讓南義希臘城市享有獨立自治權;希臘本土由馬其頓維持平衡;亞洲部分由安提歐修斯稱霸。羅馬雖然是迦太基的宿敵,但漢尼拔從未有殲滅羅馬的意圖。第二次布匿戰爭後,迦太基雖然經濟自由,但喪失外交主權,屈服羅馬指令。不幸的是此時羅馬帝國主義滋長、蔓延,像巨輪壓輾過一切,迦太基的存亡,指年可待。

踏尋歷史遺跡

　　2015 年 5 月初，趁著歐華作協成立二十四週年在巴塞隆納開第十一屆會議之際，我與外子提前幾天到西班牙踏尋歷史遺址。

　　西元前 218 年，漢尼拔軍隊費時八個月才攻陷的沙貢特城堡 (Sagunt)，像諸多防禦古堡，位踞山頂，地勢險峻，綿延一公里多。五年之後非洲征服者西庇阿收復、重建，成為羅馬在伊比利半島的重要城市。雖已成為廢墟，但它見證了羅馬人、西哥德人、阿拉伯人、基督徒陸續占據的歷史。1931 年並被宣布為西班牙國家紀念文物。我們抵達時沒立刻找到通往古堡路徑，鎮內無任何指標。那天是星期六，有自行車競賽，有些街道被封鎖，車子無法開到山下停車處，只得步行經過以前的猶太人住宅區。城堡廢墟參觀免費，可惜無任何說明書，看守人說鎮內旅遊中心可拿到參考資料，但我們上山之前看到它關門。

　　下午三點多豔陽高照，參觀人數不多。我問一對從瓦倫西亞來的年輕伴侶，是否知道漢尼拔攻下此城堡，是第二次布匿戰爭的起因，他們感謝我告知此資訊。外子惋惜當今高中歷史教學不徹底；我翻閱高二當時上的歷史課本，「全地中海統一」這一段，七行簡單敘述羅馬與迦太基從勢不兩立，到西元前 146 年迦太基被殲滅。若想瞭解詳細歷史過程，須另外買歷史書或人物傳記來閱讀，個性、教育程度及嗜好形成學習動機。

綿延廣闊的沙貢特城堡▶

漢密卡的城堡

　　在阿利坎特港口旁一百六十九公尺高的山丘上，有漢密卡創建的碉堡雄踞城市 Akra Leuke，不過當時的作用是窺探從地中海來的敵軍，亦是控制港口的要塞，這碉堡在此城的久遠歷史中扮演舉足輕重的角色。我們現看到的城堡經歷代統治者重建，保存較完整，其軍事作用持續至十八世紀，後來曾被當作監獄。

　　攀登時看到不遠處，有一位女士被海鷗突擊，她心有餘悸坐下來休息。這時從城堡俯瞰城市，藍天白雲，海風減緩熱氣。充滿人潮的海灘就在市中心，魅力十足的濱海椰樹大道，芙蓉花迎風招展，亦有龍樹 (dragonnier)、鐵樹、薰衣草、及紅豔九重葛。還有由米色、橘色、深藍色小陶瓷磚組成的波浪走道，發揮視幻覺效果。港岸旁靠著一艘仿做古三桅船，近看才知是餐館。

伊比利半島迦太基的首座重鎮：迦太基那

　　西元前 227 年漢尼拔姐夫俊男漢斯德魯巴，於地中海沿岸東南部一岬角建立的重要據點：Qart Hadasht，意味新城，除了地勢險要，目的亦要控制東南部地區蘊藏豐富的礦產。西元前 218 年漢尼拔遠征義大利即從此城啟程。西元前 209 年羅馬人占據此城，改稱為 Carthago Nova，即新迦太基，它成為羅馬在伊比利半島重鎮之一。西元前 44 年它升等為羅馬殖民地。奧古斯都

▲漢斯德魯巴雕像

皇帝執政時，設立集會廣場及劇場。

　　先觀看保留完整的羅馬劇場，之後，十點時我們登上環繞古城五丘陵中最高點，此聖母無玷懷孕山丘建有城堡 (Chateau de la Conception)，遊客寥寥無幾。我向兩位遊客解說員請教漢斯德魯巴的皇宮是否建在此山丘，其中一位很熱心地指出是在對面市內一山丘 (Cerro del Molinete)。她說根據他們城市的說法，漢尼拔指使一位奴隸毒害漢斯德魯巴。我說是嗎？漢尼拔傳記裡，關於他姐夫死因有多種說詞：為私人恩怨付出代價；一位伊比爾王公被漢斯德魯巴處死，為了報復先前的主人，迦太基將領在其宮殿被他的僕人謀殺。

　　解說員說卡斯地爾阿方斯王子（未來的阿方斯十世），1245 年從阿拉伯人手中收復迦太基那後，創立了西班牙聖瑪莉亞騎士團勳章。接著繼續說聖伊吉多爾的家就在山腳下，他們一家四兄弟姐姐皆稱聖，是一個獨特的傑出家庭。

　　我們找到迦太基那旅遊書封面漢斯德魯巴蓄鬍子的半身石雕像，旁邊註明巴卡家族，迦太基將軍漢斯德魯巴西元前 223 年建造新迦太基城。接著我們參觀十三世紀城堡改建成的「迦太基那歷史闡釋中心」，登高遠眺，蔚藍港灣停泊一艘遊輪。此城堡的防禦功能到十八世紀下半葉才逐漸式微。

　　漢斯德魯巴皇宮遺址所在地小風磨山丘，亦是考古公園，可看到圍起來的考古挖掘場地。羅馬人建造集合廣場、市議會、廟宇及蓄水池，現只剩下見證歷史的神殿一根獨柱，及後來建成的磨坊。踏入公園叢叢的薰衣草，令人不禁想走近聞香。走上山坡被一片鮮紅玫瑰花海美的震撼，遊客紛紛拍照，我遇見一位步伐快速從游輪上岸的香港女遊客。

　　「迦太基城牆闡釋中心」也是到此城不可錯過的參觀景點。城牆除了有防衛作用外，古代亦有強大城市的象徵。建造 Qart Hadasht 有雙重任務，預防、抵制外敵，及城市居民的驕傲。1987 年發掘出迦太

基那部分城牆，根據考古資料可推定當時建築是兩道並行相距五公尺的城牆；上方是巡視堞道 (chemin de ronde)，外圍有溝渠及斜坡作為防禦工事。我們先觀賞西班牙語英文字幕影片解說此城歷史，然後到展示廳堂閱讀：一、布匿世界在西地中海的拓展；二、迦太基人在伊比利半島的擴展；三、Qart Hadasht（意味新迦太基的腓尼基文）港口，天然屏障停泊港；四、布匿城市 Qart Hadasht 的考古證據；五、西元前 209 年非洲征服者西庇阿奪取此城；六、Qart Hadasht 被征服後的戰爭與政治後果。

　　穿越時光隧道想像巴卡家族，為了彌補第一次布匿戰爭科西嘉、

▼迦太基在地中海的擴展

▼第二次布匿戰爭中羅馬軍奪取迦太基那港

西西里島、薩丁尼亞等屬地損失，轉移陣地到伊比利半島遠征、開拓勢力範圍。九年之後漢密卡過世，未酬壯志由女婿接班，最後由三個兒子再接再厲。漢尼拔雖敗猶榮，他在古代史的地位，可媲美亞歷山大大帝。反而其敵手非洲征服者西庇阿因他而提高歷史定位。迦太基遺址所在地，當今突尼西亞亦以漢尼拔為榮，是令人崇拜的傳奇英雄。

　　地下室迦太基城牆備有說明如何建造。此外亦有十七世紀聖荷西(San Jose) 隱修院的地下墳墓，垂直洞穴有些遺骨，骷髏死亡舞的壁畫，發人深思生命的意義及往生後的境界。

▼迦太基那港易主後的戰爭及政治結果

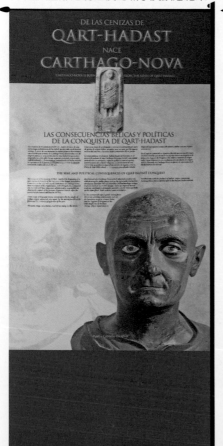

▼迦太基在西班牙的拓展

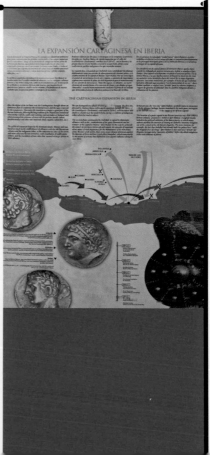

▲科多巴羅馬石橋與主教座堂──清真寺

異族入侵：
伊斯蘭教統治下的西班牙

　　凱撒大帝以七年時間（前58至前52年）就征服整個高盧；但幾乎近兩世紀（前217至前19年）羅馬軍團才把西班牙鎮壓下來；當今葡萄牙及西班牙卡斯地爾西部，是最後被克服的，伊比利半島遂成為羅馬帝國的一個省區。著名的拉丁哲學家塞內克 (Sénèque) 出生於科多巴 (Cordoba)；兩位傑出的皇帝塔冉 (Trajan) 在塞維亞近郊義大利卡 (Italica) 誕生，其繼承者亦是養子亞德利安，是安達魯西亞人；另外一位皇帝馬克·歐瑞勒 (Marc Aurèle) 是西班牙人的後裔；羅馬帝國分成東西之前最後一位皇帝迪歐都茲 (Théodose le Grand, 347～395)，在可卡 (Coca，在 Soria 省) 出生。西班牙本土孕育這幾位突出的羅馬皇帝，使高盧相形見拙。

　　在羅馬人統治西班牙六百年之後，西哥德人410年掠奪羅馬，並殖民整個高盧西南部，以杜魯斯 (Toulouse) 為首都。是羅馬的聯邦及盟友，他們不是最羅馬化的蠻族嗎？西哥德人從高盧長驅直入西班牙，驅逐了其他的遊牧民族：汪達爾人 (Vandales)、蘇維威人 (Suaves)、

▼在科多巴誕生的拉丁哲學家塞內克

亞蘭人 (Alains)。選擇伊比利半島中部、羅馬道路十字路口的小城托雷多為首都。

西哥德的君主制度不是長子世襲而是選舉，所以國王會想盡辦法把兒子當作法定繼位者。一旦國王過世，貴族與主教諮詢，共同推舉一位西哥德人出身的貴族當王。此種制度衍生野心與各種陰謀之弊病，你爭我奪，君主在位不長。每次改王換政時，敵對派系傾軋，政局不穩。西哥德最後幾位君主統治時，政治混亂，道德墮落，貪污盛行。八世紀初期，就是一次的繼承爭議，摧毀了西哥德的君主政體。引起阿拉伯人介入，徹底改變西班牙歷史。

西哥德王國陷落　異族入侵西班牙

話說西哥德在北非駐防地塞烏達 (Cueta) 的總督，對新王羅得利凱 (Rodrigue) 不滿；遂收容舊王的主教哥哥在總督府避難，加上來此的舊王兒子，集聚一群怨氣難消的被放逐者。鄰城塔哲 (Tanger) 是大馬士革的哈里發（calife，伊斯蘭國家的領袖）最近在北非成立的據點，雄心勃勃的總督穆薩 (Musa) 及猛勇好戰的將領塔西克 (Tariq)，覬覦前往西班牙搶劫掠奪。這兩個集團雖然意圖不同，但一拍即合。711 年 4 月 27 日夜晚，大多數是柏柏人的七千名戰士，在直布羅陀登陸上

岸；羅得利凱正在北部制服巴斯克人 (Basques) 的叛亂，聞風後旋即舉三萬三千大軍南下。7 月 19 日於卡地茲省瓜達雷特 (Guadalete) 河岸，與阿拉伯軍隊對陣，西哥德貴族戰士被殲滅，羅得利凱亦陣亡，為西哥德王朝敲響喪鐘。

柏柏將領塔西克得到五千名援兵後，征服安達魯西亞，從此勢如破竹。直布羅陀海峽在古代時稱為海克力斯之柱 (colonnes d'Hercule，希臘人與腓尼基人在地中海乘船，遠眺大西洋，西班牙南端與北非北端的巨巖像石柱，故以此命名)，就是從塔西克阿拉伯文 jebel Tariq 變調而來 (意味塔西克的巖石)。711 年 10 月科多巴陷落，其他城市亦無強烈抵擋。

塔哲總督不讓屬下單獨立功，隔年夏季亦率領一萬八千名士兵渡海，費時九個月才攻陷宗教大都會梅里達 (Mérida)，接著是沙拉曼卡。與塔西克在托雷多城牆下會合。西哥德舊王的黨羽以為，阿拉伯人掃蕩新王後，會滿足地攜帶戰利品回鄉，他們錯估其用意。阿拉伯人通過西班牙直入法國，732 年在波迪葉 (Poitiers) 被查理馬爾泰 (Charles Martel) 擊敗。銳氣大減的穆斯林才退居西班牙長達八世紀之久。十六世紀之後，此戰役成為歐洲的基督教對抗伊斯蘭教之象徵。

711 年穆斯林入侵之後，伊比利半島成了東方與西方、伊斯蘭教與基督教並存；猶太人繼續生存，還蓬勃發展，後來遭到日漸擴展的敵意；這是三種宗教並存的時期。天主教君主於 1492 年驅逐最後一批摩爾人，格納達王國投降，西班牙成為一個統一的天主教國家，開啟了一個新紀元；受惠於美洲殖民地，兩世紀期間，西班牙躍升為世界強權、霸主。十八世紀波旁王朝開始掌權，西班牙歷史進入另一時期。

711 年之後，西班牙成為臣服大馬士革哈里發的一個省區。直到 755 年，由來自北非的阿拉伯人主政，不過包括柏柏人與阿拉伯人的這群侵略者，因不同部族，時起血腥衝突爭權。柏柏人認為阿拉伯領袖、主人傲慢恣肆；後者把前者當成次等公民。

奧米亞王朝在安達魯斯立足

　　750 年大馬士革奧米亞 (Omeyades, 661～750) 王朝家族，被敵人阿拔斯 (Abbasides, 750～1258) 宗族發動政變殲滅，篡奪號稱「伊斯蘭教殿堂」的大帝國。阿布杜・拉赫曼 (Abd al-Rahman, 731～788) 是殺戮戰爭下的唯一倖存者，他黯然神傷地告別故鄉——近東伊斯蘭帝國首都：大馬士革，到北非避難。這位二十歲左右的年輕王子，母親來自柏柏一個宗族。柏柏人分散在目前的西北非 (大多數在摩洛哥)，這群遊牧民族，自古以來就在此居住。阿拉伯人數十年前才征服此地區。此地區被穆斯林稱為「遙遠的西方」(le Maghreb, le lointain Occident)，拉赫曼的母親就是被擄掠帶到東方成婚或當寵姬的女子。

　　五年之後，拉赫曼在格納達南部阿穆內卡爾 (Almunecar) 上岸，受阿拉伯部隊的擁護，平息內爭。一年之後開創奧米亞在安達魯斯 (穆斯林統治的西班牙稱為安達魯斯 (Al-Ándalus)，今日安達魯西亞即因此得名) 的王朝，定都科多巴，成為阿布杜・拉赫曼一世。他平定內亂，對抗來自巴格達的威脅 (阿拔斯宗族把帝國首都遷徙至巴格達，推舉新的哈里發)，憑藉機智多謀與高明的外交手腕，維持政局穩定。

從王國到科多巴的哈里發

　　從奧米亞王朝在安達魯斯成立王國 (émirat)，到 1031 年被極端宗教狂熱的柏柏人阿摩哈維德 (Almoravides) 滅亡。阿布杜・拉赫曼三世 (Abd al-Rahman III, 891～961) 統治時期，他於 929 年賜予自己「穆

▼科多巴 Alcazar

斯林領袖」的尊號，這是他在東方的奧米亞先祖，於 660～750 年期間，一直冠戴的尊號。從此伊斯蘭教有兩個中心：西方的哈里發科多巴，和東方的哈里發巴格達互相媲美。

西元十世紀可說是伊斯蘭教統治下的西班牙最燦爛的一頁；科多巴的哈里發權威，擴展至伊比利半島大部分地區及一部分的摩洛哥。阿布杜・拉赫曼三世及繼承人拉哈坎二世 (al-Hakam II, 915～976) 掌權期間，是安達魯斯的鼎盛時期，一個強權、受人尊敬的國家，還與拜占庭及日耳曼皇帝互遣大使呢！許多城市快速發展，是城堡、宗教、文化爐灶與商業中心；興建清真寺、學校、市場及公共浴場，商人雲集，供應來自世界各地的產品。不僅是安達魯斯，整個伊斯蘭教世界的城市皆蓬勃興起：麥迪那、巴格達、德黑蘭、大馬士革、阿利普（Alep，敘利亞古城）、開羅；中亞的撒馬爾罕 (Samarkand)；西西里島的巴勒摩 (Palerme)。在同一時期與歐洲其他地區相較，安達魯斯的重要性及城市欣欣向榮特別突顯。

科多巴於西元前 169 至前 152 年間，成為羅馬殖民地，河港的地理優勢，使它成為進出安達魯西亞的門戶，羅馬時期就已經是重要的商業樞紐，哲學家及詩人讚賞其壯麗輝煌。科多巴是個大城市，人口逾一百萬；托雷多三萬七千人；亞美利亞 (Almeria) 兩萬七千人；格納達兩萬六千人；馬拉加一萬五千至兩萬人；瓦倫西亞一萬五千人。阿拉伯人並沒另建新城，他們在羅馬人建立的城市定居下來。

西方最繁榮的城市

我們可想像科多巴這個大都會，擁有數百座大小清真寺、數不盡的商店。它是西方最繁榮的城市，最重要的文化中心，擁有一座著名的大學。拉哈坎二世接待東方學者，創立一座擁有五十萬冊書的公共圖書館，僅是目錄就有四十四冊；除了宗教書籍外，科學、醫學、哲學書本並列。這是一個喜愛書籍的城市，全城總共有七十座圖書館；

抄錄者的工坊應運而生，任由專家、研究者支配使用。阿拉伯人引進亞里斯多德、柏拉圖、歐基里德、伊波卡特（Hippocrate，醫學始祖）及托勒密（Ptolémée, 90～168，天文學家、占星家、地理學家、數學家，生活在羅馬統治的埃及）等人的希臘文作品，被阿拉伯著名的哲學家翻譯、評論（後來被譯成拉丁語以傳播歐洲）。

　　阿拉伯醫生的診斷準確，和外科醫生的靈巧是有名的。基督王國君主及貴族，冒著路途危險，不惜遠道來求診。中古世紀歐洲的科學中心在科多巴，阿拉伯數字被傳入，尤其是羅馬人不知曉的零數字，這讓當時的數學家進步神速；他們發明代數和球面三角學。天文學家及占星家齊聚此大都會，神秘學 (sciences occultes) 吸引眾多信徒。安達魯斯及璀璨都城科多巴，彌補羅馬帝國崩潰後西方文化的缺失。

　　大清真寺是科多巴輝煌時代的象徵，亦是多種文明在此重疊的典型例子，它是伊斯蘭世界在西方最大的清真寺，780 年阿布杜·拉赫曼一世向基督徒購買以前的教堂，開始興建大清真寺，961 年建築面向麥加的壁室 (mihrab)，總共擴建兩次，歷時兩百年才完成。雙層紅白相間馬蹄鐵形柱子，撐高天花板，顯得宏偉壯觀。十六世紀，教士會議獲得允許在大清真寺中央建造教堂，查理五世非常不悅：「你們破壞世界獨一無二的奇妙，只為了興建到處皆可看到的建築（教堂）」。

　　伊斯蘭教統治下的西班牙是仰賴奴隸勞動的社會。政權

▲大清真寺外觀

的力量來自：阿拉伯及柏柏新貴、北非民兵、奴隸出身從小在宮廷長大後來當官和公務員。於宮廷內部服務及擔任哈里發守衛的那些人，有來自非洲蘇丹，及從東歐被運輸過來的奴隸，通常是被條頓騎兵俘虜的斯拉夫人。中古世紀的歐洲人販賣許多奴隸給伊斯蘭教國家，奴隸像動物被捕捉後，大多數被送到西班牙。不受基督教教義拘束的猶太人時常經手這種買賣，這些奴隸多由亞美利亞港口輸入。

光復國土

　　所謂光復國土，指的是數百年期間，西班牙的基督教徒對抗穆斯林，此戰鬥持續到 1492 年，天主教君主收復最後一塊失地——格納達王國，完成西班牙統一，才告終止。這是西班牙歷史的重要指標，也徹底改變了歐洲歷史。不具西班牙、葡萄牙君主堅強的意志力；長期受羅馬統治，西方文化薰陶，原本也是基督徒土地的北非，接受阿拉伯人入侵的既成事實，信奉伊斯蘭教，其發展完全不同。北非國家從此講阿拉伯文，伊斯蘭教是大多數人的宗教，它介入個人的思想、社會生活。

　　穆斯林入侵伊比利半島之後，基督徒退守北部山區。此後三百年期間，穆斯林軍事強大，經濟繁榮，文明燦爛，極占優勢。722 年西哥德貴族出身的佩拉尤（Pelayo，七世

▲科瓦東加教堂前的佩拉尤雕像

◄科瓦東加教堂，建於 1877～
1901 年
◄科瓦東加聖窟，鄰近於教堂
▲聖窟內的佩拉尤墓
▼聖窟內的聖母像

紀末至 737 年），在北部阿斯圖里亞斯省 (Asturies) 科瓦東加 (Covadonga) 擊敗摩爾人，雖然當時只是被視為山區居民抵抗外來者入侵，他們一向不服膺侵略者，先前亦曾頑強抗拒羅馬人和西哥德人。但象徵意義深遠，為未來光復國土 (la Reconquête espagnole) 揭開序幕。

阿斯圖里亞斯國王阿方斯一世 (Alphonse Ier, 700～757)，才真正開啟收復失土的程序；他趁著摩爾人在波迪葉被法蘭克人挫敗後，引起內鬨之際，併吞加利西亞、雷昂、里歐哈 (Rioja)。他打過無數大小戰役，擊敗撒哈森人 (Sarrasins，中古世紀歐洲稱穆斯林為撒哈森人；當時「伊斯蘭」及「穆斯林」用語並不存在)，收復城堡、村落。

十世紀初期，驅逐摩爾人重整西班牙的政治統一，才具有歷史遠景。展望歷史並非自發行為，是由改奉伊斯蘭教一些修士發動，他們

逃離伊斯蘭教控制的地區，輾轉來到阿斯圖里亞斯王國。此王國成為過去西哥德王國貴族、菁英、中堅分子的避難所。這些有政治思想和歷史記憶的修士，建議阿斯圖里亞斯國王，以西哥德王國繼承人的合法地位，能高舉光復國土的旗幟。阿方斯三世 (Alphonse III, 848～910) 統治時期，才萌生把伊比利半島歸還給原先合法地主的野心；他亦收回葡萄牙波多及孔巴拉 (Coimbra)。他十分懂得利用宗教的號召力，聖傑克的遺骸在他的王國，康布斯德朝聖地 (Saint Jacques de Compostelle)，可媲美羅馬的聖彼得教堂。信仰匯集熱忱，對王國前途樂觀，信心增強。

不過在其他地區亦有抵禦穆斯林的戰爭，不同區域的基督徒分散地進行光復失地。從西部的阿斯圖里亞斯，到東部的加泰隆尼亞，基督徒有種同屬於一個大家庭，相同文化的感覺。但他們也不盡完全一樣，十三世紀時，伊比利半島分成五個國家：穆斯林的格納達，庇里牛斯山西部的那瓦荷 (Navarre)，東部的亞拉岡，葡萄牙和卡斯地爾。

多年以來，托雷多小王國 (taifa de Toledo) 成為卡斯地爾王的保護國，後者並不急著攻城占據，因為較喜歡接受納貢及接收附近的城堡。1075 年托雷多國王過世，兒孫兩位繼承者不具雄才大略，無法應付國內困難情況，給予阿方斯六世大好機會，他趁機採取行動。1084 年秋天決定圍城，六個月之後此城投降，1085 年 5 月 25 日，他隆重地進入托雷多。他事後並不遵守投降的擔保條件。被異族占據三世紀半之後，基督徒再度成為西哥德人的京城主人，歷史、文化、商業重城的威望，擁有此城象徵意義深遠。與穆斯林的疆界向前跨大一步，阿方斯六世相信可繼續收復失地，已經自封為西班牙國王。

阿摩哈維德王朝介入西班牙　稱霸五十年

摩爾人感到威脅，於是請求摩洛哥阿摩哈維德 (Almoravides) 王朝兵援。1086 年 10 月在西葡邊界巴達荷茲 (Badajoz)，與塞維亞、格納

達、亞美利亞、馬拉加等小王國聯軍，和基督徒交戰；卡斯地爾與亞拉岡盟軍傷亡慘重，穆斯林全面勝利。

1108 年烏克雷斯 (Ucles) 戰役，阿摩哈維德軍隊又告捷；阿方斯六世的獨子陣亡，他哀慟逾恆，次年撒手人寰。托雷多處境危急。

阿摩哈維德軍隊所向無敵，在西部，他們把葡萄牙人趕出里斯本。安達魯斯的阿拉伯小王國紛紛落入他們手中。

1100 年阿摩哈維德軍隊奪回瓦倫西亞，沿著地中海海岸往北前進，不過沒攻至巴塞隆納。伊斯蘭大軍像沙漠風暴，成群蝗蟲，裹著黑色頭巾，騎單峰駝，慷慨激昂的戰吼詛咒，伴隨喧天價響的非洲鼓聲，衝鋒陷陣，基督士兵嚇得魂飛膽散。二十年期間，他們亦席捲獨立、各自為政的領主。

阿摩哈維德王朝稱霸後，集權於塞維亞。他們嚴厲實施伊斯蘭教條，糾正道德，強制使用阿拉伯文；迫害、驅逐猶太人和改宗伊斯蘭教的基督徒，後者往北遷徙。

為何阿摩哈維德王朝僅存續五十年呢?因他們在安達魯斯是少數，也是外來者。

阿摩赫德宗族入場

柏柏阿摩赫德宗族 (Almohades) 亦是宗教派系，向巴格達上級進言，阿摩哈維德宗族信仰不虔誠，被安達魯斯的傷風敗俗感染，上帝已拋棄他們。在摩洛哥掃蕩阿摩哈維德宗族後，阿摩赫德宗族舉兵渡過海峽，1147 年輪到他們在塞維亞定都。建造大清真寺，現僅存尖塔 (la Giralda)。自從他們在摩洛哥及西班牙南部掌權後，基督徒的光復運動較艱難。

1212 年 7 月 16 日，Las Navas de Tolosa 村落東北部 Sierra Morena 山脈下，卡斯地爾的阿方斯八世（Alphonse VIII de Castille, 1155～1214，法王聖路易的外公），雷昂的阿方斯九世 (Alphonse IX de Leon,

1171～1230)，亞拉岡的彼得二世 (Pierre II d'Aragon)，那瓦荷的尚伽七世 (Sache VII de Navarre, 1170～1234) 四個王國聯軍，托雷多首席主教和那波昂（Narbonne，此城在法國南部，離西班牙邊界不遠）主教，高舉十字架伴隨軍隊。起初基督徒遭遇困難，被敵方的箭頭、輕騎兵攻擊；阿方斯八世的騎兵部隊衝入敵陣中心，穆斯林軍隊潰散逃亡，才扭轉戰勢。

　　基督徒全面大捷，威震西方世界，對未來影響甚鉅，在光復運動中是一重要指標，從此聖戰、十字軍的概念深植人心。基督徒聯軍中，阿方斯八世的功勳最大，此戰役讓他榮耀加身。至於阿摩赫德王朝，其權威開始慢慢耗損，王朝地基動搖。數年之後，穆斯林小王國甚至還請求基督徒王國協助，來對抗阿摩赫德王朝呢！

　　光復運動停歇二十多年，基督王國休兵養精蓄銳。須等到卡斯地爾和雷昂的國王斐迪南三世，才再度舉旗征戰；安達魯西亞重要城市陸續光復：科多巴 1236 年，塞維亞 1248 年，卡地茲 1263 年；只剩下格納達王國，還苟延殘喘兩百五十年。因基督王國本身內亂、內戰；1469 年卡斯地爾公主伊莎貝拉和亞拉岡王子斐迪南聯姻後，政治統一，花了十年功夫，才拿下摩爾人在西班牙的最後據點。光復運動於 1492 年元月劃下休止符。

▶1236 年收復科多巴的聖斐迪南三世

▲拉赫曼三世接見使者

與巴格達分庭抗禮： 阿布杜·拉赫曼三世

　　奧米亞王朝在安達魯斯有數位君主，我為何選擇阿布杜·拉赫曼三世呢？他的壽命最長（七十歲），在位最久（近五十年），不過最重要的是，929年他自稱為哈里發，直至目前，安達魯斯的先祖只是蘇丹或國王，臣服於巴格達阿拔斯王朝的哈里發 (calife)；其實他只是恢復一百八十年前大馬士革先祖的頭銜，現在自覺有資格與巴格達分庭抗禮。我們相隔十一世紀，心想只是換個尊稱，但在當時象徵意義重大，如同發動大革命，掀起震撼。哈里發是國家的政治與宗教領袖。

　　父親早逝，拉赫曼直接繼承祖父寶座，二十一歲時登基。他祖父阿布杜·阿拉 (Abd Allah, 844～912) 在位時，採取綏撫政策。拉赫曼三世野心勃勃，且較嚴厲；對於不服膺的省區總督，他預先警告，將嚴懲叛亂者，不惜以武力收復失土，例如他花數月才攻破南部一城堡，就殺戮部分居民，令當地付出慘痛的代價與經驗；臣服其權威的話，則相安無事。此政策果然奏效，標榜獨立的塞維亞總督家族自動投降。

平息叛城托雷多

有「君王之都」(Ville des rois)
稱號的托雷多，時常不臣服科多巴
的奧米亞政權。此城的穆斯林甚至
不惜與西班牙北部的基督徒聯盟，
接受軍援，來對抗科多巴的君主，
成了「不降服之城」。托雷多驕傲的
居民並不完全拒絕伊斯蘭教，卻無
法忍受政治、社會被統御。攻打托
雷多是拉赫曼三世一項艱鉅的挑
戰，930 年 6 月大軍開始圍城，破壞
附近的耕作物、農舍，用以切斷外
界的食援。兩年之後，叛逆之城才

▲拉赫曼三世

讓拉赫曼於 932 年 8 月 2 日凱旋進城。異於一貫作風，他對托雷多居
民竟然寬宏大量，網開一面，沒進行殺戮，不過駐紮一個大軍營。此
城北部無天然屏障，拉赫曼下令鞏固、建造城牆，還親自監工；亦破
壞、維修、建築其他地區圍牆，讓托雷多成為難以攻克的城堡。

東北部的高地可俯瞰四方，尤其可監視唯一的阿坎塔哈
(Alcantara) 石橋，橋盡頭城門被重新規畫建造，堅固深厚，具有控制
及防禦功能。高地上建築一堡壘，作為總督或將領居所，這是當今
Alcazar 的所在地，地理位置極佳。整個東北部角落被壁壘圍繞，盡頭
聯接外城牆。權力中樞的與外隔絕，顯示出拉赫曼不信任托雷多居民，
及預防外來的援助、救兵。他的精心投入、高明監督，托雷多從此平
靜、繁榮一世紀之久。

北方的敵人

拉赫曼三世統治時期，須對抗南北方的敵人：北方的基督徒和南方的柏柏人。南征北討維持龐大領土表面上的統一。

雖然擁有伊比利半島逾三分之二領土，科多巴政權時常面臨北方基督王國的南下東進威脅。雷昂國王歐多尼奧二世 (Ordono II, 873～924)，繼續基督王國先前的擴展（光復）領土政策，攻克、洗劫梅里達及埃佛哈（Evora，位於葡萄牙）兩城；伊斯蘭總督不得不與之妥協，收買基督徒讓他們退兵離境。歐多尼奧與那瓦荷國王尚伽一世 (Sache I, 865～925) 聯盟，對抗拉赫曼三世權威。

917 年歐多尼奧在東部、南部打擊、攻陷穆斯林城市。這下子惱怒了拉赫曼，一心雪恥殲敵，於次年 7 月初率隊從科多巴出發北上；一個月後兩軍交戰，拉赫曼獲得全面大勝。

920 年拉赫曼的目標是攻繫尚伽一世的領土。尚伽一世的軍隊只

▲阿拉伯城堡 Almodovar del Rio

是稍微接戰，就躲到山區。與其讓穆斯林登山作戰，基督徒卻下山迎
戰，錯誤的戰術讓他們遭受慘敗。許多將領被逮捕，士兵被殺戮。拉
赫曼獲得龐大的戰利品，尤其是糧食。

924 年 4 月拉赫曼再度北伐，此行是報復前兩年歐多尼奧劫掠穆
斯林管轄領土，和尚伽一世在一小鎮殘殺顯赫的阿拉伯家族。三個月
之後抵達那瓦荷王國屬地，數年前的勝利戰役深植人心，眾多城堡紛
紛被放棄。拉赫曼朝首都龐波林 (Pampelune) 方向前進，尚伽數度試
圖阻擋無效。當阿拉伯領袖進入龐波林時，已成了空城；穆斯林大肆
掠奪，破壞房舍，燒燬教堂。都城被摧毀，那瓦荷國王倍受屈辱，其
權力隨之萎縮。至於雷昂王國，國王歐多尼奧二世於 924 年駕崩，其
子爭權互相殘害，引起長期內亂。對拉赫曼而言，北方戰線暫時平息。

北方無戰事將近十年，歐多尼奧二世第三子哈密赫二世 (Ramire
II, 900～951) 奪得政權。驍勇善戰，懷抱雄心，痛恨穆斯林。目標遠
大，932 年初次出征就想拿下托雷多，不成，但奪取馬德里。兩年之
後，拉赫曼剷平卡斯地爾王國的首都布格斯 (Burgos) 及無以數計的要
塞，作為報復。薩拉戈薩伊斯蘭總督通敵叛變，幸虧得力於數位忠誠
將軍的把關，才弭平造反。

雷昂王國與那瓦荷王國聯軍，939 年於西曼卡斯 (Simancas) 城牆
下擊敗拉赫曼的八萬五千名大軍。此戰役是轉捩點，從此基督徒的領
土擴展了，可控制杜渭河 (Duero) 流域。拉赫曼鎩羽而歸，穆斯林軍
隊銳氣大減。拉赫曼決定不再親自率隊出征，他重組軍隊。但基督王
國並沒乘勝追擊擴張更大的領域，哈密赫二世於 951 年駕崩後，亦導
致繼承危機，再度上演兄弟（同父異母）相爭鬥悲劇。科多巴政權趁
機攻入伊比利半島西北部雷歐王國領土加利西亞地區，穆斯林與基督
徒的疆界，前者逐漸占優勢。

來自北非的威脅

法蒂瑪王朝 (Fatimides, 909～1171) 以伊斯蘭先知穆罕默德之女法蒂瑪取名，是北非的伊斯蘭什葉派王朝，中國史書稱為綠衣大食。

909 年什葉派首領奧貝德・阿拉 (Ubayd Allah al-Mahdi, 873～934) 控制從摩洛哥東部到利比亞北非大部分領土，自認為強大無比，可對抗巴格達的勢力，於是以哈里發自居。選擇於突尼西亞東部建造馬赫迪耶 (Mahdiyya) 海港作為首都（921～973 年）。

969 年法蒂瑪王朝征服埃及，成立新城市開羅，意味「勝利之都」，興建四年，973 年遷都於此。後來繼續擴展領土至敘利亞，在馬爾他和西西里島成立據點。

拉赫曼三世除了圍堵北方的基督徒外，也擔憂南部北非人何時會跨越海峽，侵入他的領域。他意識到柏柏人的危險，他的預感：摩洛哥將摧毀他一手建立的帝國，果然於 1031 年實現。

在法蒂瑪王朝統治下，科多巴的奧米亞王朝，曾暗中協助北非的部落，對抗他們共同的敵人。柏柏一強大部落方伊 (Ifren) 八世紀時形成王國，在當今阿爾及利亞西部建都；十世紀時成為王朝，一位號召力強的首領，聯合其他部落，944 年把什葉派教徒趕向東

▲科多巴大教堂塔樓

方。拉赫曼三世強敵的威脅暫時緩和數年。

京華盛景　過眼雲煙

科多巴西北部八公里有一座王城廢墟，那是拉赫曼自稱為哈里發後建造的。面對巴格達，尤其是近鄰北非的法蒂瑪王朝，十多年期間就征服廣闊領土，旋即自宣為哈里發，威脅奧米亞王朝在北非的利益。「新君主，新京城」，拉赫曼為顯示獨立、威望，使用政治、經濟資源，鑄造金幣、造新都，一切皆在彰顯其強大王權。據說一名妾妃留下一筆遺產，此錢財當初目的是要拯救基督王國的伊斯蘭俘虜，因沒找到俘虜，於是把贖金充當建造新城用途；此外還須投入每年三分之一的稅收，耗資龐大。

阿爾扎哈 (Madinat Al-Zahra) 是以寵妃的名字（意思是花朵）命名，表達拉赫曼的愛意，在歷史留下記憶。如此羅曼蒂克的觀點，引人遐思。但從歷史觀點，阿爾扎哈可譯成「金碧輝煌的城市」。拉赫曼選擇莫瑞納山脈 (Sierra Morena) 下瓜達基維爾河流域北部，936 年起開始動工興建，二十五年期間，動用了一萬名工人、兩千六百頭騾、四百隻駱駝。巴格達及君士坦丁堡最佳的藝匠皆被請來，每天雕塑六千個石塊，四千支古石柱是從北非或伊比利半島運輸過來，光是宮廷就有一千支大理石及璧玉石柱。這座阿拉伯的凡爾賽宮，包括一座皇宮、一座清真寺、學校、花園、商店、公共浴場、養魚池塘。

阿爾扎哈依山麓高低分成三個階地：最高處是皇宮；中間地帶是花園、菜園綠色空間與居民住宅區隔開，區分帝王至尊與平民草芥；最低層是清真寺、守衛及工作人員居所、工坊。阿爾扎哈就像哈里發自己的形象，在居高臨下的宮殿，驕傲地睥睨天下。此皇宮城市可容納一萬兩千人及四千名宮廷服務人員。在這短暫、繁榮輝煌時期，拉赫曼及繼承人拉哈坎 (al-Hakam, 915～976) 兩位哈里發，在瑤宮瓊闕、精緻花飾石雕大廳堂接見外國使節：從伊比利半島北部基督王國、德

▲大教堂──清真寺內觀

▲清真寺外觀

國宮廷、拜占庭派來的代表，尤其是北非部落的首領，奧米亞王朝對抗法蒂瑪王朝的盟友。他們成為拉赫曼威信、權勢、安達魯斯燦爛文化、繁榮新都的最佳宣傳者。

　　熹夏二世 (Hicham II, 965～1013) 未滿十二歲時繼承父王的先業，由前任首相及將軍阿曼蘇爾 (Almanzor, 938～1002) 攝政。他身體病弱，心智不太健全，阿曼蘇爾及其兩位兒子先後掌實權，但礙於奧米亞王朝的聲望，及國王母后的提防，不敢威脅熹夏二世的生命。阿曼蘇爾後來當上首相 (Grand Vizir)，亦模仿拉赫曼三世，在科多巴東部建造新城阿爾扎禧哈 (Madinat al-Zahira)，981 年將行政組織遷移於此，阿爾扎哈逐漸凋零沒落，不過有名無實的君主仍繼續居住此城。

　　1010 年柏柏軍隊入侵，內亂，徹底摧毀了「花城」。

　　2013 年 6 月 21 日享受完豐盛的早餐，我們離開旅館，驅車不久就抵達阿爾扎哈。很高興獲悉歐盟會員國公民免費參觀，先看一下由蘇菲亞王后剪綵的出土物品陳列館，再搭巴士赴花城。在往昔輝煌中穿梭著，讓想像力馳騁。

▲阿爾札哈遺址　　　　　　　　　　　　　　　▲阿爾扎哈廢墟

科多巴北山麓下　　　　　洋洋得意哈里發
肥壤沃土是吉地　　　　　憤恨滿腔嗜殺戮
漫步花城心自在　　　　　粗暴狂搗柏柏人
踏尋史蹟豔陽下　　　　　世界文物俺不懂
南征北討抗勁敵　　　　　金碧輝煌毀一瞬
有喜有悲是人生　　　　　昔日風華成雲煙
個性突顯拉赫曼　　　　　斷壁殘垣埋土堆
人間樂園朕要造　　　　　銷聲匿跡九世紀
後宮粉黛六千名　　　　　燦爛文化再出塵
威武權勢振天下　　　　　思古幽情興哀歎
四方使節來謁見

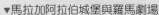

▼馬拉加阿拉伯城堡與羅馬劇場

◀阿曼蘇爾畫像

聖戰悍將　篡權當君：阿曼蘇爾

　　衣本‧阿畢‧阿彌爾 (Ibn Abi Amir, 938～1002) 自譽為「勝利者」（阿拉伯文是 Al-Mansur，阿曼蘇爾，西班牙文是 Almanzor)，歷史就以阿曼蘇爾稱呼他。這位傳奇性人物，出身中上等家庭，他是如何攀登至權力巔峰呢？

　　阿彌爾來自一個著名的葉門家族。其父系祖先阿布杜‧馬利克 (Abd al-Malik)，711 年從北非追隨塔西克將軍 (Tariq) 入侵伊比利半島，獲得一塊封地，便在安達魯斯南部阿爾及西哈斯 (Algeciras) 附近定居下來。子孫從事判官和法學家行政職業。阿彌爾的祖父於 895 年在塞維亞當判官。父親是推事，於麥加朝聖歸途中在特里波利 (Tripoli) 過世。母親是柏柏人，外公在拉赫曼三世朝廷當大臣和醫生。

　　年輕時就離家到科多巴求學，在大清真寺學習法學知識，拉赫曼三世在位期間，此地是伊斯蘭世界最具威望的研讀中心之一。阿彌爾有機會受到名師教導，聰穎伶俐且勤奮向學。他野心勃勃，根據一椿軼事，一次與同伴聚餐時口出豪語：有朝一日他將統治國家，有幾位把他的話當真，紛紛表示希望將來在其政府獲得的職位，只有一位嘲諷他。數年之後，當阿彌爾掌實權後，他分配職位給當時同伴所要求的；至於取笑他的那位，則被罰重金。

　　阿彌爾最初的工作，是在科多巴阿拉伯皇宮 (Alcazar) 附近，替民眾撰寫書信、文件。三十歲時成為科多巴首席檢察官法庭書記官的助手。其才能被檢察官賞識，於是被推薦給主司民政局的大臣阿穆夏費 (al-Mushafi)。無疑地，此調職對未來具有決定性作用，開啟阿彌爾接近權力核心的道路。

　　當時阿穆夏費大臣尋找一位能幹、認真、老實、教養良好的人員，替哈里發拉哈坎二世 (al-Hakam II, 915～976) 寵姬蘇菩公主 (Subh) 及她出生不久的兒子管理財政。由於其機智而被選中，967 年 9 月，阿

彌爾被任命為科多巴鑄幣廠廠長，從此展開政治生涯。受到蘇菩公主的賞識與提拔，隔年底他晉升為繼承人不明的遺產信託者。969 年 10月底被指定為塞維亞及西部小城尼布拉 (Niebla) 的判官。970 年 7 月王儲過世後，他繼續接管新王儲熹夏二世 (Hicham II, 965～1013) 的財務。在奧米亞朝廷擔任多種職務並不足為奇。

短期間阿彌爾的職位扶搖直上，謠傳他成為蘇菩公主的寵信及愛人；許多編年史作者明顯指出，民眾嘲笑哈里發的寵姬施恩給她的總管，後者如何向她獻殷勤：阿彌爾知道如何以良好服務、給她歡樂、提供巨款等，討她歡心；因而迷惑她，完全控制她的心思。而蘇菩公主控制她的夫君，阿彌爾竭盡其力表達敬意，從未間斷對她的關注，冥思苦想挖掘新奇點子，為她找出一些獨特、令人難忘的東西。例如他花了很多時間、不少錢財，為她製造一座精緻迷你銀製小皇宮，人們從未見過那麼精美絕倫的東西；精品被展示於阿彌爾住宅前，引來眾人許久的讚賞與癡狂。

她尊重他，擔憂公論批評她恩寵傾向對他的影響。拉哈坎有一天對一位親信說：「這位年輕人不知以怎樣靈巧的方式，吸引我所有的女人？她們雖然擁有世上最奢侈的東西，但只欣賞、品嘗他帶來的。這是位熟練的巫師，我擔心他手中擁有的。」有人向哈里發告密阿彌爾挪用公款，拉哈坎下令向他呈報置放鑄幣廠的款額；阿彌爾已經花掉一大把，假裝遵守命令，卻急忙趕到大臣密友宅第，請求借貸缺額。這樣一來，國庫完整，拉哈坎的疑心也煙消雲散，把謠言當成謊話，從此對這位被懷疑的官員更加讚賞，也確保他的職位。當然事後阿彌爾馬上把錢還給朋友。

編年史又記載一件軼聞，熱衷於占卜術的哈里發，相信在阿彌爾身上找到未來篡位者的特徵：其出身和黃色的手掌。有一天他向近臣提到他的觀點，大家安撫他說不必在意，哈里發回答：假如他頭部受傷，所有的徵兆就都集中在他身上了。上帝安排得很巧妙，拉哈坎駕

崩之後，阿彌爾被擊傷，如此一來，其體貌特徵完全相符。

軼聞是真是假？它透露出阿彌爾成為被猜疑的對象。根據拉哈坎二世的統治年表，記載哈里發繼續委託他任務。971 年 9 月，北非盟友札那達 (Zanata) 部族首領前來安達魯斯避難，阿彌爾被派遣攜帶馬匹、馱重牲畜、地毯、篷帳、毯子、器皿等大量禮物，前往馬拉加地區一港口迎接他，伴隨他來科多巴。

北非學習經驗

973 年 7 月，阿彌爾又被委以重任，其生涯跨越一大步。他負責到北非把禮物贈送給一些柏柏首領盟友，順便觀察情況。其實，他先前曾和幾位王國官吏來到北非，審查軍隊統帥的經費使用。此行他身負奧米亞王朝在北非屬地最高檢察長之職，任務極其重要，承擔司法與宗教多項工作。

在科多巴受限於阿拉伯及中、東歐奴隸 (esclavons) 出身的達官貴人，阿彌爾明白他可利用柏柏人及他們的首長。北非西部可供應取之不盡的戰士資源，須吸引他們以便將來利用。他似乎圓滿完成任務，時常向哈里發報告其活動。任務成功展示其精明，未及十年，阿彌爾已成為拉哈坎二世朝廷重要人物，且深獲君主的信任。

阿彌爾是朝廷重要人物，但還不是最高官。位居政府最高職的是王室侍從 (hadjib) 阿穆夏費，他掌握允許或禁止覲見哈里發之大權，此職務慢慢演變成政府首長。阿穆夏費是柏柏人，之前是大臣。王室侍從職位由柏柏人或中、東歐奴隸出身者來擔任，而不挑選阿拉伯人。因很擔憂　且把權力交給阿拉伯貴族一分子後，掌握多種職權會威脅王室，於是避免強大阿拉伯人宗族大權在握的危險。阿穆夏費的確實權在握：中央行政、軍隊、情報，其權威擴展至省區總督。他是唯一可以每日與哈里發對話的大臣，阿彌爾覬覦他的職位。

成為儲君熹夏的財政總管，且受到拉哈坎二世的器重，阿彌爾的

權威如日中天。庶民喜歡向他請教，他也慷慨好客，熱烈接待，家中門庭若市，不得不擴建。他身邊經常聚集貴賓，但是還不滿足。當時他早晚皆去拜訪阿穆夏費，意圖與他親近。

Esclavons 發動政變不成

976 年 10 月 1 日，拉哈坎二世駕崩，得年六十三歲。為避免政局不安，哈里發於逝世前幾個月，為儲君舉行效忠誓言。東歐奴隸派系和阿拉伯貴族的敵對越來越熾熱。數十年以來，東歐奴隸數目不斷增加，替政府作事的例子並不罕見，光首都就有一萬五千人。Esclavons 原先指的是從東歐、斯拉夫國家被擄獲、販賣，後來被解放的奴隸；十世紀末葉，此詞適用於從軍、在宮廷工作的所有歐洲奴隸。拉赫曼三世及拉哈坎二世周遭大量使用這些人，雖然在老百姓面前盛氣凌人，但哈里發認為他們是不可或缺的僕人，以不薄薪俸雇用。他們不太與民眾相往來，形成一種種族集團。

哈里發過世，是他們鞏固地位的大好時機，拉哈坎二世瞑目不久，他們試圖策劃政變。主司御服及手工製造的總監，另外一位金銀匠兼訓練獵鷹者，拉哈坎二世彌留時這兩位官員隨侍在側，決定隱瞞哈里發過世消息，選擇其弟二十七歲的王子當君主，以確保他們的特權。其冠冕堂皇的理由是熹夏儲君才十歲，將引起王朝危機之險。此陰謀須獲得哈里發之弟及阿穆夏費兩人同意。後者表面上假裝贊成，接著召集熹夏擁護者。

阿穆夏費與阿彌爾開會商議，決定隔日讓熹夏登基，阿穆夏費決心滅掉哈里發之弟。阿彌爾被賦予任務，他帶領百餘人到王子宅第，告知其兄駕崩及姪子熹夏將登基的消息，探測其意向。王子表明完全效忠新君，此態度還是無法獲得阿穆夏費的赦免，他在妻妾的面前被勒斃。縱使貴為王子，身不由己，成為官員與重臣爭權的犧牲者。

976 年 10 月 3 日，熹夏隆重登上寶座，被冠以「承蒙阿拉勝利協

助者」尊號。阿彌爾在典禮中高聲宣讀授權書，眾多達官貴人及法學人士皆宣誓效忠。典禮是由阿穆夏費主持，阿彌爾負責記錄顯貴表達忠貞的證詞。年輕儲君登基並非獲得一致贊同：某些法學家不看好一位年輕君主理國政，且謠傳他有精神疾病。此外二十七歲的王子被暗殺掀起譴責之聲。

　　此時阿穆夏費與阿彌爾關係極佳，毫無疑問，他們互有所需，以揭發時時會發生的陰謀。受到新君母后蘇菩的支持，他們兩人竭盡所能，撫平朝廷的緊張氣氛，讓新君孚眾望。登基五天之後，熹夏二世身著華服，騎乘亮麗耀眼駿馬，讓科多巴居民瞻仰新君。阿彌爾加官晉爵，被封為大臣 (vizir)。

沙場將領

　　為了擴大聲望，展示宗教熱忱，阿彌爾決定成為聖戰將領。基督徒趁著年輕新君登基南下進犯，阿彌爾自告奮勇要奪回失地，懲罰敵人。阿穆夏費以重金聘任他當總司令。977 年 2 月出征，兩個月後，攜帶大量戰俘與戰利品凱旋而歸。此戰功讓他廣獲民心，及搏得軍隊主將的好感，尤其是中部地區總督加利布 (Ghalib)，他們是戰友。

　　阿彌爾想奪權，阿穆夏費成為他的障礙。後者處境不佳，許多嫉妒他的達官貴人，譴責這位無政治才能的政客，安插家族成員重要職位。正巧加利布也不滿阿穆夏費的暴發戶社會地位，於是與阿彌爾一拍即合。阿彌爾還與加利布的女兒成親，鞏固關係。由於聖戰有功，阿彌爾官銜薪俸再度被提升。

　　978 年 3 月下旬，天有不測風雲，熹夏二世下令免除阿穆夏費官職，且將其家人逮捕。家產充公，還被罰款。阿穆夏費請求阿彌爾協助恢復其自由與保命，但被拒絕。阿穆夏費當了五年階下囚後，在牢房被勒斃或毒死。979 年元月，一項推翻政權、謀殺哈里發的陰謀被揭發，同謀者中有阿穆夏費的往昔友伴，他們被嚴懲，主謀被處死刑。

篡位

　　阿彌爾逐漸掌權獨裁，遲早須面對一個重要的現實問題：哈里發熹夏二世的存在，他是所有權威合法的擁有者。阿彌爾雖然實際上履行哈里發的大多數任務：捍衛宗教，領導聖戰，保護疆域，安定社會，執行判決，分配戰利品等，但他卻非真正的執政者。阿彌爾何時興起篡位的野心呢？缺乏合法性是他無法超越的障礙，雖然屢打勝仗，榮耀加身，但總是遭到一些法學家反對廢黜熹夏二世，因他非屬於奧米亞後裔。阿彌爾永遠無法實踐其計謀，只能自稱為阿曼蘇爾。

　　991 年 3 月，他把行政機構轉移到其新居所阿爾扎禧哈 (Madinat al-Zahira)，把部分政府職責交給一兒，另一兒則被授與大臣 (vizir) 官銜，自己則冠上阿布杜・馬利克頭銜，即自稱為王。993 年則取消哈里發的官印，拿自己的來代替。

新王新京城

　　隨著權勢壯大，羨慕、嫉妒者亦逐漸增多。阿彌爾去宮廷時，總是擔心人身安危，恐懼被敵人陷害。於是興起國王「新王新京城」的意圖，讓自己家族和親信居住新建的宮殿，他可安心籌備政治計劃，齊聚其官員與守衛，集合其受恩人。978～979 年，動土興建美輪美奐的阿爾扎禧哈宮，新宮殿不僅要炫耀阿彌爾的威望，亦想媲美哈里發的阿爾扎哈。不久新都成了輝煌建築的重要城市，選擇遠離首都科多巴的另一原因是，避免對抗此城居民的憤怒。許多阿拉伯穆斯林城市，建在離首都有一段距離，乃為了擺脫城市叛亂，城牆圍繞的宮殿，像要塞堡壘一般固若金湯。此建築瑰寶的確榮顯阿彌爾的野心與權威。

　　新城也聚居一群詩人與藝術家，他們領薪俸為阿曼蘇爾歌功頌德，從沙場歸來時娛樂他。悍將認為詩歌與藝文，是政府榮耀的見證。許多詩人甚至隨他出征，985 年攻打巴塞隆納就有四十多首詩歌，長久以來，詩歌一直是阿拉伯人最重視的文學表達，尤其能使權力合法化。

阿爾扎禧哈的存在像過眼雲煙，阿曼蘇爾夢過此城悲劇結局的不祥預兆，他還因此好幾天鬱鬱寡歡，缺乏食慾。他的一位大臣亦夢見一位猶太人走遍此城之後，道出不久將成為廢墟的預言。幾年之後，夢幻變成事實，1009 年 2 月中旬，科多巴的民眾大肆掠劫。暴民搶奪阿曼蘇爾的奢侈象徵：金銀、珠寶、華服、香水、木雕、大理石、石柱等。此城被洗劫一空，城牆被拆除，大門被拿走，阿曼蘇爾的權力不留下絲毫痕跡。遺址被荒草湮沒，但關於他的記憶未被抹煞，尤其北非地區。

聖戰冠軍

綜觀阿曼蘇爾的政治生涯，對基督徒的征戰占舉足輕重的地位，極少將領像他一樣在穆斯林的西方世界被歌頌過。伊斯蘭編年史作者強調其勝仗，淡化穆斯林社會無法抵擋基督徒的光復國土，並非偶然。他的每次勝利，在阿拉伯歷史文獻，敲響了特別的鐘聲，令全穆斯林引以為傲。突擊次數約五十二到五十六次，二十六年主政期間，每年平均出征兩次。

最獨特的是，每次征戰皆凱旋而歸，大部分是一、兩個月短時間。他的出戰事蹟吸引了數代的歷史學家與博學者。2003 年西班牙國防部一位將軍出版了《穆斯林統治下西班牙的地理戰略：阿曼蘇爾的征戰》(*Geostrategia en la Espana musulmana: Las Campanas Militares de Almanzor*)。姑且不論歷史對這位聖戰冠軍的評估，諸多關於他的出征描述，皆可見其魅力廣大且深遠。

他是如何成為將領、傑出的戰略家呢？捍衛伊斯蘭教社會的集體任務中，才幹加上熱忱。訣竅、勇氣、決心，不畏寒暑，非凡的優點讓他在沙場展露無遺。無數聖戰在民眾眼中證實其宗教熱誠，政府首長地位合法化，政治活動，宣傳工具，擴展聲望。

阿曼蘇爾統領下的最大變化是，戰爭不再是防禦性，而是攻擊性，

且次數之多空前絕後。之前，只是反擊基督徒發動的戰爭。從此，阿曼蘇爾開啟難以預測的突襲，兇猛程度無以倫比，戰場擴展至整個半島。其率領的軍隊士兵是柏柏人，數目眾多是其優勢。

985 年巴塞隆納淪陷

　　985 年夏季，阿曼蘇爾第二十三次出征突襲巴塞隆納，迴響超越伊比利半島。當時科多巴與巴塞隆納似乎關係良好，奧米亞君主與加泰隆尼亞伯爵維持外交，互相信任，交換大使。一切是從 940 年開始，玻赫伯爵 (Borrel) 數次派遣使節到科多巴，向哈里發擔保其友誼。966 年拉哈坎二世還苛求玻赫伯爵拆毀與安達魯西亞接界的城堡，且下令不准支持對抗他的基督徒君主。971 年伯爵派代表向哈里發呈獻完全臣服信件。974 年最後一次覲見，雙方休戰情況繼續延續下來。

　　985 年攻打巴塞隆納之前，阿曼蘇爾已經在加泰隆尼亞伯爵屬地出征過幾次。985 年 5 月初，他率兵及四十多名詩人北上。玻赫伯爵試著抗敵，但被擊敗。7 月 1 日穆斯林軍隊已抵達巴塞隆納城牆外，六天之後巴塞隆納被攻陷、燒燬。穆斯林停留數月，搶劫兩座修道院之後離去。浩劫後果被形容為「世界末日」、「巴塞隆納之死」，無以數計的文件資料、手稿若不是被摧毀、遺失，就是被穆斯林拿走。死亡人數慘重，眾多俘虜被帶往科多巴。為了贖回囚犯，興起付贖金及討價還價的商業活動，奇怪的是竟然促進巴塞隆納的經濟繁榮。此意料不到的後果，也永遠無法抹滅基督徒腦海中恐怖的集體記憶。

　　阿曼蘇爾的目標已經達到，不僅個人威望倍增，801 年拉哈坎一世在位時失去的城池，被阿曼蘇爾摧毀：恥辱被報仇。

997 年搶劫基督教聖地康布斯德

　　997 年掠奪聖地康布斯德，是阿曼蘇爾最著名的戰績。此城位於西班牙西北部的加利西亞地區，無任何穆斯林軍隊曾踏入此區域，甚

至 711 年阿拉伯人入侵伊比利半島時亦未到此邊遠地。

雷昂國王伯穆度二世 (Bermudo II) 曾與阿曼蘇爾簽署和約，後者還娶了雷昂國王的女兒。後來雷昂王拒絕履行每年臣屬納貢，阿曼蘇爾決定給基督教國度來個駭人聽聞的攻擊，於是選擇著名的朝聖地康布斯德。997 年 7 月 3 日，他率領大軍從科多巴出發，這是他第四十八次征戰，許多基督徒伯爵也加入行列。

8 月 10 日穆斯林軍隊已到達康布斯德空城，他們搶劫、燒燬此城一星期，鏟平大教堂，但保留使徒聖傑克的墓地。城門及教堂鐘被拆除運到科多巴，作為清真寺建築材料，也帶回數目龐大的俘虜。伯穆度二世被迫妥協，派遣其子到科多巴求和。

最後戰役

1002 年夏初，阿曼蘇爾最後的戰役是里歐哈地區。他在卡拉達納扎耳 (Calatanazor) 被卡斯地爾尚伽一世 (Sanche I de Castille, 965～1017) 擊敗。年紀漸長、痛風數度發作、失眠，健康每況愈下，無法騎馬，須坐轎子，他於 8 月 10 日至 11 日午夜，在麥迪那塞里 (Medinaceli) 城堡與世長辭。

▼麥迪那塞里阿拉伯碉堡

　　麥迪那塞里阿拉伯文意味「和平之城」，是否聖戰悍將之死開啟了和平曙光？我們來到旅遊中心拿此鎮地圖，詢問阿曼蘇爾的基地是否在城堡內，答案是城堡內的確有一墓園，但被葬於城堡是傳說。我若有所思離去觀光此鎮著名景點：城牆、羅馬拱門、阿拉伯城門、阿曼蘇爾廣場、主廣場。此鎮屬於西班牙最美麗鄉鎮協會，為促進觀光事業，保留文化、自然、鄉間遺產，西班牙旅遊業於 2011 年成立此協會，甄選工業化程度較低、人口不多的鄉鎮。

　　數天之後，我們在布格斯 (Burgos) 東北部五十公里窮鄉僻壤，經過歐尼亞鎮 (Ona) 時，驚訝看到皇家神殿 (Panthéon)。聖薩爾瓦多修道院附屬教堂 (La Iglesia Abacial de San Salvador) 內有尚伽一世的棺槨，他是此修道院、教堂的創建者。這個意外發現彌補我在麥迪那塞里的失望，目睹卡拉達納扎耳戰役勝利者墓誌銘，至於戰敗者阿曼蘇爾只能在想像中去追尋，卡拉達納扎耳卻有他的半身雕像以茲紀念。

▲聖薩爾瓦多修道院附屬教堂

▲卡拉達納扎耳阿曼蘇爾雕像
▼卡拉達納扎耳城堡
▼尚伽一世棺槨
▶歐尼亞鎮尚伽一世的雕像

▲瓦倫西亞天主教君主雕像，左為亞拉岡的斐迪南，右為卡斯地亞的伊莎貝拉

君主是否可宣福、成為聖人：天主教女君主伊莎貝拉

西方歷史上，英國伊莉莎白一世 (Elizabeth I, 1533～1603)、俄國凱薩琳二世 (Catherine II, 1729～1796)、西班牙伊莎貝拉 (Isabel I la Católica, 1451～1504)，三位女君主的政績斐然，可與男性君主相媲美。她們有女性身體，男性心智。

伊莉莎白　有「童貞女王」之稱的伊莉莎白的感情生活撲朔迷離。基於政治、宗教考量，及表妹蘇格蘭女王瑪麗·斯圖亞特的前車之鑑，她拒婚，縱使後果是沒親生的王位繼承人。在她統治時期，英國的文化、藝術欣欣向榮，啟發英國文藝復興。經濟起飛，軍事優勢利於海外擴張，為未來北美殖民奠基，創立東印度公司。其人格、治國方式，加上自我宣傳，贏得歐洲朝廷的尊重與仰慕。

凱薩琳　從十四歲半去異國宮廷的日耳曼小公主，到成為偉大的君主，俄國女皇凱薩琳二世在位三十四年，統治時期長且輝煌，凱薩琳的個性塑造她的不凡命運。俄國沙皇只有兩位被稱為大帝：彼得大帝及凱薩琳大帝，後者重振俄國在歐洲的聲威，擴展版圖，成為強國。

東擴疆域，改革教育、法律，捍衛宗教自由，鼓勵私人企業。深愛藝術的她，創立美術學院及舞蹈學院，俄國的芭蕾舞明星聞名於世。她精通多種語言，與法國哲學家、作家伏爾泰、狄德羅通信頻繁，狄德羅還受她邀請，拖著六十歲老軀遠途跋涉去俄國；伏爾泰逝世後，她購買他的藏書，至今還如珍寶似地收藏在國家圖書館。

伊莎貝拉　1496 年 12 月 19 日，教皇亞歷山大六世賜予斐迪南與伊莎貝拉天主教君主尊號，政治涵義重於宗教意味。西班牙的義大利政治，把教皇國及其封地那不勒斯王國，從法國統轄中解放；其次是獎賞他們統一、鞏固西班牙王國。法國國王自認為是教會的長女，自稱為「十分虔誠的基督徒」(Très Chrétiens)。為了感謝英王亨利八世刊登一篇誹謗路德的短文，教皇雷歐十世賞賜他「信仰捍衛者」(Défenseur de la loi) 之尊榮。法

▲伊莎貝拉畫像

王和英王的榮耀尊稱，早被歷史遺忘，天主教君主的頭銜卻流傳至今。

世間奇女	西班牙	後代婚事	操母心
卡斯地爾	出國母	兒女私情	不算數
青春少女	有遠計	政治婚姻	為首要
私密成婚	展鴻圖	早逝瘋狂	皆天命
奪得王位	為國是	半島一王	夢成空
格城一戰	整十年	伊莎貝拉	病不起
光復國土	圓大志	撒手人寰	空遺恨
漫步阿宮	喜孜孜		

天主教君主光復失土，讓西班牙步上歐洲強權行列，開啟西方殖民帝國的歷史。他們實行「你我皆一樣」(tanto monta, manta tanto, Isabel como Fernando) 的政治，幾世紀以來，大家皆認為斐迪南是共同政策的主導者，馬基維利的「君主論」(*Le Prince*) 就是以斐迪南為範例。

十八世紀前三十年，馬德里陸續出版十六冊《西班牙編年史》(*Synopsis historica chronologica de España*)，其中有關天主教君主章節，對伊莎貝拉十分讚許。

▲哈比達 (La Rabida) 聖瑪莉亞修道院伊莎貝拉畫像

她病入膏肓時，全國為她祈禱，她的去世是無法彌補的損失。筆墨無法形容這位西班牙史上無出其右，榮耀女王的英雄似美德。摧毀伊斯蘭教歸功於其信仰與宗教，克服格納達王國，讓基督教旗幟飄揚在阿拉伯皇宮。為了保存信仰純潔，其熱誠驅使她成立宗教裁判所，與驅逐境內的猶太人。

她知悉必須讓王公貴族害怕與尊敬；她嚴厲地懲罰犯罪者；成立維護社會安全的民兵 (la Santa Hermandad)，掃蕩國家的竊賊與兇嫌。貞節是她最突顯的德行，婚前婚後態度皆很謙虛、行事十分謹慎。偉大的心靈概括這些道德情操。

　　斐迪南亦有一些優點，不過缺點居多。顧及其利益時，他不遵守承諾，這點和當時其他君主一般。人們皆知他無法避免人性弱點，有幾個私生子，個性奸詐。

　　法國人對西班牙感興趣，雖然兩國為爭奪義大利、那瓦荷王國 (Navarre)，幾世紀處於敵對情勢。前者譴責後者帝國主義，以宗教之名憧憬「君臨天下王朝」。指責歸指責，法國人承認西班牙為「一個偉大民族，龐大帝國，比法國更精緻的文明」。伏爾泰 1756 年出版的《論風俗習性》(*L'essai sur les moeurs*) 一書中，確認西班牙文明光輝萬丈，照耀歐洲逾一世紀之久。肯定 1469 年伊莎貝拉與斐迪南聯姻，構成輝煌西班牙的起點，兩人像合伙的君主。他認為斐迪南是這雙重王朝的主動力；格納達戰役歸功於他；一切皆由他做最後決定。

▼伊莎貝拉不同畫像、雕像

伊莎貝拉功過斐迪南

1821 年，西班牙《頌揚天主教女君主伊莎貝拉》(*Elogia de la Reina Calolica*) 一書，顛覆斐迪南獨領風騷潮流，此書根據諸多未刊載過的史料，由皇家歷史學院贊助出版。伊莎貝拉奠定整合國土根基、駕馭貴族權貴；人們幾乎原諒她批准宗教裁判及驅逐猶太人。從此統治威望皆歸功於伊莎貝拉，光芒掩蓋其夫，斐迪南被低貶至侍衛王子角色，只是執行者。

撰述西班牙歷史的法國作者，一致同意天主教君主的統治期，對西班牙歷史影響至鉅。但大多數褒伊莎貝拉貶斐迪南。前者貌美、優雅、具騎士精神勇氣，意圖重振王朝威望；設計統治的偉大藍圖，塑造現代化國家。她指揮格納達戰役，解除摩爾人加諸西班牙的桎梏。

▼塞維亞東部卡莫納 (Carmona) 的 Parador 曾是天主教君主駐留城堡

▲阿卡拉・得恩納瑞斯 (Alcala de Henares) 主教宮殿歷史意義重大

排除眾議，高瞻遠矚贊助哥倫布遠航。

　　伊莎貝拉以鐵腕手段，明智、熟練地單獨掌權；其夫君斐迪南國王，在卡斯地爾不甚受歡迎，他在伊莎貝拉過世未滿一年即再婚。兩人合作統治期間的佳績皆是伊莎貝拉的傑作，驅逐猶太人及宗教裁判則由斐迪南所主導，她只是被動被勸服。

　　伊莎貝拉聰明、有文化素養、個性、虔誠，具崇高思想與啟發，只專注宏偉的目標。雖然獲得王位方式令人質疑，但光復格納達和發現新航路，功勝過罪。夫君只是助一臂之力，加上參謀；伊莎貝拉更具好心腸，討人喜悅。

　　從 1957 年起，人們開始討論宣福 (béatifier) 伊莎貝拉。她於 1504 年 11 月 26 日在麥迪那・德甘波 (Medina del Campo) 與世長辭，屬於華拉度利德省區，順理成章由該地區的總主教府負責申請手續。由許多歷史學者組成委員會，在洋洋大觀的史料中蒐羅有利論證。

宣福路途非一帆風順

　　1970 年 7 月，羅馬教會組織聖部同意啟動審查程序。1972 年 11 月，羅馬教廷收到申請文件。初次階段，伊莎貝拉女王的文書，並不與信仰、善良風俗相悖逆。進一步是檢查申請人的品德。

　　教會要求闡明三點：

一、伊莎貝拉是否是亨利四世王位合法繼承人？因有人質疑她篡奪外甥女的權利。

二、1496 年與斐迪南婚姻的效力？兩人是表親，是否獲得教皇諭旨？

三、解釋對猶太人的政策及成立宗教裁判所的動機，避免偏執的闡釋。

　　1991 年 3 月，羅馬教會組織聖部通告，審查程序無限期延期。西班牙的主教並不氣

▶阿卡拉・得恩納瑞斯紀念伊莎貝拉辭世五百週年雕像

餒，1993 年 2 月及 1997 年 5 月，請求宣福審查程序再度啟動。他們希冀能在伊莎貝拉逝世五百週年（2004 年 11 月）之前能達到目標。

　　2002 年 3 月，西班牙主教會議發言人宣稱，三分之二參與會議主教，決定答覆一些觸礁點。他們強調伊莎貝拉在過世前幾天，在遺囑附加條款。她提到教皇亞歷山大六世委託西班牙君主任務，授權新世界封地之際，須對當地居民宣傳福音。伊莎貝拉對此任務相當認真；叮囑後續者完成使命，且善待印第安人；遠征的殘暴非其責任，她反而是首位洞悉印第安人，他們是具有理性的人類，有能力接受洗禮。

　　這些論據似乎無法勸服反對者。她允許征服者的罪行；驅逐猶太人，開啟其他猶太人被關進集中營的途徑。她的支持者辯論，勿判斷一位君主的政治決定，請評估其高尚的道德情操。

　　伊莎貝拉接受完整的宗教教育，十分虔誠。但是作為一國君主，政治利益考量為優先。羅馬教會繼續思考，但進度緩慢，看來伊莎貝拉宣福、成為聖人，路途遙遠艱辛。

　　創建巴黎聖教堂 (la Sainte Chapelle) 的法王路易九世 (1214～1270)，受尊為「聖路易」。他多次參加十字軍東征聖戰，最後一次遠征突尼西亞，意圖降服蘇丹改宗。缺水，且被腐屍污染，法軍流行痢疾。路易九世染病，於 8 月 25 日辭世。嚴格、漫長的成聖程序，從1272 年持續至 1297 年。教皇伯尼法斯八世 (Boniface VIII) 把法王路易九世，登記在基督教聖人名冊簿上。8 月 25 日往生日，成為聖路易節慶日。在法國人心目中，聖路易頭銜取代路易九世。

　　聖路易的成聖程序，在他逝世兩年內被啟動。伊莎貝拉則是四百多年之後，二十一世紀的宗教觀、社會文化環境，與她所處時代迥異，這也是她遇到的難題。

▲天主教君主於 1486 年 1 月 20 日接見哥倫布
▲未來神聖羅馬帝國皇帝斐迪南一世 1503 年誕生於此
▶英王亨利八世未來皇后亞拉岡凱薩琳 1485 年誕生於此宮殿

▲艾斯科利亞王宮修道院

菲利普二世的傑作：
艾斯科利亞王宮修道院

　　西方歷史上，某些君主建造某些獨特、著名的王宮或城市：「凡爾賽宮　無憂宮　新天鵝堡　聖彼得斯堡」

凡爾賽宮　原本是法王路易十三世的狩獵行宮，路易十四世親自督導把凡爾賽宮擴建。1682年起入住此宏偉、富麗、金碧輝煌的宮殿，儼然成為王國首都。王公貴族亦被邀請同住，意圖削弱其反叛思想。參照許多歐洲王宮建築，凡爾賽宮可說是為了榮耀法國王權，讓歐洲其他朝廷刮目相看而建。王室贊助文藝，莫里哀、拉辛、瓦羅 (Boileau)、義大利作曲家路利 (Lully) 皆是常客，輝煌太陽王的文化威望遠播四方。

無憂宮　知識淵博的專制君主，普魯士王腓特烈二世 (Friedrich II, 1712～1786)，在柏林西南部二十六公里波茨坦興建無憂宮，此夏宮較像是私人別墅，國王以較輕鬆的心情接待親信；國王文藝氣質濃厚，多才多藝，吹橫笛，請音樂家特別為他作曲，每大舉行小型演奏會；以法文和法國哲學家伏爾泰交談，還替他保留一房間。

新天鵝堡 巴伐利亞王路易的新天鵝堡，興建在兩座古堡廢墟上。建在阿爾卑斯山山脈高一千公尺的山頂上，模仿中古世紀德國騎士城堡風格，是其行宮之一。羅曼蒂克式的夢幻城堡，彰顯路易遠離群眾的性格傾向。把人生視為一場表演，他可依自己意願主導每一細節，也是唯一的觀眾。

聖彼得斯堡 俄皇彼得大帝隱姓埋名遊歷、考察德國、荷蘭、英國等西歐先進國家，返國後推行歐化政策。他並且看中波羅的海芬蘭灣出海口的一片沼澤地，1703 年下令建造聖彼得斯堡，1712 年遷都於此。新城是俄國與西歐接觸的櫥窗，亦協助使俄國躍升為歐洲強權。後來成為彼得之女伊莉莎白女沙皇的冬宮，凱薩琳女沙皇為了接見賓客及陳列名畫，擴建爾米塔宮 (Ermitage)，成了當今舉世聞名展示物件最多的博物館。1990 年聖彼得斯堡被列入世界文化遺產。

王宮修道院

菲利普二世的艾斯科利亞王宮修道院，鮮少中文讀者知曉。

1557 年 8 月 10 日聖羅蘭日 (Saint Laurent) 這天，菲利普二世在法國聖康坦 (Saint Quentin) 打敗法國人，西班牙人認為此聖人顯神蹟、施恩，他們才會獲勝。為紀念此戰勝日，選擇位於馬德里西北部五十公里瓜達哈馬 (Guadarrama) 山脈南坡，興建象徵性的建築：艾斯科利亞王宮修道院。

　　長方形的宏偉建築，包括宮殿、修道院、陵墓、圖書館，表達歐洲強權，甚至是世界霸主的巍巍氣勢。建築風格取自低地國古堡，最能表現菲利普的嚴肅性格。

▲菲利普二世畫像

▼艾斯科利亞王宮修道院全景

另一作用是陳列皇室收藏的藝術品。歷經天主教君主、查理五世、妹妹匈牙利的瑪莉的收集，價值不菲的作品來自低地國、義大利及西班牙本土。但菲利普二世啟動大規模收藏藝術品政策，其藝術品味來自1548到1551年間，在義大利及低地國「愉悅旅居」經驗。二十多歲時崇拜義大利繪畫及佛蘭德藝術，形成一生的鑑賞力。他的孫子菲利普四世遺傳了收藏熱愛。

▲修道院模型

查理五世在幽思地聖哲姆 (Saint Jerôme) 修士修道院退隱，濃厚的宗教意味對菲利普二世影響甚大，後者認為負有為父皇建造一座莊嚴肅穆陵墓之使命。這座聖哲姆修士修道院的教堂，奉獻給聖羅蘭，祭臺下就是地下陵墓，修士們不斷為查理五世、皇后及其後代子孫祈禱。左右方各有查理五世及菲利普二世家族祈禱鍍金雕像，後者包括菲利普、未來菲利普三世母親安娜、法國伊莉莎白、葡萄牙瑪莉亞及兒子唐卡洛斯。一點也不富麗堂皇，較像退隱避靜場所，菲利普二世簡樸的王居可直通教堂，老年生病時可在御寢聆聽彌撒，就像查理五世在幽思地的臥房一樣。

王宮修道院為保存王朝記憶、科學和正統教義而建。龐大圖書館書架牆面壁畫，代表七種自由藝術寓意：文法、修辭、辯證、算術、音樂、幾何、天文，十四個故事闡釋這些藝術。進口處與出口處展現哲學與神學兩種主要科學。圖書館藏書很多是手稿，國王認為書籍是研讀工具，修道院學院學生及學者可自由使用，不過他有優先權。

　　菲利普指派一位數學家以三角測量王國的地方、河流、山脈，以繪製極詳細的地圖。鄉鎮公所填寫的問卷調查，提供人口、經濟、歷史的寶貴資料，皆收藏在王宮修道院圖書館裡。地形測量配合其他調查，作為課稅用途，國王對此極重視。他對星相學、玄學、與未知世界溝通感興趣。人們推測艾斯科利亞王宮修道院的藍圖仿造所羅門王的神殿。

　　沿襲布格尼宮廷過分誇張的禮儀，把榮光圍繞君權神聖、君主至上。沒受到允許，任何人不准向國王說話；須跪下；不許碰觸國王，否則犯下褻瀆君主罪。國王的私人用物、衣物、餐具、文件，亦不能觸摸。

▼艾斯科利亞王院內的教堂

　　宮廷的衣飾亦有規定。外國使節覲見時，須先到更衣室，脫下錦衣華服、珠寶、羽飾，換上黑服。來到一間光線朦朧卻布置華美掛毯的大廳堂，國王在寶座上正襟危坐，面不動容。震懾於君主嚴肅的眼光，大使有時渾身不自在，無法正常表達。

　　愛親自批閱公文，研讀每一項報告，每天在辦公桌前逾十小時。縱使是急件，菲利普亦不急著回覆，他是時間的主人。急迫的節奏會干擾統治次序，意味不耐煩、生氣，就像失望、憂傷，一國之君須控制這些情緒。

　　當大使氣急敗壞地抵達教堂，菲利普正在望彌撒，前者認為無敵艦隊被殲滅事態嚴重，該立即稟報國王。後者示意要他等待，彌撒完畢，才起身閱信件。面不改色，只是淡淡呐出我派遣艦艇與英軍作戰，而不是去對抗天候。冷漠的外表下，是否隱藏一顆敏感、脆弱的心靈？

　　到葡萄牙當王掌權初期，菲利普幾個月前才成了鰥夫，幸虧十四歲、十三歲的兩位愛女，暫時陪伴聊以慰藉。當她們回國時，摯愛的

▼內院迴廊

父親每星期去信，殷切關懷她們和另外兩位幼兒的健康狀況、她們的宗教情操；重視她們的藝術學習，繪畫及音樂的消遣活動，是王室成員的教育課程。菲利普教過兩位女兒及兒子彈詩琴 (luth，十六至十八世紀盛行歐洲的樂器)，雖然後來不再彈琴，但一直熱愛著音樂，出資為教堂兒童合唱團購置古鋼琴 (clavicorde)、風笛和六弦琴。喜愛低地國教堂鐘樓排鐘樂音，於是就在教堂裝置排鐘。修士們不堪其擾，國王過世後才恢復寧靜。國王珍重有才華的作曲家；加上歌唱家，宮廷總共有一百五十名音樂家。

　　在西班牙境內到別的宮殿居留時，逾四千人伴隨菲利普。隨行的貴族須自理餐事，國王及家族住在皇宮，其他人則搭帳篷。成群結隊行動較易得流行病，若只是去鄉間行宮，則盡量減少人數。隨行人員總是少不了侏儒、小丑及耍把戲者。

　　1597 年，瘟疫在西班牙大城市傳染，鄉村、小鎮亦無倖免。菲利普委託御醫撰寫一篇採取那些步驟，以抑阻瘟疫散播之論述，但不奏

▼花園

效。瘟疫在西班牙猖獗五年之久。

　　年逾七十，菲利普的健康已逐漸走下坡，加上飽受痛風之苦，使他的身體越來越衰弱，漸漸成為殘廢者。他想 1598 年春天可能是最後一次，菲利普虔誠地準備邁入永恆。這一年 6 月 30 日，從馬德里王宮坐轎子，往艾斯科利亞王宮修道院前進。國王很高興回到心愛的居所，經過一夜的休息，隔日同樣坐轎子到花園、隱修院、修道院、圖書館、地下墳墓、教堂做最後一次巡禮。

▲地下查理五世、菲利普二世棺槨

　　7 月 22 日，因發高燒而臥床，從此在病床五十三天幾乎無法動彈。不能清洗身體，亦不能更衣，蓋包敷與床罩使他疼痛難忍，蝨、蚤在身上爬行。接著腹部、手臂、腿皆腫脹，手腳、胸部和臉龐反而消瘦。心臟衰竭引起急性水腫，加上全身感染，產生膿包。僅能以糖水與雞湯充飢。

　　9 月 1 日，懺悔、接受聖油。菲利普無能地承受身體的衰敗。在聖骨前禱告，聆聽福音。請來三十一歲的長女伊莎貝拉公主，和二十歲的菲利普王儲。菲利普讓他們發現他半腐爛、布滿蝨、蚤的發臭身體，要他們把人類全能的虛榮影像銘記在心。「看一看！吾兒，世界的榮耀後果。什麼是死亡，思考一下，不久你將治國理政」。

　　13 日凌晨，頭腦清醒，近三點時感覺死神向他召喚，請人幫助取來聖燭與屬於父皇置有耶穌像的木質十字架。修道院院長唸臨終者的祈禱文，菲利普寧靜地與世長辭，教堂裡兒童在唱黎明彌撒聖歌，此時是五點鐘。

修道院的圖書館

▲馬德里北部拉格蘭哈皇宮

波旁王朝的首位君主：
菲利普五世

生在帝王家　命不定統治
史因緣際會　王冠落頭頂
一生病懨懨　倦權讓寶座
梅開共二度　幸得賢后佐
浮華是虛空　圖覓安靜日

棘手的西班牙王位繼承問題

　　查理二世 (Charles II, 1661～1700) 是哈布斯堡王朝在西班牙的最後一位君王，身體羸弱，外觀不雅，是政治婚姻和近親聯姻的後果，集缺陷於一身。雖然結婚兩次，但無子嗣。歐洲朝廷覬覦這塊大餅，不希望西班牙帝國落入唯一王朝手中，造成其他國家的威脅。西班牙相信法國強大的軍隊，可擔保西班牙領土完整，深思熟慮許久，且秘密徵求教皇意見之後，西班牙國王遺囑，指示法王路易十四的孫子安如公爵 (duc d'Anjou，安如是法國西北部一省區) 菲利普為其法定繼承人。其繼承血統來自於路易十四的皇后瑪麗‧泰瑞莎原是西班牙公主，菲利普四世的女兒，查理二世同父異母的姐姐。

　　問題是哈布斯堡王朝的神聖羅馬帝

國皇帝雷歐波一世 (Léopold I, 1640～1705)，是菲利普三世的外孫，認為其次子查理王子 (archiduc Charles)，亦有權問鼎西班牙王位。路易十四考慮許久才接受查理二世的遺囑，因擔憂法國再度被傳統敵人哈布斯堡王朝包圍。

安如公爵

1683 年 12 月 19 日，誕生於凡爾賽宮；與哥哥、兩年半後出生的弟弟，路易十四的三位王孫相繼降臨，在一個排除女性繼承權的宮廷，如此繁盛的後代，確保繼承無虞，太陽王及王儲 (Le Grand Dauphin) 興高采烈，對比西班牙哈布斯堡的凋零王朝……。

三位王子在七歲之前由女士教導禮儀，之後則由兩位名師負責基礎教育及虔誠的宗教情操。菲利普及弟弟的教導不如哥哥完整，例如未來君主應俱備的行政管理及經濟案件知識。他七歲喪母，個性

▲菲利普五世畫像

敏感、害羞、依賴、反應遲鈍、缺乏自信，傾向憂傷，與享有太陽王美譽的祖父性格迥異。三兄弟情感彌深，1700 年 11 月中旬，兄弟伴隨菲利普到西南部法西邊境，離別時刻肝腸寸斷，嚎啕大哭。

天意！這是天意！法國舉國上下歡騰，熱烈慶祝這椿光榮的歷史事件。歷代的敵人──哈布斯堡家族竟然把西班牙王位寶座拱手讓給

波旁王朝。王儲笑得合不攏嘴：「誰能像我一樣宣稱，吾父是王，吾子是王？」驕傲洋溢於表的他，怎麼會知曉命運捉弄人，1711 年沒當王就過世，其父王路易十四則是四年之後，應驗了他誕生時的謠傳：「王之子，王之父，卻從來不是王」。

　　政權擴張，六十二歲的路易十四自認為是世上最有權力、最快樂的人。臨行前告誡孫子：「你的首要職責是當個好的西班牙人；但勿忘卻你原本是法國人，有幸維持兩國友好關係；促其國運昌隆和保留歐洲和平」。沒人諮詢其意見，不會說西班牙文，十七歲的菲利普走馬上任到馬德里接收王位。西班牙王公貴族的爭權、爭寵，及和法國隨臣的複雜關係，令這位神經脆弱、無經驗的年輕君主招架不住，於是逐漸發展成憂鬱症。

西班牙王位繼承戰

　　雖然登上寶座，西班牙全國並不完全服膺，亞拉岡王國支持奧地利查理王子。奧地利、英國、葡萄牙反對菲利普為西班牙國王。王位繼承戰從 1702 年 5 月中旬爆發，至 1715 年才終止。不僅是歐洲強權的衝突，亦是西班牙內戰。1706 年 6 月下旬英葡聯軍逼近馬德里，西班牙王室離京出走。英軍將領宣布查理三世之來臨，但馬德里居民不服膺，頑強抵抗。在托雷多觀望的查理，打消入京稱王念頭，四十天之後聯軍撤退。1710 年 9 月上旬，馬德里再度告急，皇后及政府再度離京（國王在前線作戰）。此次全部貴族及都城的居民，決定追隨皇后大遷徙。八天之後抵達卡斯地爾舊都華拉度利德 (Valladolid)，

西班牙王位繼承戰
1702 年 5 月中旬至 1715 年
法國安如公爵菲利普
即菲利普五世
路易十四之孫
V.S.
奧地利查理公爵
支持勢力：英國、葡萄牙
1711 年繼位成為查理六世，
遂失盟國支持

浩浩蕩蕩的撤退，倒像是勝利的遠征呢！皇后勇氣可嘉、無比毅力的帶領，可說拯救了菲利普的王位。

路易十四派遣援兵助孫子一臂之力。敵方聯軍感染痢疾，在火熱之地精疲力盡，統帥們意見分歧，尤其是關於查理該採取的策略。他們撤往加泰隆尼亞。戰爭接近尾聲，是因為神聖羅馬帝國皇帝約瑟夫一世於 1711 年罹患天花駕崩，繼承人是其弟查理王子，歐洲政治棋盤完全改觀。這樣一來，原先支持他的國家，意識到查理六世若再擁有西班牙王國，將成為歐洲最危險的強權，超越查理五世在十六世紀所建立的帝國，於是不如先前一般地支持查理，尤其是英國更是無法接受。雙方於 1713 年簽訂《烏特茲特和約》(traités d'Utrecht)。

1711、1712 年路易十四的儲君、儲君長媳、儲君長子相繼過世。不採納祖父的意見，菲利普五世決定放棄法國王位繼承權。

與沙瓦女公爵的性靈結合

兩次政治婚姻，菲利普幸得兩位能幹賢后輔佐。1701 年 11 月 3 日，菲利普與沙瓦女公爵瑪莉‧露意絲 (Marie Louise de Savoie, 1688～1714) 在巴塞隆納成婚。新娘的族譜包括英國的斯圖亞特 (Stuarts)、法國的奧爾良 (Orléans，此爵位賜給國王的弟弟)、波旁 (Bourbon) 和沙瓦。金髮碧眼、氣質高貴、面相莊嚴、體態優雅，雖然才十

▲第一任皇后瑪莉‧露意絲畫像

三歲，卻予人成熟感。明智機敏、思想開放、面對困境態度堅強。集諸多優點於一身，皇后深受國王的寵愛、依賴與完全信任。對她而言，國王代表一切。本來是政治婚姻，卻成為和諧完美的性靈結合。

婚後六個月，菲利普到義大利出征時，由瑪莉·露意絲攝政，青春少女皇后有傑出、果敢表現。她生了四個王子，只有兩位長大，成為未來的路易一世 (Luis I, 1707～1724) 與斐迪南六世 (Fernando VI, 1713～1759)。皇后不幸於二十六歲死於肺結核。十三年的婚姻生活，雖然歷經戰爭災難、危險、危機、痛苦、焦慮，父親、哥哥、嫂嫂、姪兒（未來法國王位繼承人）往生的哀慟，但愛妻的陪伴、共治，菲利普度過一生中最快樂的時光。皇后不在，他像失去支撐物，內心絞痛，身體大動盪，精力殆盡、心灰意冷、避不見人。法國大使向路易十四報告，說西班牙國王成了隱形人。

在這權力真空時期，皇后的首席女伴烏善夫人 (princesse des Ursins, 1642～1722) 主宰一切。這位獨特人物，出身法國貴族，和藹、精明，卻野心勃勃，六十歲時兩度成為寡婦。為擔保法國權益，路易十四派遣她到西班牙，監督、影響年輕的國王夫婦。她的確取得後者的完全信任而掌有實權，直接參與國事會議。這位寵侍在宮廷興風作浪，排除異己，安插心腹，建立人脈。招致反對聲浪，亦不得人心。

強勢皇后伊莉莎白·法內茲

法國宮廷忙著替菲利普尋找新的皇后，目標是排除奧地利的勢力。烏善夫人則考慮找位小國的公主，一旦成為高威望皇后，將會對她感激零涕，且惟她計是從。帕爾瑪公主 (princesse de Parme) 伊莉莎白·法內茲 (Elisabeth Farnese, 1692～1766) 是其理想人選。伊莉莎白的教育概括拉丁文、法文、德文、文法基礎、辯論學、哲學、宗教理論、繪畫、舞蹈、音樂（會彈羽管鍵琴，且是唱歌高手）。她身材適中、面貌漂亮雖然有天花痘疤痕、笑容親切、能言善道，但自視甚高。

烏善夫人的如意算盤並未得逞。她與新皇后初次會面後，就被趕出來，且被命令立刻離開西班牙，甚至不被允許打點行李與攜帶些許錢財、食物。前任皇后的首席女伴，從權力高峰驟然跌落谷底。這是因為伊莉莎白通過法國國土前往西班牙之際，在邊境保城（Pau，位於西南部），查理二世遺孀亦是其姨媽，陪伴她前行十二天。姨媽痛恨烏善夫人，說她壞話，伊莉莎白受其影響，對她印象不佳。聰慧有個性的二十二歲

▲第二任皇后伊莉莎白‧法內茲畫像

新皇后，知曉要取代受人民愛戴、夫君愛慕的已逝皇后，她的處境已經相當困難，怎能再忍受永遠橫梗在她夫妻之間，這位權勢高漲、氣焰囂張的女伴呢！

　　未見到夫君之前，伊莉莎白大膽開除烏善夫人的舉動，在歐洲掀起風波，外交官對她刮目相看，一位歷史學者認為是「皇后的政變」。她不願與別人分享權力，這是堅決執行權威的方式。趁著權力空缺、國王情感空虛，她機智

▶瓜達拉哈哈建於 1483 年茵方達多公爵 (Ducs de l'Infantado) 的宮殿；1559 年菲利普二世於此迎娶第三任皇后法國華洛王朝的伊莉莎白公主；1714 年菲利普五世在此迎娶第二任皇后伊莉莎白；法王方沙一世在義大利戰敗前往馬德里當囚犯，在此宮歇宿

地操作。一旦熟稔朝廷運作，她更換統治團隊，選擇首相。很快成為強權皇后，可與俄國女沙皇凱薩琳二世及奧地利的瑪麗・泰瑞莎女皇 (Marie Thérèse, 1717〜1780) 相媲美。

菲利普五世

1700 年底當菲利普去國離鄉、遠赴異國時，深知這是與親人永遠的離別。他面有戚容、神情沮喪。幸虧宗教熱誠及一路迎接典禮占據其心思，壓抑下來。

1702 年 4 月上旬，度過快樂的蜜月之後，遠離新婚妻子，到義大利作戰。神經衰弱的跡象再度顯示，一旦與妻子重逢則恢復常態。從第一任皇后逝世到再婚的幾個月期間，他孤立自己，過著憂傷黑色的日子。

菲利普成為西班牙國王，是遵照祖父的意旨，被動接受。在位十年之後，自覺身心脆弱，無法勝任職責，逐漸萌生遜位意念。但須等

到 1724 年 1 月中旬王儲路易十六歲半才具體進行，因後者被認為有能力治國。但路易一世短暫的統治不及七月就得天花病逝。菲利普感受白髮人送黑髮人的哀慟，憶起大哥喪子後給他的信函：「人們必須永遠盲目地承受上天的意旨。上帝比我們更瞭解什麼對我們適合：祂手持生死簿，把吾兒置於有一天我將與他會合的地方。」感觸世間苦難，厭倦人生、權力虛無才退位，但次子、三子皆歿，四子斐迪南（未來的斐迪南六世）未及十一歲。內心煎熬、經過一番痛苦掙扎，菲利普不得不再度登上寶座、憂心國事。

波蘭王位繼承戰爭

在波蘭王位繼承戰爭（1733～1738 年）中，西班牙站在法國一邊，支持法王路易十五的岳父斯坦尼斯拉斯 (Stanislas Leszczynski, 1677～1766)。緣由是薩克森選侯（Électorat de Saxe，有權選舉神聖羅馬帝國皇帝）出身的波蘭王奧古斯特二世駕崩，王位懸空。波蘭非世襲，王位是由下議院及貴族聯合選出，歐洲諸國顧及自身利益，神聖羅馬帝國皇帝查理六世、俄國女沙皇安娜 (Anna Ioannovna, 1693～1740) 支持奧古斯特二世之子奧古斯特。戰爭地點在法國東部及義大利北部、南部，西班牙王子查理（未來的查理三世）征戰那不勒斯與西西里兩王國。

1735 年秘密協商下簽訂《維也納和平條約》，才結束戰爭，不過須等到 1738 年領土交易妥協後，條約方生效。斯坦尼斯拉斯放棄波蘭王位，成為洛林及巴爾公爵 (le duc de Lorraine et de Bar)，他過世時，這些領域將屬於法國。查理王

波蘭王位繼承戰 1733 年至 1738 年
波蘭國王斯坦尼斯拉斯 法王路易十五的岳父 支持勢力：法國、西班牙
V.S.
薩克森選侯奧古斯特 即奧古斯特三世 支持勢力：神聖羅馬帝國、俄國

子獲得那不勒斯與西西里合併的兩王國（稱為西西里雙王國）。前洛林及巴爾公爵方沙・艾提安（François Etienne, 1708～1765，1736 年與奧地利女公爵瑪麗・泰瑞莎成婚）則得到托斯卡尼 (Toscane)，帕爾瑪及波利冉斯公國 (Duché de Parme et de Plaisance) 則轉讓給哈布斯堡王朝，它原先屬於西班牙。

奧地利王位繼承戰爭引發歐洲大國介入

1740 年 10 月 20 日神聖羅馬帝國皇帝哈布斯堡的查理六世駕崩，曾於 1713 年頒布「國事詔書」(Pragmatique Sanction)，費時十年獲得歐洲諸國認同。詔書規定奧地利王位及哈布斯堡領土，可傳承給女性。王位繼承包括奧地利、匈牙利王國、波希米亞王國 (La Bohème)、義大利領土及低地國；但不概括神聖羅馬帝國，蓋以選舉方式選皇帝，雖然歷代奧地利公爵皆被選上冠以頭銜。

查理六世無男嗣，二十三歲長女瑪麗・泰瑞莎登基。歐洲各國認為她是個毫無政治經驗的弱女子，法國、西班牙、普魯士各懷鬼胎，不承認許諾。菲利普五世自認為有權繼承王位（因其祖母路易十四的皇后瑪麗・泰瑞莎 (Marie Thérèse, 1638～1683) 是西班牙哈布斯堡王朝的公主，且有奧地利女公爵 (Archiduchesse d'Autrich) 的頭銜），邀請凡爾賽宮廷與他站在同一陣線。其策謀是擔保瑪麗・泰瑞莎夫君方沙・艾提安擁有哈布斯堡領土，但義大利歸西班牙，米蘭地區

> **奧地利王位繼承戰**
> 1740 年至 1748 年
>
> **西班牙國王菲利普五世**
> 支持勢力：法國、
> 巴伐利亞和瑞典
>
> *V.S.*
>
> **奧地利女公爵瑪麗・泰瑞莎**
> 支持勢力：英國、匈牙利、
> 聯省共合國、皮埃蒙・薩丁
> 尼亞王國、沙瓦王國和俄國
>
> *V.S.*
>
> **普魯士國王腓特烈二世**
> 欲擴張領土，介入
> 並引發戰爭

給沙瓦王國，低地國讓與法國。法、西兩個波旁王朝，保證支持方沙．艾提安。

普魯士王首先出兵

新登基不久的普魯士國王腓特烈二世，1740 年 12 月首先出兵占領礦產豐饒的西內吉 (Silésie)。瑪麗．泰瑞莎請求英王喬治二世 (George II, 1683～1760) 援助，但無結果，雖然後者支持前者合法地位。轉而求助匈牙利，匈牙利應允提供兩萬名士兵。腓特烈聽聞增兵風聲，選擇暫時休兵停戰。聯省共和國（當今的荷蘭及比利時北部）與皮埃蒙－薩丁尼亞王國 (le royaume de Piémont et de Sardaigne) 站在奧地利這邊。

法國協助巴伐利亞選侯

法國與巴伐利亞聯軍朝向奧地利北部，不久占領林茲 (Linz)，直驅波希米亞，接著布拉格亦淪陷。巴伐利亞選侯查理．亞勃特 (Charles Albert, 1697～1745) 宣布即位為波希米亞國王。1742 年亦在法蘭克福被加冕為神聖羅馬帝國皇帝查理七世（不過在位三年就過世），剝奪方沙．艾提安的機會。但矛盾的是，奧地利軍隊此時攻陷查理世襲領土首都慕尼黑。象徵意義深遠，新皇帝守不住王國的都城，將成為流浪君主。不啻給瑪麗．泰瑞莎打了一劑強心針，認為查理是篡位者。奧地利將領期望征服整個巴伐利亞，進而收復波希米亞。

軍事天才腓特烈

突然出現新的威脅，普魯士軍深入波希米亞，朝莫哈維（la Moravie，捷克東部）南方前進，這麼一來，不久就會到達奧地利東北部，幾天之後前鋒部隊就可逼近維也納，奧京岌岌可危。瑪麗．泰瑞莎周遭臣僚主張與腓特烈二世談判，她不受失敗主義影響，亦不動搖其決心。調兵、加上匈牙利的援軍，擴展軍力之際，亦與敵方談判，雙方立場、條件差距甚遠，交戰無法避免。腓特烈二世顯示其軍事天

賦，洛林公爵查理（Charles de Lorraine, 1712～1780，方沙‧艾提安的弟弟）是奧軍統帥，但不是前者對手。瑪麗‧泰瑞莎不得不妥協。

英國介入

此時英國換了閣揆，主戰派居上風。主張傾全力對付與法國、西班牙之衝突。在此情況下，希冀普奧之間的戰爭快點結束。腓特烈二世對駐留布拉格法軍之表現感到失望，擔憂倫敦插手風險，腓特烈亦認為談判較妥當。1742 年 6 月中旬起草，7 月下旬簽署《柏林條約》，奧地利割讓西內吉大部分地區，腓特烈達到戰爭目標，獲得新領土、新子民。不過其「獨行俠」作風，被昔日盟友法國指控背叛。但他不在乎法國反應，他不僅是位熟練老成的外交家，在戰場上亦顯露偉大的軍事策略。瑪麗‧泰瑞莎把此條約視為暫時休戰，因她念念不忘「皇冠上最醒目的珠寶領土西內吉」。

奧軍收復布拉格

與普魯士的緊張關係暫時解除，瑪麗‧泰瑞莎當前目標是收復布拉格。1742 年 6 月奧軍就開始圍攻此城，半年之後法軍被擔保不被俘虜才投降離城。瑪麗‧泰瑞莎於 1743 年 4 月底進入布拉格，5 月中旬被加冕為波希米亞女王。法軍也退出巴伐利亞。

起初奧地利須面對數目龐大的多方敵軍，現走出孤立狀況。奧地利王位繼承戰（1740～1748 年）使歐洲分成兩個敵對集團，一邊是法國、西班牙、巴伐利亞和瑞典，另外一邊是奧地利、英國、聯省共和國（今日荷蘭以及比利時北部）、沙瓦王國和俄國。戰爭前線也在德國、亞爾薩斯、佛蘭德等地。戰場亦延伸至海外：美國及印度。

法軍再度進入德國南部

1744 年 3 月中旬、4 月下旬，法王路易十五分別對英王喬治及奧王瑪麗‧泰瑞莎宣戰。腓特烈趁機混水摸魚，普軍於 7 月下旬再度邁向波希米亞，9 月中旬布拉格再度陷落，普軍大肆掠奪。洛林公爵查

理軍隊朝亞爾薩斯前進，法王不願此省區落入敵手，部分軍隊轉向亞爾薩斯，洛林公爵率領的奧軍，避免與法軍衝突而離境。後者趁勢進入德國南部。

查理‧亞勃特病逝

查理‧亞勃特雖然當過波希米亞王，成了神聖羅馬帝國皇帝，但全靠外力介入，自己無法掌握歷史事件，命運擺蕩在戰爭變遷結果。他坐不穩皇帝寶座，像在演一場無觀眾的戲劇。無法完全控制巴伐利亞，意識其無能，為失敗倍感辛酸，於 1745 年元月初病歿。

查理‧亞勃特的繼承人宣布，放棄哈布斯堡王朝領土的要求權，換句話說，承認「國事詔書」。方沙‧艾提安當選，於 10 月初受冕為神聖羅馬帝國皇帝，瑪麗‧泰瑞莎愉悅、驕傲地觀禮。

德勒斯登條約 (Traité de Dresde)

1745 年 9 月底，奧軍與普軍在波希米亞北部交戰，再度敗北。瑪麗‧泰瑞莎獲悉盟邦英國與普魯士曾於 7 月底簽約，互相承認雙方的擁有地。義大利亦無佳音，奧軍與皮埃蒙聯軍節節敗退，許多城市與碉堡一一淪陷至法西聯軍手中。瑪麗‧泰瑞莎認為既然英國背信與普魯士談判，她亦有權與法國協調，但沒談妥。奧軍計劃與薩克森 (Saxe) 軍結盟，對抗普軍。但腓特烈聞風率先迅雷出擊，再度獲勝。奧與普於 12 月下旬簽訂《德勒斯登條約》，腓特烈承認方沙‧艾提安的神聖羅馬帝國皇帝合法性。結束了與普魯士的戰爭，奧地利永遠失去西內吉。但瑪麗‧泰瑞莎不死心，總想有一天。與「北方的帖木兒」腓特烈無法真正和平共存，「我擔憂一旦普軍強大，我永遠沒安全感。」是她對威尼斯大使吐露的心聲。條約墨汁未乾，她已準備報復。

亞琛和約 (Arachan/Aix la Chapelle)

《德勒斯登條約》並未替其他戰線帶來和平，戰火延續著。交戰

者目的在未來和平談判中，以最佳條件獲得最多利益。

在低地國陣線，傑出的軍師薩克森元帥（Maréchal de Saxe, 1696～1750，是波蘭王奧古斯特二世的私生子）替法國打了幾場漂亮勝仗，占領奧屬低地國及列日王國 (Liège)。洛林公爵查理率領的奧、英、荷聯軍挫敗。

反之，在義大利陣線，奧地利與薩丁尼亞將軍，扭轉 1745 年底的絕望情況。1746 年 3 月收復米蘭，法西軍隊陷於防守位置。瑪麗・泰瑞莎意圖乘勝追擊，直驅十年前失去的那不勒斯王國，此計劃被英國政府攔下來，不在乎奧地利回復往昔在義大利半島的霸權局勢。英國倒是希冀奧軍能在低地國作戰，若拒絕，英國則直接與法國談判。瑪麗・泰瑞莎證實盟友英國不重視奧地利利益，把它擺在英國之後。經過數月周旋，瑪麗・泰瑞莎接受簽署。

她須把帕爾瑪及波利冉斯公國，給予西班牙新王查理三世的弟弟菲利普，亦把米蘭地區交給薩丁尼亞國王。英法在《亞琛和約》保證認同腓特烈在西內吉的主權。瑪麗・泰瑞莎以擁有低地國作為補償。簽了約諸國事實就是認同「國事詔書」，奧地利王位繼承引發的八年戰爭，就此結束。瑪麗・泰瑞莎保住哈布斯堡王朝及其寶座，至於西內吉只好留待日後伺機奪回。普魯士成為奧地利敵人，前者在此長期衝突，躍升為歐洲強權。

雖然為週期性的神經衰弱所苦，菲利普深識其職責與皇家崇高地位。一旦有重要事件須處理、決定，就能走出沮喪陰霾，從病人變成國王。法國著名的宮廷生活回憶錄作家聖西蒙公爵 (le duc de Saint Simon, 1675～1755)，於 1721 年冬季被攝政王派遣至西班牙，商議西班牙王子路易與法國奧爾良的菲利普 (Philippe d'Orléans) 女兒婚事，及允諾年幼的路易（未來的路易十五）與西班牙四歲小公主未來結合事件，來鞏固和平關係。他對二十年未見面的菲利普五世，於私下會談後如此描繪「我看不見安如公爵的痕跡，他彎腰駝背，臉變長，下

巴突出，走路時彎著腿。」才滿四十歲就一副老態龍鍾模樣！且衣衫不整，「講話拖拉、笨拙，我都搞不清。」但在一場正式接見之後，初次不良印象一掃而空。他再度聽到「有分寸、合理的」朕語，彷彿聽到他祖父路易十四的語氣。擁有一顆法國心，卻時時表現出西班牙的國王風範。

虛無與死亡的悲劇影響

　　安達魯西亞冬天氣候較暖和，景緻優美，對減輕菲利普鬱鬱寡歡心情，該有所幫助。王室於 1729 年 2 月初遷移到塞維亞，皇室一家人住進阿拉伯皇宮 (l'Alcazar Royal)。陽光透過精美花邊石雕，人間樂園讓人心曠神怡。復活節時，此城教堂一些雕像、繪畫傑作紛紛出巡街頭。栩栩如生的作品，把人體、死亡、痛苦戲劇化，這種假象激發民眾的熱情，但靈性的誇耀有時會騷擾某些人。目睹引人共鳴耶穌受難十字架雕像，體會無可避免的死亡殘酷，人類生存無法挽回的空虛、懺悔、救贖，菲利普受到強烈震撼、感動。

　　5 月時，塞維亞安排菲利普，參與一樁宗教與政治儀式，主持斐迪南三世（1198～1252，1671 年被稱為聖斐迪南）開棺、移體盛典。連續兩天的莊嚴隆重典禮在大教堂舉行，並邀全城民眾觀禮。教士讓國王看到斐迪南三世在舊墓的遺骸，包裹完整木乃伊的法衣破爛欲裂。教士們把遺骸裹著白絲袍，覆蓋白底黑斑紋刺繡城堡與獅子的金銀外套，這是他統治卡斯地爾與雷昂王國 (Castille et Leon) 的象徵圖案。頭上戴著鑲寶石的金銀皇冠，右手執著權杖，左手是打擊摩爾人的寶劍。

　　國王與聖王第三次接觸是，5 月中旬教堂大鐘響徹雲霄，招徠群眾瞻仰觀禮。水晶棺木裡，聖王坐在一銀製的寶座上，他是西班牙最偉大的君主之一，菲利普是其遙遠的繼位者；合併卡斯地爾與雷昂兩王國，這位偉大的政治家留下什麼呢？驍勇善戰、嚴厲、激烈的戰士，現在卻是面無表情；憑著英勇無畏，抵抗宗教敵人，1248 年在摩爾人

▼拉格蘭哈皇宮後方　　▼教堂　　　　▼皇宮後面

的領土，解放科多巴與塞維亞兩座大城，光復國土的這位英雄，如今變成什麼？對塞維亞居民而言，萬民歡騰齊聚在聖王周遭，一點也不覺得反感；因平常已習慣畫家讓他們熟悉諸如此類的畫作，大教堂內的小教堂 (les chapelles) 不是經常懸掛著嗎？死亡，使人間的榮華盡皆成空，聖王是人間虛榮的主角與真切代表。

　　菲利普在塞維亞看到的一切，符合他原先的繫念：人世虛空，唯一的需要是尋求救贖。此城展現的死亡景象，意示活生生與殘餘的虛榮。別人可能不會有太多思慮，轉向其他的歡樂，但生性敏感的他，卻變得更意興闌珊、消沉。

　　經過在安達魯西亞四年多的居留，菲利普的健康未見改善。1733年5月皇后決定回去首都，理由是空氣太潮濕。國王聞訊大喜，可回到心愛的拉格蘭哈 (La Granja de San Ildefonso) 皇宮、花園，心情頓時開朗起來。

　　生命最後十年，菲利普歷經兩場王位繼承戰爭，他是如何找到心境平衡以完成大業呢？皇后輔佐之外，子女眾多意味子孫繁盛，令其心悅。公務及家庭生活外，藝術與音樂撫慰國王的多愁善感。當時負盛名、榮耀加諸於身、最受寵、歐洲王室互相爭取的閹伶法里內利 (Carlo Broschi Farinelli, 1705～1782)，為何接受西班牙皇后邀請，為國王一人獨唱呢？當他要前往西班牙的消息傳開時，在英國引起大恐慌，英國人無法瞭解他的離去；成了國家大事，再度喚起英西的世仇關係，西班牙擁有法里內利，就像要報復當年無敵艦隊敗北的意願。

　　在帕爾瑪度過年輕歲月的皇后，熟悉閹伶歌聲引起的激昂。菲利普到義大利征戰，在那不勒斯時著迷此種歌聲。一旦國王聽到法里內利的雅樂，希冀每晚在他房間為他獨唱。閹伶果然隨國王意願，任由差遣，有時甚至延至破曉時分。越來越愛獨處、孤僻，以音樂療傷；和音的淨化作用，讓國王欣然陶醉、閉目沉思，或感動得落淚。菲利普對法里內利鍾愛有加，後者成為他的心腹與顧問。他們互信，時常

交談，會徵求後者的政治意見。皇室一家人對法里內利表達寬厚的友誼。他負責宮廷的娛樂節目，招聘歌手及演員，監督歌劇布景等職責。

作息日夜顛倒，1746 年 7 月 9 日，菲利普聆聽法里內利吟唱到清晨四點，接著與部長商議國事。八點就寢，中午十二點半醒來，早餐畢，在床上批閱公文。一小時後突然不適，中風五分鐘後驟逝。他無可避免一生最畏懼的事：死神出其不意來訪，無法告解、懺悔，向上帝託付其靈魂，接受教會的臨終聖事。

打破先王葬在艾斯科利亞王宮修道院的慣例，他被葬在拉格蘭哈皇宮教堂。二十年後，皇后才與他會合，得年七十四歲。

▶菲利普五世與皇后伊莉莎白‧法內茲的合葬墓

▲查理三世畫像

查理三世　專制明君？

　　1716 年 1 月 20 日，查理在馬德里誕生，他是菲利普五世與第二任皇后伊莉莎白‧法內茲的長子。因有同父異母的哥哥，他繼承西班牙王位希望不大，母親費心思慮，為兒子將來尋求寶座與領土。

從西班牙王子到那不勒斯與西西里兩王國的君主

　　1713 年在荷蘭簽訂的《烏特茲特和約》，奧地利成為義大利半島的霸主，是西班牙在半島擴張的障礙。西班牙於 1717 年及 1718 年，前後發兵入侵奧屬薩丁尼亞及沙瓦王國 (Savoie) 屬的西西里島。雖然被打敗，1720 年的《海牙條約》承認年輕的查理王子，對義大利公國 (les duchés) 具有統治權。1731 年帕爾瑪公爵 (le duc de Parma) 過世；12 月底，未滿十六歲的查理，到義大利宣稱為帕爾瑪公爵，及托斯卡尼大公爵繼承人。次年 3 月初抵達托斯卡尼公國首都佛羅倫斯，受到大公爵熱誠的接待。

　　西班牙一直憧憬失土那不勒斯及西西里島。1734 年 1 月 20 日查理已屆十八歲成人年齡，母后指示、鼓勵他去征服失地。他受命為軍隊總司令，由蒙馬爾伯爵（comte de Montmar, 1671～1747，西班牙貴族）輔佐，朝南方前進。2 月底，父王菲利普五世頒布意圖光復那不勒斯王國宣言：替那不勒斯居民解除奧地利的壓迫、暴力統治。

　　駐紮隆巴第 (Lombardie) 的奧軍，不足以防衛那不勒斯。王國大多數貴族較期望由查理王子來統治當地。查理接見眾多那不勒斯貴族家庭；4 月初，接受城市代表奉獻象徵統治權的城鎮。5 月 10 日率領參事、騎兵凱旋入城。先至大教堂接受主教祝聖，接著入主皇宮。

　　5 月 15 日菲利普五世遣送一急件，宣布那不勒斯為獨立王國，查理是國王。查理是首位居住那不勒斯的國王，但王國內尚有奧軍殘餘部隊，5 月 25 日在著名的比東托戰役 (Bitonto) 才被蒙馬爾伯爵打敗。

　　8 月 28 日蒙馬爾伯爵率兵登陸西西里島，9 月 2 日進入首都巴勒姆 (Palerme)，開始征服島嶼。雖遭受奧軍的頑強抵抗，仍在 11 月 24 日告捷。為報答比東托勝戰，菲利普五世把蒙馬爾伯爵升級為公爵，亦被晉升為西班牙最高貴族 (Grand d'Espagne)。查理國王賜他比東托公爵尊號，並在戰場興建勝利尖形紀念碑。後者在西西里當了三年副王，為查理效忠。菲利普五世任命他為軍事部長（1737～1741 年）。

　　1738 年的《維也納和約》，結束波蘭王位繼承戰爭，列強承認查理為西西里兩王國君主。

　　奧地利王位繼承戰爭爆發時，查理國王希冀持中立態度，但菲利普五世命令兒子派兵增援在義大利的法西聯軍。1742 年查理收到英國警告，若那不勒斯王國繼續介入衝突，英國海軍將砲轟那不勒斯，因此查理不得不再度維持中立。此舉不僅引起法、西盟國不滿，敵國亦是，因它們於 1743 年簽訂的《沃爾斯條約》(le traité de Worms)，署明那不勒斯重歸奧地利，西西里歸給沙瓦王國。1744 年 8 月，面對奧軍威脅，查理打擊、逮捕王國境內支持奧地利的黨派，決定親自出征迎敵。11 日的維勒特依戰役 (la bataille de Velletri) 表現傑出，戰績輝煌，打敗敵方，連敵方薩丁尼亞國王亦讚賞有加。查理從此鞏固其王國地位。

王國獲得真正獨立

　　1734 年起查理成了那不勒斯與西西里兩王國的君主，他使王國獲得獨立與政治統一。不過與西班牙經濟利益及軍事利害關係密切。他學習當國王，面對困難、複雜局勢，如何確認王權威嚴。他發覺羅馬教廷勢力強大，教皇認為王國是其封地，在那不勒斯當王須由他授權。查理自己決定授予西西里兩王國及耶路撒冷國王的尊號。為顯示獨立君主的個性，於 1735 年 7 月初在巴勒姆大教堂被隆重加冕成王。

　　查理到那不勒斯稱王，被當代人認為是王國歷史的轉振點。其人

▲那不勒斯北部卡塞德皇宮

格特質是正義感、虔誠、信仰、堅定、慷慨。他把國家資源用在人民身上，促進地方發展及公共工程，真正為民生福祉設想。先前的外來政權，則把王國財富花在宮廷及軍事費用上。

在他的宗教情操和宗教政策之間，如何取得平衡？我們別忘了查理是天主教君主，有責捍衛梵蒂岡，因宗教是對抗迷信、鞏固社會關係和政治聯繫的重要利器。他加強與教皇的和睦融洽，但堅決反對教皇干涉國王的最高權力。例如禁止教廷恢復已於 1746 年 12 月底詔令廢除的宗教審判法庭。與教會的關係是建立在那不勒斯王國獨立自主的基礎上。

用人得當　實施改革　每個人皆可在社會晉升

查理善用誠實有經驗的人才當智囊團，實行一連串的改革：設戶籍和地籍，司法改革，設立商業法庭，改革大學教育和成立商業和政治經濟教席，從事龐貝和赫爾科拉諾 (Herculanum) 兩座古城的考古挖掘，開放博物館及皇宮，重建橋樑及美化首都，改善道路及水路，設置窮人、兒童、病患、寡婦救濟院，保護商業且發展製造工廠，創立一支有紀律、愛國的軍隊。亦起草、實施改革高等貴族計劃，後來在西班牙當王繼續實行這些政策。激發貴族的愛國情懷，保衛國家的榮

譽。1738 年 7 月初創立的聖冉維耶騎士勳章 (l'ordre de Saint Javier)，彰顯此政策。鼓勵王公們變得勇敢、寬宏、顯赫的貴族，感恩國王的支持、獎賞。

　　不僅是貴族與司法界人士，人民也感激查理解放往昔如同大國底下一個省區的王國。使人民有在社會晉升的機會，文學也成為可以此謀生的工具，人們能透過此管道獲得尊嚴與榮譽。

文化政策目標

　　查理成立機構的目的，主要是在歐洲創造一個大都會，及塑造文藝國王的形象。1755 年創立的赫爾科拉諾學院，顯示重視文化機構的公共角色。不過學院也是獨立王國形象的宣傳工具；用國家力量投注考古事務，挖掘及發布成果的經營，皆由皇家機構壟斷，由皇家印刷廠出版的刊物並非用來銷售，而是奉送給歐洲諸王及王公重臣。出土物屬於國王，其普及化是替國王宣傳。

▶卡波迪蒙德皇宮內華麗房間

▼位於那不勒斯郊外的卡波迪蒙德皇宮

　　美化王都對新王朝極重要，大量建造宮殿可用來頌揚獨立王國及首都的形象。查理即位不久就下令建築波爾蒂錫 (Portici)、卡波迪蒙德 (Capodimonte) 及卡塞德 (Caserte) 等宏偉華麗皇宮，目的是震撼歐洲。「建造」是肯定王權存在的具體方式，仿傚波旁王朝先祖，把那不勒斯提升為歐洲大都會的意圖表露無遺。

　　國王及王國的新形象，催化國家意識之萌芽，人們開始明瞭何謂國家榮譽。

成為西班牙國王

　　從 1758 年起，西班牙國王斐迪南六世 (1713～1759)，因受不了皇后過世的深刻刺激，過度哀慟，健康每況愈下，開始出現類似父王菲利普五世的精神疾病。終於在一年之後撒手人寰，他無子嗣，生前指定同父異母弟弟查理為法定繼承人。

　　查理長子有精神病，次子查理是西班牙未來王位繼承者。他把西西里兩土國王位讓給三子斐迪南，後者當時才八歲，由大臣塔奴西 (Bernado Tanucci, 1698～1783) 輔佐的委員會攝政，他成了那不勒斯的斐迪南四世，西西里的斐迪南三世，西西里兩王國的斐迪南一世 (1751～1825)。

　　1759 年 10 月中旬，查理一行人抵達西班牙。歷史上他是西班牙的查理三世，在政治、經濟、社會實施重大改革，讓國家現代化。

歷史的評論

　　通常義大利歷史學者對查理三世批評嚴厲，尤其是二十世紀初期有民族傾向者，雖然承認其功績。他不是絕頂聰明，熱愛狩獵。沒革新意志，只是在那不勒斯和西班牙，模仿曾祖法王路易十四，卻無其政治天份。他們是以國家獨立的觀點，來批判查理「只是追隨西班牙政治，剝削地方資源的寄生蟲，把錢花費在宮廷及建造皇宮上。」

　　然而二十世紀中期有人發出平反之聲，查理被認為是該世紀的偉大政治人物之一，亦是西班牙最傑出的君主之一。在那不勒斯發起濟貧行善的改革信號，與首相塔奴西合作，學習當經得起考驗的改革家。

　　與父王、同父異母哥哥和兒子（未來的查理四世）相較之下，查理三世有突出的能力、強烈的責任感。他生活規律，1760 年成為鰥夫，就一直沒再婚；沒有過情婦及婚外情，此點和其父王相似。唯一嗜好是狩獵，每天花費數小時，但並不荒廢國事。意識其至高職責及君主特權，查理無法容忍崇高權威及不被尊重。

改革運動

　　查理三世起初重用從義大利追隨他到西班牙的兩位大臣部長，但西班牙無法忍受這些「外國人」。1766 年發生暴動之後，查理忍痛割愛，把他們遣送回國，但對他們還是十分尊敬。從這一年起，西班牙人當政，貴族及軍人出身的達杭妲伯爵 (Le comte d'Aranda)；當過卡斯地爾委員會稅務首席檢察長的佛羅里達布蘭卡伯爵 (Comte de Floridablanca)；長久主持皇家歷史學院、博學多聞著名的歷史學者卡波曼雷斯 (Capomanes)，查理器重這三位巨頭進行改革。

　　三位部長皆贊同由官方發起改革運動，起草諸多理論、計劃，卻很少付諸實行。革新運動讓保守派不滿，野心勃勃的改革派卻認為不夠大膽，後者期望經濟和社會結構有重大改變。就西班牙當時的情況，知識淵博的部長們顧慮到，進步是慢慢的、耐心的教育結果。

史密斯國富論的影響

　　十八世紀下半葉，西班牙像其他歐洲國家，受到蘇格蘭哲學家和經濟學家亞當‧史密斯 (Adam Smith, 1723～1790)《國富論》(*The Wealth of Nations*) 的影響。關注經濟現象及希冀發展國家繁榮的統治者，皆朝向越來越明顯的自由主義。認為制定太多規章阻礙進步，要

獲得國家財富，引介較大的伸縮性和讓大自然的力量任其發展：放任去做，放任行使，會比較有效率。例如在工業方面，認為同業公會拘泥於細枝末節的規範，助長既得利益和鼓勵維持現狀，卻破壞個人自發行為能引起的改革。當時農業仍被視為是一切財富的來源，但以往的方式與結構已逐漸遭到否定。卡波曼雷斯部長訂下兩項目標：增加生產和商業化，把新土地按額分配給最貧窮的農民。

國家的宗教政策

改革派一方面建議啟蒙宗教，另一方面則讓教士為國服務，且參與國家現代化。第一項目標與根深柢固的傳統習俗相悖逆，改革派不瞭解民間宗教，他們只看到無知、迷信、狂熱。改革部長指望神職人員開啟民智，後者是否有能力勝任呢？只有少數例外。諸多教士幾乎是文字殘障者，有些生活不太檢點；低薪無法讓他們改善生活，和有尊嚴地執行任務。為彌補此種情況，1768 年的撥款命令，縮減教士人數，賦予較佳薪資、正式任職、居住教區、接受訓練。

自從天主教君主（伊莎貝拉與斐迪南）以來，西班牙國王總是干預教會事務，企圖執行權威，需要時甚至反對主教和教皇。王權主義 (le régalisme) 是開明專制 (le despotisme éclairé) 之特色，哈布斯堡王朝慣於運用此種政治，十八世紀後半葉此趨勢更強烈。王權主義尤其涉及教會服膺國家。1753 年的教廷與政府協議 (Le concordat) 是逾兩世紀的努力成果，王權有權領導教會。

改革部長對宗教裁判所態度曖昧。他們不喜歡，但認為可能有用處。查理三世態度一樣，亦厭惡耶穌會的會士；宗教裁判所權能過大，甚至可用來對抗國家，但是他適應其存在。他們並無意廢除此機構，因庭長是由國王任命，故宗教裁判所可視為王權的工具。例如 1764 年，指望它與主教對驅除迷信有所貢獻，必要時限制其權力，但還是保留它。

現代國家的誕生

　　查理三世建造許多公共設施，例如醫院、塞維亞的西印度群島檔案館，開拓馬德里到省區的道路。美化首都：擴展、清潔城市，擴寬道路，國王的政策對馬德里的影響很大，以至於查理三世享有「馬德里最佳市長」的美譽。查理的統治期為西班牙帶來繁榮。

　　國家的概念是在他的主政期間出現的：西班牙有國歌及國旗，馬德里成了美麗的都城。

　　他生前最後數年因與兒子意見不和而感到悲痛，那不勒斯的斐迪南四世軟弱無能，國事由妻管嚴奧地利公主出身的瑪麗卡洛琳（Marie Caroline，瑪麗‧泰瑞莎女皇的女兒，法王路易十六的王后瑪麗安端妮特的姊姊）掌握，她逐漸排除西班牙的影響，選擇靠攏奧地利。1788年12月中旬，法國大革命爆發前幾個月，查理駕崩。

　　軍事天才且擅長音樂、文學與哲學的普魯士國王腓特烈二世，宣稱倘若他是一名子民的話，很樂意在偉大查理的國度居住。他喪禮的哀悼辭中，便形容查理是歐洲君主的典範。

▶馬德里太陽廣場查理三世雕像
▼馬德里皇宮

查理三世重建的馬德里城門：阿爾卡拉門

▲歌劇《卡門》的作者比才

傑作的誕生：卡門

　　十九世紀初期的西班牙，對法國人而言，像是在地球另一端，充滿異國情調及神秘的東方色彩。拿破崙軍隊入侵西班牙，法軍回國後對西班牙的形容竟在法國掀起對西班牙劇作家羅培・德・維加 (Lope de Vega) 及卡德隆 (Calderon) 作品欣賞的熱潮。蘇特元帥 (Marechal Soult) 攜回的戰利品中，西班牙畫被拍賣；法王路易・菲利普 (Louis Philippe, 1773～1850) 創立西班牙博物館，法國人真正發現西班牙繪畫。

　　以往的西班牙曾被冠上荒涼、落後、走私土匪散布、摩爾人文化野蠻等刻板印象，1830 年代左右，一群法國旅人先後去探險此神秘國度，文人墨客譜寫西班牙風采作品。繆塞 (Alfred de Musset) 十九歲發表的《西班牙及義大利敘事》(*Contes d'Espagne et d'Italie*, 1829)，使他成名。

　　馬奈 (Edouard Manet) 迷戀西班牙藝術，在巴黎畫室繪畫五年期間，多幅畫作以西班牙為主題。雖然一向深居簡出，還是決定追隨風潮，1865 年去西班牙取經。但厭惡不舒適的旅店及食物，十五天之後就返回巴黎，從此不再畫西班牙主題！

　　法國浪漫主義思潮把西班牙夢想成東方的一部分，西班牙最珍貴、獨特的，乃是其阿拉伯風。雨果在《東方詩集》(*Les Orientales*) 一書序言道出：「西班牙還算是東方，兼半個非洲」。

▼梅里美

從短篇小說到舉世聞名歌劇

　　法國作家梅里美 (Prosper Mérimée, 1803～1870)，亦是歷史學者、考古學家兼歷史建築物督察長，精通多國語言，擅長撰寫短篇小說。數度到西班牙考察、旅遊；

對吉普賽人的來源、語言、文化甚感興趣，成功地深入他們的世界，與他們為伍。把原先聽到的故事，加上親身體驗寫成《卡門》：一位撩起欲望的吉普賽女郎，讓人受折磨的駕馭者，受害的男子最後爆發以報復收場。《卡門》因被比才 (Georges Bizet, 1838～1875) 譜成歌劇而聞名於世。

▲歌劇卡門女主角

　　之後比才又完成《阿爾城姑娘》的作曲，比才的音樂才華更上層樓。《卡門》獲選有幸能在巴黎喜歌

▼卡門有幕布景在塞維亞城牆，卡門要去朋友 Lilas Pastia 咖啡酒館，跳 Seguedilla 舞（源自十七世紀的安達魯西亞舞蹈），喝 Manzanilla 酒（安達魯西亞所特產的酒）

劇院表演。與梅里美相反的是，比才從未
去過西班牙。1872 年 6 月，比才被賦
予作曲任務，梅哈克 (Meilhac) 及哈
樂維 (Halévy) 負責歌劇歌詞。
舞臺上吉普賽人、盜賊、
煙草女工等社會
底層人物，最後
卡門被情夫

刺殺劇情，可恥、簡直不可思議、難以接受，似乎與歌劇院一向演出傳統不符，因觀眾是家人、正派人士一起來觀賞。兩位劇本製作人同意把卡門角色柔軟化，增添一位純真無邪少女角色（男主角在故鄉的未婚妻）、吉普賽人的喜劇成分，卡門被刺死將放在最後一幕。當時的一位歌劇院長（共兩位）讓步了，但囑咐不能有死亡劇情，因在歌劇院從未有殺戮落幕。後來這位院長因抗議劇情而辭職，可見當時的思想很正經。

▲塞維亞卡門雕像

　　巴黎的公寓太吵雜，於是比才在巴黎西郊布吉瓦 (Bougival) 塞納河畔租一棟房子，享受寧靜、愜意的鄉居生活，1874 年夏季，比才終於完成一千兩百頁的管弦配樂。但其音樂不被瞭解，另一位歌劇院長不相信《卡門》會上演成功。哈樂維亦認為音樂太複雜、太激動。管弦樂團遇到演奏難處，通常站立不動，目光注視指揮家，合唱團團員不習慣在舞臺上邊唱邊移動，故拒絕上臺表演。演練兩個月之後，團員還是宣稱煙草女工合唱那一幕難以執行。

　　面對院長的懷疑，比才孤軍奮鬥，以無比的精力與勇氣，請求批准多雇用一些合唱團員，致院長的信函，隱含他的煩躁不安、憂慮：「請原諒我的激情，但不要認為我是自私的；若我是單獨面對敵人，我就不會那麼激動，您我是同舟共濟的朋友；我覺得勝利是有可能的，假如沒有嘗試各種方式、讓機會站在我們這邊，我將難以釋懷。您對我有信心，委託我譜曲，我十分感動，我要報答您。這是榮譽與感情問題。」

　　院長還是無動於衷，比才必須再度堅持，前者才鬆手同意他的要

求。排除萬難，《卡門》終於在 1875 年 3 月 3 日首度公演。觀眾反應平淡，詩人、劇作家兼劇評家班維勒 (Théodore de Banville, 1823～1891) 是唯一瞭解此歌劇的宇宙性。認為抒情劇的歷史又向前邁進一步，比才表露被熱情迷惑、折磨的真正好漢和女人。透過音樂，創作者及詩人，向我們描述焦慮、苦惱、嫉妒等，衍生不合理的舉止行為。

淫穢、粗俗等評語傾瀉而出，惋惜卡門無道德情操，陷入社會陰溝，選擇下層人物，這位病態的不幸女子，無盡、無情地追求肉慾，幸虧事實極少有此個例。當時多數的民眾認為，這種人該去就醫，而不是被選當劇中人物，在誠實的一家人觀眾面前表演。

比才得了感冒及憂鬱症，5 月時以為已經痊癒，他隨興地在冰冷的塞納河游泳。6 月 3 日因敗血症過世，得年三十七歲，這時才距離《卡門》首度公演不過三個月後的時間。作曲工作過勞，加上惡劣評論，期待中的成功並未襲捲而來。殊不知佳評來自國外，布拉姆斯 (Brahms) 在維也納連續聆賞二十次，它後來更成為當今世界最著名的歌劇之一。比才若地下有知，該會感到十足欣慰。

往昔皇家煙廠的塞維亞大學

▲亞歷山大‧馮‧洪堡畫像

我與洪堡兄弟數度擦身而過

歷史上，著名的兄弟檔、姐妹檔例子不多，有格林兄弟、龔古爾兄弟、洪堡兄弟、勃朗特三姐妹。

格林 (Grimm) 兄弟　指的是雅各布 (Jacob) 和威廉 (Wilhelm)，他們是德國十九世紀著名的童話搜集家、語言文化研究者。其膾炙人口的《格林童話》，是兒童文學的珍寶，被譯成多國語言，在世界上廣為流傳。誰不知曉《白雪公主》《睡美人》《灰姑娘》《糖果屋》的故事呢？

龔古爾 (Goncourt) 兄弟　法國備受矚目、獨領風騷的龔古爾文學獎，是由終身未婚的十九世紀作家艾德蒙 (Edmond) 與弟弟朱勒 (Jules)，遺囑指示成立的文學學會、文學獎。它是法國最重要、極具盛名的文學獎，在眾人期待下，每年 11 月頒獎，獲獎書籍保證成為暢銷書。龔古爾兄弟的作品，以他們合寫的日記最為人知，可說是當時重要的歷史與社會文件，不過筆觸尖刻，被批評為巴黎最辛辣的毒舌。

勃朗特 (Brontë) 三姐妹　分別是夏洛蒂 (Charlotte)、艾彌麗 (Emily) 和小妹安 (Annc)，她們是世界文學名著《簡愛》及《咆哮山莊》的作者，更是英國文壇奇葩。她們的父母熱衷文學，父親出版過書，對孩子一生意義非凡，內在的驅策力鼓舞她們步上後塵，終於實現少女時期的夢想，成為作家。姐妹先後病逝於肺結核，短暫悲劇的生命，令人惋惜。

柏林洪堡大學

威廉 (Wilhelm, 1767～1835) 與亞歷山大・馮・洪堡 (Alexander von Humboldt, 1769～1859) 兩兄弟，對德國文化影響深刻、貢獻鉅大。哥哥威廉是語言學者、教育改革者、政治

▲田那麗芙島洪堡紀念碑

家、外交官；他強調教育對一個人生活之重要，建議成立一個終身學習的社會。1810 年創立柏林大學，稱為腓特烈・威廉（普魯士國王）大學，1949 年東德共產黨政權統治下，改稱洪堡大學，以紀念創校者。當時創校理念是「研究與教學合一」，延攬著名學者當教師，迄今已培育出四十位獲得諾貝爾獎者。

我們於 2012 年 6 月底，赴加納利群島的田那麗芙 (Tenerife)，參加歐洲華僑聯誼會。會後我們租車環島旅遊，外子酷愛地質學，登上泰德火山 (Teide) 是我們的行程計劃。此島第二大城 Puerto de la Cruz 南部歐羅塔娃山谷 (La Orotava)，是泰德火山的坡谷。1799 年 6 月 5 日，亞歷山大從西班牙西北岸港口科宏納 (La Coruña) 出發，前往南美洲探勘、研究。先在田那麗芙停留數日，他攀登泰德火山。南美洲探險之旅後，他道出：「我看過酷熱地帶變化多端、更神秘的景觀，但是涉足過奧瑞諾克河（Orénoque，南美洲第三大河）、秘魯安地斯山脈、墨西哥美麗山谷後，我承認在世界任何地方，沒目睹過像歐羅塔娃山谷 (Vallée de La Orotava) 那般多變化、和諧、吸引人的景緻。」

為紀念亞歷山大的讚美辭，觀望臺被命名洪堡瞭望臺，2010 年 12 月對外開放，在此可將令洪堡震撼的美景盡收眼底。我們有幸來訪，不過眼前所望，異於兩百年前。六十平方公里的富

▲田那麗芙島洪堡雕像腳下的歐羅塔娃山谷

庶坡地，一大部分種植香蕉。

　　亞歷山大於 1769 年 9 月 14 日在柏林一貴族家庭出生，父親是普魯士軍官，母親是法國雨格諾教派 (huguenote) 後裔，思想開放，極重視孩子教育。威廉與亞歷山大在奧得河畔法蘭克福 (Francfort sur l'Oder) 就讀一學期，然後轉入哥廷根大學 (Göttingen)。亞歷山大學習政治學、考古學、醫學、物理學、動物學，一位朋友教他植物學。他拜一位博物學家為師，後者帶他到英國、法國旅遊、見識；1790 年當時正值法國大革命，他對大革命的理想及人權深感興趣。

　　1791 年他在佛萊堡 (Freiberg) 礦務學校就讀。1792 年他撰述地質學和礦務情況的一篇報告，研究如何改善礦工的安全，自掏腰包悄悄成立礦工訓練所，教導他們如何辨識礦石。

　　1796 年親愛的母親辭世，從此既無家庭牽掛，又繼承一筆遺產，是時候忠於自己的興趣，去實現曾經訂下的目標。

南美洲研讀探險

　　1798 年他前往當時堪稱世界智性首都的巴黎居留。與專家、學者交往，到植物園、巴黎天文臺、法蘭西學院研讀。認識一位曾在海軍服役過的法國外科醫生艾密・龐普蘭 (Aimé Bonpland, 1773～1858)，龐普蘭亦專研博物學。兩人年紀相仿，志同道合，成為朋友。決定參與伴隨拿破崙軍隊遠征埃及的一個博學探險團，但是他們等待的船艦永遠沒在馬賽入港。竟然決定步行去西班牙，亞歷山大的人脈，使他得以覲見國王與王后，也順利取得蓋有皇印的協助通行證。艾密成為他的遠征伙伴與秘書。

　　他們在南美洲熱帶森林，搜集動植物標本，跋山涉水，攀登安地斯山脈高峰，觀察地理、天文、氣候，探測河流、土壤、空氣溫度和經緯度，視察印第安人村落，一一詳盡記錄、繪畫下來。證實奧瑞諾克河與亞馬遜河之間，存在卡西基亞雷河 (Casiquaire) 這條天然運河。

接著到古巴探險研究一年，繼續到厄瓜多爾、秘魯。1803 年在墨西哥跋涉一年。還去美國費城向傑佛遜總統致敬，與其相談甚歡，後來繼續通信。亞歷山大受到美國哲學學院（模仿倫敦皇家學院，為班哲明・富蘭克林所創）的熱烈歡迎。

1799 至 1804 年五年的遠征壯舉，是史上最重要的科學探險之旅之一。之後他選擇留在巴黎，整理、出版探險成果，與法國科學家互相合作。亞歷山大

▲洪堡大學前亞歷山大雕像

的著作激勵達爾文的遠航志向。把在德國演講的資料，編纂成數冊的《宇宙論》(Kosmos)，試圖概括各種科學。普魯士國王把他當作會走的百科全書，他是精通諸多範疇的博學者，對日後植物學、氣候學、海洋學、生物地理學、生物磁性、地質學、火山學的發展，貢獻至鉅。享有「哥倫布第二」的美譽。

泰格爾城堡巡禮

2013 年 5 月 24 日我們在柏林參加兩年一次的歐華作協會議。提前一天抵達，漫步於菩提樹大道 (Unter Den Linden)，不久來到洪堡大學，入門左右側聳立亞歷山大與威廉兩兄弟的白色雕像。進入二樓，壁上懸掛諾貝爾得獎者的照片，我仔細觀看，景仰他們對人類社會之貢獻，油然生起見賢思齊敬佩之心。

我去旅遊中心詢問泰格爾城堡 (Schloss Tegel) 的路線與開放時間，一位工作人員很熱心告知，從我們居住旅館須換兩趟車，他試著以電話打聽參觀時間，沒人回應，他的結論是此城堡現是私人宅邸，不對外開放參觀。我惆悵離去。

◀柏林泰格爾城堡故居
▼書房兼圖書館
▲藍色房間
▼希臘－羅馬石雕像展示廳

　　上次來柏林旅遊是 1997 年，事隔十六年。此次出發前在里昂一家書店購買一本德國綠色旅遊書 (le guide vert) 及兩本柏林導遊書。夜晚在旅館靜下心閱讀時，喜出望外發現泰格爾城堡星期一開放，隔日請旅館櫃臺打電話確認開放日期、時間。

　　泰格爾城堡建於 1558 年，屬於文藝復興式小城堡，後來腓特烈·威廉王子把它改造成狩獵行宮。1766 年洪堡家族購置此城堡，威廉與亞歷山大成長於此。依照自己的審美觀及意願，威廉請一位建築師朋友於 1820 至 1824 年間改建、添建四座塔樓。他計劃在此度過晚年研究語言與著述。

　　星期一早上，我們離開喧鬧的街道，步行不久，旋即隱入靜謐鄉間。十一點準時到城堡庭院，慕名而來的參觀者，包括我們在內才三對夫婦。幸虧先前我已作功課，嚮導員以德文解說，請嚮導員是否能補充簡潔英文。不久換來一位面帶笑容、衣著優雅的女士，以德文、英文講解，了卻我的心願。

　　威廉擁有希臘語文、文化、哲學和藝術淵博的知識，與席勒、歌德深交。歌德一生撰述一萬四千封信，最後一封的收信者即是威廉。充滿格言的信件具有精神遺囑價值：「最偉大的天才是接納一切，能夠適應一切，而絲毫無損於其性格，並且改善使之更趨完美」。威廉擔任過普魯士駐教廷大使，其大使官邸成為羅馬的社交中心。「無法抗拒偉人曾經站過的地方，過去崇高、高貴的力量極具吸引力……」這是他在羅馬向歌德透露的心聲。

　　白色城堡除了書房兼圖書館外，其他幾個房間皆擺放、壁飾希臘、羅馬白色古董雕像，是威廉夫婦長年收集的藝術品，道出城堡莊園主人之品味與鑑賞，彷彿讓人走入一座小型古典文明博物館。泰格爾城堡只有部分開放，它是一座獨特、歷史意義濃厚、文化氣息深遠的私宅，至今洪堡家族後代仍居於此。

　　參觀畢，慢慢走向後院家族墓園，威廉六十七歲辭世，亞歷山大八十九歲。生長於環境優渥、重視教育、文化的家庭，天資聰穎加上個人努力（三分天註定，七分靠打拼，愛拼才會贏），其人格特質趨使他們求知求新、著書立說，人生大放異彩，留名於世，堪為後代楷模。

▲洪堡家族墓園
▼洪堡兄弟墓碑

▲維加畫像

愛情激發靈感　革新戲劇的多產作家：
羅培‧德‧維加

　　西班牙黃金時代最重要的作家之一，也是西班牙戲劇的奠基者羅培‧德‧維加 (Lope de Vega, 1562～1635) 的誕生，情況極特別。1562年初其母方希絲卡 (Francisca) 離開華拉度利德，到馬德里追尋不忠貞、落跑的丈夫斐利克斯 (Félix)。嫉妒、不幸反而鍛鍊她堅強的個性，終於從情敵手中奪回懺悔的丈夫。他們的孩子後來被塞凡提斯以「人類精神的鳳凰」(Phénix de l'esprit humain)，來讚美這位才華洋溢的天才，此綽號奇怪地符合是他父母浴火重生的愛情結晶。他的出生是遠離故土和紛亂局勢的快樂結局，數十年後還創作一首影射嫉妒下出生的詩。

以父親為榜樣

　　熱愛圖畫、繪畫，具有藝術家的天賦，斐利克斯的職業是刺繡師。他的專長之一是教堂飾物和教士衣袍，馬德里的教會提供他最好的顧客。由於時常與教會人士來往，他的生活逐漸受到影響。工作室沉浸在尊重朝廷莊嚴人物的氣氛，同時因為斐利克斯值得信任，於是顧客越來越多。他的卓越聲譽使他充當行業的專家職責，當工匠與顧客起糾紛，例如顧客不同意大量訂單的收費時，司法界則借助斐利克斯的服務與才能。

　　羅培來到人間時，他的父親正過著一種嶄新的生活，遠離追求情慾，過著勤勞、寧靜的日子，實踐虔誠和慈善的典範。這一切該歸功於與一位獨特人物伯納迪諾‧德‧歐布岡 (Bernardino de Obregon) 的幸福相遇。此人以高尚的德行和嚴格的道德聞名於世，這位傑出的軍人與第三代色薩公爵 (troisième duc de Sessa) 走得很近，後者的後代成為羅培生平最後二十五年的慷慨贊助者、保護人。

　　本來是暴躁、傲慢的廷臣，但一位清道夫的謙卑榜樣，給予伯納

迪諾反省的機會：前者不小心濺污後者衣褲，被重擊臉龐之後，還向這位憤怒的貴族頻頻道歉、致謝應得的懲罰。社會底層人士所表現的宗教慈悲教訓，讓他羞愧萬分，從此茅塞頓開，開始積極的靈性操練。拋棄塵世，協助病患，成立以歐布岡為名的修會，對於需要者，經常提供幫助、充當顧問，斐利克斯就是在這種情況下受惠於他。

刺繡師受到伯納迪諾的行為感召，隨行前往馬德里的收容所，當然斐利克斯的孩子亦隨行，包括羅培。打掃、舖床、洗病人手腳、安撫他們，帶來衣服和禮物。伯納迪諾虔誠和慈悲的表現讓斐利克斯感情充沛、受折磨的心靈，昇華成神秘主義。這些傾向、人格特質，在他兒子一生中時不時地呈現，肉慾與靈魂撕扯的強烈欲望。羅培後來手稿簽名時，會加上父親的名字，表達他對父親的懷念與認同。

接受良好的教育

羅培可說是一位早熟的孩童，未能說話之前，就懂得觀察，再以肢體語言表達思想。他對學習的渴望超越同齡孩子，快速學會字母、閱讀。小學時有幸碰到一位詩人兼音樂家老師，學習唱歌、書寫、卡斯地爾文（即西班牙文）和拉丁語基礎。成年時羅培懷念、感激恩師教導紀律及耐心模仿。

他的家族驚訝其才華，尤其當宗教審判員的舅父，羅培常在放假時到他位於塞維亞的居所。為感激舅父對他的支持，日後羅培把一劇本題獻給他。由於這位長輩的幫助，1574 年羅培得以進入兩年前才成立的耶穌會皇家中學。此中學除了招收富裕貴族子弟，為了公平起見，也接納貧窮、有才智的男孩。除了師資優良外，亦有獎學金資助購買衣物和書本。

在學校兩年，羅培學習人文知識的基礎，神學、簡單的科學和哲學、古典文學，尤其是拉丁文，學生們以此語言對話，在腦海留下深刻的印記。羅培勤練文法、修辭學，加強拉丁文作詩法，發展對古典

大詩人及神話的興趣，影響日後的作品。不過影響至鉅的是戲劇經驗，每逢節日和宗教慶典，綜合教學與戲劇藝術，創作劇本及表演。他獲益不淺，四十五歲在撰寫《喜劇的新藝術》(l'Art nouveau de faire des comédies) 時道出十二歲時四本筆記簿填滿四幕劇。舞蹈、歌唱、劍術亦列入課程表。

　　教育除了發展其人格和智性，不可忽略的是亦學到如何討好權威、財勢人士、貴族的本事。若無其支持及贊助，極難想像在文學與藝術領域飛黃騰達。羅培在耶穌會學校結識來自顯赫家族的子弟，一位那不勒斯王國副王的親戚，他後來成為前者的秘書。

貴人相助

　　有位在 1571 年勒班特海戰 (la bataille de Lépante) 擔任教皇特使，後來在阿卡拉‧德恩納瑞斯大學教書的一位卓越教士，在斐利克斯的工作坊裡，察覺羅培的天賦，決定讓這位青少年輟學，接受他的保護。這位亞維拉主教是耶穌會的敵人，羅培成為他的年輕侍從。我們必須知道，當時的西班牙，當僕從一點也不羞恥，必須遵守一定的規則、精確慣例、巧妙等級且具組織性，貴族與平民互相分擔任務、工作。眾多為生活所苦的貧窮末等貴族，也願意跨越王公貴族的門檻，提供服務，此行業絲毫不損害其身分與榮譽。

　　侍從的職業性質是服務，依照年齡而有不同的級別，伴隨明確規定的利益與報酬。年紀最小亦是初等級是年輕侍從，從事各種家務事，除了獲得酬勞外，也擔保可學習禮儀慣例、文藝與科學。早晚各兩小時有家庭教師，教導文法、辯論、拉丁文及希臘文，且提供他們需要的書籍。穿著他們土人顏色的漂亮制服，在候見廳和前廳之間穿梭忙碌著，表明他們在場的重要性，他們主人的權威和社會地位。

　　羅培並沒在此豪宅居留很久，亞維拉主教將羅培送去歐洲著名的阿卡拉‧德恩納瑞斯大學就讀。此大學亦稱為貢布祿坦斯

(Complutense)，是羅馬皇帝創立的城市貢布祿敦 (la Complutum de Trajan)。他自認為具有理性，也有學習各種學科的才華與智慧，尤其是作詩，課程抄寫的筆記本作為思考的草圖。他研讀兩年就離開，認為已經學到該學的東西，可出去闖天下，發揮創作能力。

　　學校有優良的教學，百科全書般的知識，各式各樣的文化活動和節慶歡樂，還能有諸多機會建立人脈。羅培曉得如何從書本、大學生活中擷取、儲存概念與技術。難馴的個性，一生中責任與放縱經常在他內心掙扎。野性自由與愛情的呼喚，使他放棄學業、老師與同學。

愛情、世界向他召喚

　　在後來的作品中羅培透露為愛情而置學業於不顧，「一位女子讓我目眩神迷，吸引我，上帝請原諒她」。與她四目相遇之後，就足以讓他離開學校。1578 年 8 月中旬父親驟逝，羅培匆促離開馬德里。可能那位神秘女子已懷孕，為了逃避責任；或是怕觸景生情而遠離父親的工作坊，家中的主人翁一旦去世，嚴謹紀律、家庭道德也隨之入土，羅培感覺從職責、義務中解脫，渴望認識大千世界。

　　與一位勇敢無懼的青少年同行，兩人起初步行，接著買一坐騎，一直到西北部亞斯杜加 (Astorga)。此城讓人有離鄉，處在世界盡頭的感覺。由於意圖在一珠寶店變賣金幣和金鍊，引起店主懷疑，被抓去坐牢。判官分別詢問，看他們的衣著、舉止談吐，不像宵小，其錯誤是年少荒唐，而非有壞的意圖，於是把他們釋放，派遣一位警官伴隨他們回家。頑男歷險記就這樣結束，這是羅培初次嘗到鐵窗滋味。我們可察覺他想擺脫家庭束縛、標榜自由意志的端倪，預兆未來變幻不定的人格特質。

　　他成熟時期的小說《在自己的國家朝聖》(*Pélerin dans sa patrie*)，表達其世界觀，熱愛祖國，但是真正的探險是智性的、心靈的。這位想像力豐富、像脫韁野馬的抒情詩人，愛情生活打破所有的道德禁忌。

　　回到馬德里之後，羅培暫時變得比較乖順，被一位伯爵選做秘書。再度獲得機會到歷史悠久、西班牙最古老的大學、馳名歐洲的沙拉曼卡大學 (Salamanque) 就讀。

　　博學多聞的聖奧古斯丁教士路易‧德‧雷昂，在此大學授課。羅培從 1581 到 1583 年在此城停留，上教會法課程。在往後的作品裡，他以古老的紀念性建築物為背景，大學經驗、學生聚會時的歡愉笑聲數度出現。

　　在此念大學時，羅培曾參與到一件重要事件，即是如何測量時間。儒列曆 (calendrier julien) 頒布於西元前 46 年，時值羅馬時期，歐洲、拉丁語世界沿續使用此曆法，直至 1582 年 10 月 4 日至 5 日夜晚改成格里曆 (calendrier grégorien)，那是教皇格葛烈十三世 (Grégoire XIII)

▲西班牙國家圖書館前維加雕像

召開一委員會之後頒行，採納義大利醫師、天文學家、哲學家阿洛伊修斯‧里利烏斯 (Aloysius Lilius) 的建議所編而成。年曆提前十天，此事件使人心騷動，到處有動亂，很多人認為其生存被剝奪十天。不過羅培像大家一樣必須適應。

投筆從戎

　　1581 年西班牙把葡萄牙納入版圖 (菲利普二世以其母是葡萄牙公主，認為有權合法繼承空缺的王位)。葡萄牙王子、Crato 隱修院院長安東尼歐 (Antonio)，受擁戴為葡萄牙國王。他和其擁戴者據守大西洋

亞速群島 (Açores) 的迪色哈島 (Terceira)，拒絕承認西班牙的主權。菲利普二世預計派遣亞華荷・德・巴冉海軍元帥 (don Alvaro de Bazan) 聖塔克魯茲侯爵 (Marquis de Santa Cruz)，出兵前往攻打。剛好此時學期快結束，想成為國家英雄的愛國情操，讓羅培決定從軍參戰。他到里斯本加入軍隊，1583 年 6 月 23 日出航。

逾一萬五千名西班牙、義大利、德國士兵、水手，浩浩蕩蕩去攻打一個四百平方公里的火山島，目的在炫耀西班牙王室的強盛威嚴。這是一場光榮、振奮人心的攻擊，羅培把他的親身經驗改編在未來的劇作。經過一場激烈海戰，9 月 15 日西班牙艦艇在卡地茲港 (Cadix) 凱旋歸來，葡萄牙被併吞。

出征歸返之後，羅培已經二十一歲，求學也告一段落，他想獻身於文藝。他在馬德里結交一些有文學志向的朋友，其人緣及才華吸引很多人。他的書寫使他逐漸小有名氣。

二十多年來，英國海盜得到女王默許，時常搶劫從美洲歸國的西班牙大帆船。1577 年著名的法蘭西斯・德瑞克 (Francis Drake, 1540～1596) 於麥哲倫海峽攔劫西班牙從秘魯運回的金銀，給英國王室帶來財富。伊莉莎白一世還親自到港口迎接他，且加封勳位。當西班牙大使抗議英國人的勒索時，英國女王的回答是：「大海與天空的使用權屬於大家，海洋不屬於任何一國人民」。雙方敵對已明顯化，西班牙決定反擊，兩國爭奪海上霸權的大戰隨之展開。

西班牙擁有歷史上最偉大的航海家之一，迪色哈島戰役英雄聖塔克魯茲侯爵，被賦予遠征隊統帥的重任。很不幸，出發前兩個月任命的海軍統帥重病不起，不得不放棄任務。據說其不適當的繼承人選梅迪納・西多尼公爵 (le duc de Medina de Sidonia) 的消息，加深他的病況而提早過世。三十八歲的公爵家世顯赫，但對航海經驗一竅不通。若聖塔克魯茲侯爵沒病倒，戰略決策就會改變。

情感豐富的詩人士兵，震撼於暴風雨狂亂之美，想把這些景象當

作詩材。潺潺溪流取代怒吼的巨浪，炮火煙霧成了花香，隆隆炮聲成為鳥的鳴啾。羅培隔絕自己從事詩篇，日後創作、修改了以戰事為靈感的長篇愛情史詩《安哲利克之美》(*La Beauté d'Angélique*)。羅培以創作轉移、對抗了戰亂對人心的騷擾，許多參戰者一旦上岸伊比利半島，傷重或創傷壓力症候群而亡者，不計其數。

多采多姿的愛情故事

　　女人在羅培的創作靈感扮演一重要角色，甚至可說是基本原則。「寫作就是戀愛，戀愛即寫作」(écrire, c'est aimer, et aimer, c'est écrire)，戀愛與作詩是同樣一件事，他道出生命的迫切需要，決定詩作的主題與徹底改變女人的地位，是不可分割的。「我愛故我在」是其創作信條。

A. 與艾倫娜‧歐首里奧的破壞性激情

　　從亞速群島回到馬德里，羅培與艾倫娜‧歐首里奧 (Elena Osorio) 一見鍾情且一見如故。她是他心目中理想的女性化身，她的魅力激發他創作兩千行詩。首都的教堂、公園、戲院等公共場所及私人宴會，他們形影不離。她是當時一位出名戲劇演員的女兒，其父組成一劇團，經營的相當成功。艾倫娜於 1576 年嫁給一位演員，已婚身分並不阻礙她與羅培的婚外熱戀。

　　雖然羅培不是很富有，但在戲劇圈裡已嶄露頭角，撰寫劇本比其他同行更佳更快。並且，若上演的非其作品，觀眾還賭氣呢！艾倫娜的父親能有麼一位才華洋溢的年輕劇作家，專門為他創作劇本，好處多多令人羨慕，使他倍受同行嫉妒。

　　羅培似乎厭倦个加思索成為愛情中的被征服者，試著擺脫當艾倫娜家人財神的角色。他發現不知避免可恥的討好，甚至完全向卑鄙下流屈服。已經有一些日子，艾倫娜的父母似乎非常滿意女兒吸引到一位顯赫人物的愛慕，其錢財勢力讓他們的貪婪與驕傲得到恭維。羅培

警覺到這位情敵的危險，因無法與他的社會地位相比，從此其愛情生活將像是失敗的流水帳。艾倫娜是位自由開放的女性，很會利用她的嬌豔同時擁有數位愛人，從他們身上獲得一些好處，並且引起羅培痛苦的嫉妒。他認為是她家人的壞影響，要求她解脫此重擔，且拒絕再提供劇作，把這件事推薦給另外一個劇團經理。

艾倫娜的父母無法容忍此情況，1587 年歲末，馬德里流傳對他們不利的謠言，尤其是一些誹謗性短文、攻擊文章、諷刺短詩，讓艾倫娜家人的名聲與榮譽嚴重受損。他們歸咎於羅培，控告他，他因而入獄。1588 年 2 月初他被判重罪：遠離首都逾二十公里為期八年，其中兩年禁止接近西班牙。若違反第一項則將被判在戰船划船的刑罰，第二項則將導致死刑。羅培生命中重要的愛情故事之一，竟然以不幸的訴訟作為報復。

羅培把這段愛情經驗寫成劇作小說《桃樂蒂亞》(*La Dorotea*)，這是一本自傳色彩極濃厚的作品。英國十九世紀小說家、評論家羅勃特・騷希 (Robert Southey)，就洞悉羅培的創作程序經常與其生活經驗息息相關。這種將事實與想像精彩融合、把個人的情感昇華的文學創作方式，在當時是相當前衛的作法。

B. 誘拐伊莎貝拉・德・烏比納

在牢房度過四十二天，刑罰未執行之前，羅培被釋放。他不僅不憂心忡忡，呼吸自由空氣，反而讓他感到重生。無法克制專橫的追求愛戀本性，訴訟進行之際，他追求一位出身良好的少女。知道她的家庭一定無法接受這椿戀情，但羅培似乎是受到禁忌鼓舞激昂，顯得毫無猶豫，獲助於友善的同謀，羅培採取行動。

他新的愛慕對象叫伊莎貝拉・德・烏比納 (Isabel de Urbina)，父親是馬德里市區警察總監兼掌管菲利普二世部隊。他的騎士勇氣使他獲得卓越聲響，其職責除了考核軍人的功績外，也參加軍事議會。1588 年 2 月初羅培獲釋不久，經過一位勇敢、忠誠好友的策劃，串通

伊莎貝拉陪嫗，告知適當時機。另外一位警官朋友也幫了忙，藉口宗教審判所要求，請伊莎貝拉去一趟做個人聲明。

　　兩位戀人在親朋好友的協助下秘密相會，他們藏匿在離京都逾二十公里，與托雷多 (Toledo) 相距不遠。甜蜜相聚十五天之久，不得不分離。伊莎貝拉名節被沾污，須回到馬德里請求雙親原諒，至少允許無可避免的結婚，以保家人名譽。她的父母接受婚姻，不再控訴羅培，但無法原諒。1588 年 5 月 10 日，舉行新郎缺席的代理婚禮，女方家長、親人無人觀禮，但是新郎的朋友、弟弟出席了。

　　伊莎貝拉想像從此可與這位才華洋溢、魅力十足的詩人，過著平靜的婚姻生活。她不瞭解這位無法預測的丈夫，渴望冒險，傾向放縱，羅培的性格像脫韁野馬。1588 年無敵艦隊遠征英國提供羅培一個追求世界新視野的機會。

　　戰役結束後羅培回國，伊莎貝拉陪伴他在瓦倫西亞、托雷多、艾勃‧得‧托湄斯度過放逐居留的日子。1594 年 8 月他們的女兒驟逝，給伊莎貝拉沉重打擊，變得鬱鬱寡歡、沉默不語。羅培悉心照顧，請當時的精神名醫來看診，診斷結果是累積的哀傷與失望，脆弱的身體無法承受愛女夭折。當時無抗憂鬱症藥，只能建議多加關切、體貼，帶她到附近鄉間散心。

　　情況似乎好轉，請丈夫吟詩。但好景不常，她很快陷入憂愁、沮喪、虛弱。後來生了第二個女兒，產褥熱給搖搖欲墜的身體致命一擊，伊莎貝拉以勇氣、尊嚴、堅忍接受死神的召喚。

C. 第二次婚姻　1598 年春季

　　羅培容易屈服於女性魅力，所以他試圖在婚姻找到感情的避風港，面對自己和社會也較說得過去。第二任妻子華娜‧德‧官多 (Juana de Guando) 來自馬德里一個富裕的資產階級家庭。我們這位已經享有盛名被稱為「鳳凰」的作家，娶一位富家女，使很多文人羨慕與嫉妒。貴族詩人貢鉤哈 (Gongora) 寫了諷刺詩。華娜的父親擁有房地產和商

店，一家人住在馬德里的豪宅裡，他很驕傲自己在社會上的成功，無法瞭解女兒對一位名詩人的狂戀，她的戀愛思想和文學崇拜，所以無法欣然答應女兒的婚事。

1598 年 10 月底，准許詩作《安哲利克之美》出版的文件，想取悅妻子，羅培把華娜的名字置放於前，表示他的愛情與忠貞。數年之後，她的幻想破滅。當初認識時她無法猜測，不匹配結合導致的悲劇收場，一位純情少女與她想像可帶來幸福的這位男性，絲毫不察覺他們之間的相異。當羅培厭倦在外拈花惹草時，會真誠地歌頌一位賢慧妻子與簡陋、寧靜家庭之吸引力。

1612 年他們七歲的兒子病逝，像過往一樣遭遇不幸考驗時，羅培賦詩療傷。在哀歌詩中兒子彷彿仍在他身邊一樣，記憶的力量和書寫咒語之效能，是多麼地強有力！

1613 年 8 月初華娜分娩一女嬰之後往生。出生時賠掉母親性命的這位女兒取名「福樂」(Feliciana)。

D. 與蜜凱拉・德・魯漢一見鍾情　1598 年

熱情洋溢的天性，羅培追求性靈結合的愛情，試圖激烈地活在當下。無法過著單調的日子，就像他豐富的劇作構思一樣，他尋求驚訝、出其不意、時常更新。心儀的女人激發他創作的狂熱，壓抑情慾令他疲倦，陷入火焰般的激情是他的最愛。愛情是他創作的泉源，把女人美化成詩歌。

他的新歡叫蜜凱拉・德・魯漢 (Micaela de Lujan)，他們持續七年的戀情在他的作品留下最多的痕跡，影響最大。蜜凱拉是戲劇演員，在當時要當女演員著實不易，須具有堅強的性格、獨特精神、不拘謹道德及社會約束。給社會留下的惡劣印象是，獲得解放但敗壞名節。她不是出色的演員，但具有令眾人傾倒的國色天香。她的搖曳生姿、悅耳聲音、迷人喜色，令羅培很快就拜倒在蜜凱拉的石榴裙下。他認為他們的相遇是天意。

　　抒情詩人追隨愛人的巡迴劇團到塞維亞，此商業城市有濃厚的文藝氣息，很歡迎戲劇與詩歌。羅培原只是低調的旅行者卻受到全城的慶祝，大家吟詩唱歌歡迎他，不過也暗自取笑蜜凱拉那位戴綠帽、縱容妻子外遇的演員丈夫，在秘魯巡迴表演，讓羅培有可乘之機追求他的嬌妻。他們雙雙住進屬於此城最豪放、最放蕩作家之一的居所。羅培經常到塞維亞一位市議員也是富裕的文藝贊助者的宅第作客，宮殿的華廈像藝術博物館，擺置名畫及義大利雕塑傑作。在奢華裝潢室內，人文薈萃，才華得以奔放，志向得以啟發，塞維亞成為藝術活動的爐灶，可媲美義大利文藝復興時期的宮廷。

　　羅培與宮廷畫家：迪耶哥‧維拉斯凱茲畫的老師、岳父方西斯哥‧巴契哥 (Francisco Pacheco, 1564～1644) 相遇，後者還幫他畫肖像。在這些上等之人、天之驕子之間，羅培妙語如珠的對話，奔馳的想像力，對生命之熱愛，皆讓人留下深刻印象。他陸續去了格納達 (Grenade) 及安地圭哈 (Antequera)。幾個月的安達魯西亞之行是難忘之旅，激昂的挑逗性幸福，他們自由自在地生活。蜜凱拉與羅培，美貌與靈性，到處受歡迎，被稱為伯拿度 (Belardo) 與露西達 (Lucida)，許多詩詞為他們的快樂時光留下回憶。

　　蜜凱拉替羅培生了一女、一男，瑪瑟拉 (Marcela) 成為父親鍾愛的女兒，兒子羅彼多 (Lopito) 是羅培唯一承認的私生子。此子有作詩才華，但個性不穩定，亦不勤奮向學，給父親帶來煩惱。1635 年羅彼多與兩百五十名老練水手，乘船到中美洲尋找貝殼珍珠，在委內瑞拉附近遭遇海難，葬身海域。蜜凱拉在羅培生命中突然神秘消失，歲增色衰激情不再？

F. 最後的愛情：亞瑪利黎斯　1616～1632 年

　　1612 年、1613 年七歲的兒子與第二任妻子相繼過世，對羅培打擊甚大，五十一歲的他悔恨與贖罪的情感在內心滋長，經歷人生危機。他做了一項驚人的決定，從事聖職。多產的創造力及強烈的活力，使

塞凡提斯稱他為「大自然的怪物」。行為一向極端，雖成了牧師並沒改變。

他最後的戀愛對象是 Marta de Nevares Santoyo，被稱為亞瑪利黎斯 (Amarilis)，來自一貴族家庭，具有文化素養，喜愛詩歌與戲劇。像那時代的人一樣，崇拜偉大羅培的作品。十三歲時被迫結婚，丈夫個性奸詐、狡滑，從事可疑的商業，不久就破產。亦迅速花光妻子的嫁妝，讓她承受痛苦剝奪，過著艱苦生活。數年之後貧困潦倒，還須獨自面對丈夫留下的爛攤子：司法判決。

她是羅培在馬德里的鄰居，羅培協助這對不幸、不相配的夫妻。對這位默默忍受命運的二十六歲少婦而言，與牧師對談像是抓住救生圈。丈夫也毫無遲疑地接受羅培的造訪，這位鼎鼎大名的詩人。時常與亞瑪利黎斯碰面，改變羅培的內心與情感。在一文藝慶典裡，被她的歌唱迷倒，與這位漂亮鄰居的普通友善社會關係，轉變成無法抑制的激情。她是他夢想、女性賢淑的化身，是性靈之結合。

起初亞瑪利黎斯與丈夫參加羅培家的歲末聚會。他們的關係慢慢變得較正式，羅培充滿青春朝氣，詩歌、書信、劇作源源不絕，她是他思想與創作的泉源。亞瑪利黎斯十三年的婚姻無子，但她現在卻懷了羅培的小孩，他們的女兒叫安東妮亞・克拉哈 (Antonia Clara)。1618 年秋季，亞瑪利黎斯丈夫性情驟變，對妻子態度惡劣，要抵押他們房子，否則威脅施暴及公開妻子不守婦道醜事。房屋受益者發覺此屋已經抵押過，於是告亞瑪利黎斯夫婦重賣罪。畏罪丈夫逃跑了，讓她單獨面對訴訟。幸虧羅培協助才打贏官司。

此後在他的無數劇作裡譴責惡夫，揭發婚姻帶給女性之危險，形成婚姻的一種榮譽規章、丈夫學校，給未來丈夫，但對象尤其是已婚的卑鄙可恥男性。他不斷要求對女性地位的徹底修正，作品隱含歌頌女性。羅培可說是女權捍衛者，女性主義的先鋒。

1620 年春天亞瑪利黎斯獲悉法院解除其婚姻，不久也傳來丈夫過

世的消息。從此羅培的家裡傳出歌聲與歡笑，四位女性共處一屋：一位母親與三位同父異母的女兒。幾世紀之前，羅培已經領先開啟現代所謂的重組家庭，在義大利從軍的兒子有時也會來拜訪。1625 年詩人把歡樂景象賦詩。

　　過了兩年平靜、滿意的日子，生活再起風波，亞瑪利黎斯突然眼瞎。羅培請來西班牙和英國的醫生，他們診斷出眼睛沒損壞的神經退化，但不知病因。六年之後，她變得愛幻想，整天祈禱，身體虛弱，說不出的憂鬱，無法抑止的煩躁不安。這些現象越來越頻繁，羅培察覺到她失去理性。醫生們束手無策。許多研究羅培的評論家甚至認為那是上天的懲罰，讓命運乖舛的她再度承受身心煎熬，以為其婚外情來贖罪。根據十九世紀末的醫學分析，可能是梅毒的病徵，但旋即放棄此假設，因此病毒傳染性極強，一直到七十歲羅培身體健朗，未被感染。現代醫學常識證明，梅毒進展至某一程度，會失去傳染性。亞瑪利黎斯於 1632 年 4 月初撒手人寰。羅培創作〈亞瑪利黎斯田園詩〉(Eglogue Amarilis) 紀念她，讓世人永遠記得她。這一年，為了榮耀她，他出版《桃樂蒂亞》，詩人最後的熱情融合年輕激情，她被稱為神聖超凡的亞瑪利黎斯。

▲馬德里羅培故居博物館

大自然的怪物：
羅培·德·維加

　　1588 年英西海戰之後，羅培與妻子伊莎貝拉到瓦倫西亞居住。當時觀賞戲劇時尚方興未艾，他時常去劇院，這是學習與揣摩的地方，其創作潛能得以發展。此城是富庶港都，易受到異國風味影響，尤其是義大利文化。他被引入文化圈，認識劇作家，獲取珍貴的建議。

　　他在瓦倫西亞嶄露頭角，1590 年春天已服完遠離卡斯地爾王國的刑罰，羅培告別此城。唯有在馬德里才有燦爛遠景，但必須遵守遠離首都逾二十公里的懲治，故選擇托雷多。

替王公貴族效勞服務

　　羅培在托雷多居留數月，充當馬彼加侯爵 (marquis de Malpica) 秘書。這位貴族博學、嚴厲、信仰狂熱。但他要求盲目服從，不符合羅培活潑的個性與志向。其欲望驅使尋求更有威望的家族，毫不猶豫離開托雷多，到艾勃·得·托湄斯，替艾勃公爵 (le duc d'Alba) 效勞。

　　安東尼歐 (Antonio) 這位二十歲瀟灑的艾勃公爵，是西班牙歷史上赫赫有名的菲利普二世重臣之孫。1566 年大公

▲參觀羅培故居院子掛滿彩帶

爵曾到佛蘭德鎮壓叛亂，當低地國總督；1580 年被委以入侵葡萄牙、占據里斯本重任。喜愛文藝的年輕公爵，慕名鋒芒漸露的劇作家，請求羅培當他的私人秘書。詩人也很英雄崇拜西班牙帝國功臣，他在詩作〈德瑞克海盜〉(Dragontea) 及《在自己國家朝聖》，皆表達對大公爵至誠的敬意。

年輕公爵違背菲利普二世為他挑選婚姻對象的意願，決定與自己鍾情的一位公爵女兒成婚。憤慨王權被侵犯，婚禮過後八日，就被國王下令逮捕入獄。被關了將近三年，才得到國王寬恕，況且教皇已經承認他的婚姻。這些事件激發羅培靈感。公爵將被釋放的消息，振奮家族及領地的居民，大家決定以數日節慶來熱烈歡迎他的歸來。1593 年 5 月 13 日慶典首日，公爵同父異母弟迪耶哥 (Diego)，年輕有為、俊美、聰穎、優雅、英勇的紳士，卻因命運捉弄在騎馬鬥牛賽中重傷過世。加上羅培的愛妻與兩位女兒相繼逝世，一連串突如其來的死神召喚，令人哀慟，羅培決定離開傷心欲絕之地，以免觸景生情。

撒里亞侯爵 (marquis de Sarria) 娶了王公大臣的女兒表妹卡黛麗娜 (Catalina)，成為樂瑪公爵 (duc de Lerma) 的親戚，此公爵後來成為菲利普三世的寵臣。撒里亞侯爵二十二歲，受到良好教育且擁有多種獨特才能，愛好文藝且與傑出的文人結交朋友，包括羅培與塞凡提斯。侯爵是被命運之神鍾愛的幸運兒：「其寬宏大量、忠貞、彬彬有禮、聰

敏、正直、中肯的建議、道德意識與宗教情操，使他享有盛名，光芒萬丈。」菲利普三世時期一位編年史作者如此歌頌他。當時的知識分子也紛紛以詩歌與散文讚美這位天之驕子。

侯爵與羅培相遇時，前者父親剛被任命那不勒斯王國副王榮銜，出發赴任之前，委託兒子管理家產。產業龐大、嗜好藝文，侯爵立即想到已經成名的劇作家兼詩人。羅培明白效勞如此主人，寫作將受到鼓勵，可完成已經著手的創作，舒適的物質生活可獲得一定的擔保。他於 1598 至 1600 年期間充當秘書。侯爵不只是滿足羅培在其羽翼下寫作出版，還想在其創作過程有所貢獻與有效協助。

詩作〈德瑞克海盜〉敘述英國人的海盜行徑，尤其是指揮 1588 年英西海戰的法蘭西斯・德瑞克。1595、96 年間，德瑞克攻擊、搶劫西班牙海外屬地，尤其是波多黎各與巴拿馬。由於他的逝世，時事加上回憶，羅培把詩作主角稱為「龍」(Dragon)，隱含邪惡的威力。西班牙人民對英國的反感、怨恨，反映在詩作中，羅培成為他們的代言人。

鉅作田園小說《阿卡迪亞》(Arcadia) 於 1598 年 11 月問世，他在

▼故居書房

艾勃‧得‧托湄斯時著手的以艾勃公爵為主角的小說，起初是題獻給他。但出版之際卻獻給歐蘇納公爵 (le duc d'Osuna)，此公爵是艾勃公爵拒絕迎娶的那位女子夫君，羅培的前任主人還因此坐牢。歐蘇納公爵不僅是一位英勇、傑出軍人，亦是一位詩人、慷慨人士。羅培此舉是否有點挑釁的味道，不過數年後他透露，曾經接受歐蘇納公爵相當於秘書年薪的贈金。此小說非常暢銷，作者生前再版多次。

1599 年初，他出版了《伊吉多爾》(*Isidore*，有關勞動者伊吉多爾 (*Isidore le Laboureur*, 1830～1130) 的詩集)，歌頌廣受歡迎的馬德里守護神。羅培慶祝西班牙所有聖者中最謙卑的一位，追憶在馬德里郊外曼札拿瑞斯 (Manzanares) 河畔，勞苦耕耘的簡樸農夫，辛勤、寬容、慈善、老實。羅培嚮往此種純樸，讚揚一位卑微勞動者的生活，是他鄉土文學的獨特性。

一位教士為了讓伊吉多爾成聖 (la béatification) 而收集大量資料，羅培從他處搜集，譜寫敘事詩歌，讓眾人認識這位超凡的歷史、國家

▼私人小教堂

英雄。成聖程序二十年之後才有結果，該歸功於菲利普三世病危時，馬德里近鄰一村落居民，捧著伊吉多爾遺骨進行宗教遊行，驅除威脅西班牙的惡運。國王終於痊癒，感謝這位聖人的向天說情。1622 年伊吉多爾成為聖者，馬德里舉行諸多慶典，高潮是在聖安得斯教堂 (San Andres) 舉辦由羅培主持的詩經競賽，伊吉多爾遺骸埋葬於此。他的成功貢獻，發揚光大聖者盛名。5 月 15 日是其紀念日，馬德里市民會趁機慶祝一番，哥雅的「聖伊吉多爾草原」(La Pradera de San Isidore) 畫作，描繪人群的歡樂景觀。

此詩作是西班牙最孚眾望的詩歌之一，幾乎人人皆會朗朗上口前三行：

> 伴隨虔誠、信仰、熱心
> 我耕田、種植、收割
> 大地、美德與天堂

借助詩歌，羅培把神聖的情感傳播、融入民心，當今此作品被認為是這位國家詩人，賦詩藝術最具代表性的作品之一。

1605 年 8 月與色薩公爵 (duc de Sessa) 相識可說是天意，影響羅培中年以後的生活。公爵被詩人的文名、榮耀、人格及多樁戀愛事件吸引、迷惑，進而與羅培建立獨特且持久的友誼。名義上劇作家是他的秘書，事實上是其顧問、筆桿，公爵社交生活，尤其是愛情奇遇私生活秘密的守密者。訴訟、財務、家事、私事及社交等，皆由羅培一手包辦。

公爵的祖先第一任色薩公爵，即是屢立軍功、西班牙歷史上傑出的人統帥 (Gran Capitan)，天主教君主對其加封晉爵，並賜予那不勒斯王國的義大利采地色薩。二十三歲的路易‧斐南德茲 (Luis Fernandez) 是第六任色薩公爵，文雅、輕浮、有唐璜癖性，羨慕羅培的創作與其感情世界息息相關，但這位驕傲的貴族，自知無才氣。羅培很快就領悟到公爵是慷慨的文藝贊助者，他們一見如故、惺惺相惜，互相滿足。

至死羅培享有主人給予的物質揮霍，公爵也利用他秘書取之不盡的天才資源。當時羅培對公爵的支持、恩澤感激不盡，但時至今日，公爵若不是因為這位西班牙文壇巨擘，縱使有令人羨慕的顯赫族譜，又有誰會記得他？

　　他們之間近八百封信件手稿，包括羅培寫給公爵及代替公爵寫的信札，提供研究羅培人生最後二十五年的珍貴資料。1860 年發現的珍貴史料，更改兩世紀半以來世人對劇作家的官方式刻板認識。給公爵的信件，羅培真情流露，敘述生活中的酸甜苦辣及創作。他們雖是主僕關係，亦是人生密友。

在馬德里如魚得水　聲望如日中天

　　1609 年出版《創作喜劇的新藝術》(*Art nouveau de faire les comédies*)，如何把戲劇素材引發情感效應，在他的影響下，喜劇越來越大眾化。其戲劇可說構成西班牙生活的綜合主題。不僅適應當時的美感，亦迎合觀眾品味，把美感提升至藝術巔峰是其目標。

　　1610 年在馬德里置產定居，當今此寓所成為故居博物館。高興成為地主，羅培在屋子刻上拉丁文座右銘「別人的金屋不如自己的狗窩」。恬靜的家居，在花園賞花之際尋找靈感。愛情不忠貞的他，此時卻讚美婚姻生活：「未嘗過婚姻樂趣者，不能說懂得人間幸福。」他也體驗當父親的樂趣，創作一部宗教作品《伯利恆的牧羊人》(*les Bergers de Bethléem*)，題獻給兒子。

　　他的戲劇在首都受到盛大歡迎，觀眾想見作者的廬山真面目。羅培也喜愛到劇場去體會劇本的成功與群眾的歡呼。

　　不對外開放的文藝社團請求他的出席，尤其是十七世紀前期盛行的學會，首都和大都市皆紛紛成立，無疑是酷愛詩歌熱潮所致，成為西班牙文化史的重要主題。羅培時代，西班牙約有三千名詩人。王公貴族、學生、教士、藝匠，皆嘗試作詩。未來的菲利普四世不僅是詩

故居臥室▶
廚房▶▶
餐廳▼

人，還試圖在皇宮裡創立一個文藝學會。

　　稱為文學花園的文學聚會，通常在馬德里王公豪宅舉行，文人墨客在寬敞華麗的大廳齊聚一堂。冬天傍晚五、六點時，這些賓客陸續來到，壁毯、名畫布滿牆壁及擺置鮮花的廳堂一隅，飲料與精緻點心待人品嘗。音樂展開晚會序幕，主席宣布內容。主要是詩經朗誦，但也可發表科學作品。他們追求的辯論是智性的巧妙運用，較不是展示博學多聞。晚會高潮是即席創作，羅培是令人讚歎的高手。

人生舞臺謝幕

　　漸漸邁入老年，羅培嘗到兒女離別的孤寂。1622 年 2 月中旬，愛女瑪瑟拉成為修女。對這毫無預料的決定，讓他沮喪、心碎。在父親眼中，她是位有資質的女子，十七歲時就有不少追求者。漂亮、才智橫溢，賦詩才華突顯，羅培把一喜劇《對抗不幸的療法》(*Le Remède contre l'infortune*) 題獻給她。雖然他屢次勸阻，但女兒心意已定。

　　對於福樂的離去，羅培處之泰然。這位謹慎明智、善良體貼的女兒，一向忠誠，盡量不讓父親煩惱，尤其是亞瑪利黎斯之死導致的哀慟。她一直等到年過二十才出嫁。她的離家遵循正常的程序，雖然對象不是顯貴人家子弟。

　　最讓羅培傷痛欲絕的是，他最後愛情的結晶小女兒安東妮亞・克拉哈。像其母親般和藹可親，高尚純潔。閃爍金光的碧眼，目光讓人無法抗拒。極受父親寵愛，幾乎有求必應。羅培教她寫作，相信在其眸子湧現智慧之光。他也教導她生活習慣非忍受不幸的命運，而是獲取抗拒惡運的效果。換言之，預先賦予她主宰命運的辦法。可惜白費功夫，是命運主宰她。

　　1634 年歲末一個夜晚，羅培回到家時看不到愛女，原本的喜悅轉為擔憂、恐慌。愛女捲舖蓋和女僕、家狗一併消失，他慢慢意識到女兒被人拐走、誘騙，她帶走一切她的珍貴。她怎麼能對老邁的父親做

出如此絕情的行為。他把這樁事件寫成田園詩歌 (Filis)，提出何謂父愛：「孕育或是教養?」羅培可能知道誘拐女兒的對象位高權重，他也無法證實他的父親身分，故沒採取法律行動。羅培過世十年之後，安東妮亞・克拉哈才出現。待四十七歲離世時，她仍單身未嫁。

1635 年兒子羅彼多海難過世，帶給他沉重的一擊。雖然父子意見時常相左，他仍疼愛兒子。兒子繼承衣缽的希望破滅，體驗白髮人送黑髮人的深切痛楚。短時間內經歷一連串的分離、哀傷，羅培感到人生的虛華，腦際時常想起：「一切都會發生，一切令人厭倦，一切皆會結束」。心灰意冷、精神懶散，加上體弱，活著只是靜靜地等待死亡。

創作! 創作! 是他唯一的信仰，生活目標。打破生活與詩歌的界限，使兩者相互影響。

減緩劇痛的利器還是創作，他寫下紀念兒子的詩歌〈菲利錫歐〉(Felicio)。盡量維持正常日子；祈禱、閱讀日課經，與朋友見面，整理庭院。這一年 8 月 6 日被邀聚餐後，胸部驟然劇痛打斷他精彩的會話。之後他雖然一度恢復了。但是逾兩星期之後出席論文答辯，他又疑似心肌梗塞? 中風? 隔日發燒，催瀉和放血使他更虛弱，連御醫也無能為力。立下遺囑之後，27 日與世長辭。馬德里市民哀悼這位文學巨擘，將他葬在聖塞巴斯提安教堂 (Saint Sébastien)。

▲羅培長眠之所: 馬德里聖塞巴斯提安教堂
◀羅培的紀念磚

▲巴黎大皇宮維拉斯凱茲展覽

宮廷畫家：
迪耶哥・維拉斯凱茲

巴黎大皇宮博物館特展

巴黎大皇宮博物館、羅浮宮和維也納歷史博物館合作，於 2015 年 3 月 25 日至 7 月 13 日展示西班牙十七世紀最偉大的畫家維拉斯凱茲 (Diego Velázquez) 畫作。2014 年 10 月底至 2 月中旬已經在維也納歷史博物館展覽過。維拉斯凱茲的聲譽可媲美義大利文藝復興三傑拉斐爾、米開蘭基羅、達文西，及卡拉瓦喬 (Caravage)、提錫安 (Titien)、倫勃朗 (Rembrandt)。

馬德里普拉多博物館前方，聳立著維拉斯凱茲右手執畫筆、左手持畫盤的黑色坐姿雕像，氣宇軒昂。考古博物館正門前，亦有他的佩劍白色石雕像。可見他在西班牙畫壇舉足輕重的地位。Casa de Velazquez 是法國在國外的高等學府，宗旨在啟發創意及研究西班牙語言、文學、藝術、歷史、考古學及伊比利世界，目的在培養大學師資、研究員及專家。

塞維亞的小男孩迪耶哥，是如何成為西班牙的世界級畫家維拉斯凱茲呢？

維拉斯凱茲於 1599 年 6 月 6 日誕

生在塞維亞一個小康家庭，葡萄牙裔的父親是教會公證人，他是家中八個孩子中的老大。當時的塞維亞港都是西班牙最富庶、人口最多的城市，獨攬與美洲的通商貿易，除了海關人員外，亦聚集眾多佛蘭德及義大利商人，也是一個重要的宗教、藝術中心，許多大畫家在此設有畫坊。

　　青春期時維拉斯凱茲意識到，繪畫可開啟另一扇門，過另外一種生活。十歲時他被送到鄰近一畫坊學習，與大師學習是必經途徑，繪畫史上甚少無師自通的大畫家。學徒年齡約十二歲至十六歲之間，通常在畫室待四至六年。鄰居畫家雖然才華洋溢，工作能力強，但性格古怪、脾氣暴躁，連他的兒子都受不了離家出走，迪耶哥亦憤而離去。

▲馬德里普拉多博物館

拜巴契哥為師　改變命運

　　幸虧如此，換了大師，命運向他招手。父親的教會上司向他推薦塞維亞大教堂議事司鐸的外甥畫家方西斯哥・巴契哥 (Francisco Pacheco, 1564～1644)。巴契哥是此城光芒四射的人物之一，蒙舅父之庇蔭，許多教堂、修道院紛紛向他訂購畫。巴契哥後來出名是因為曾經是迪耶哥・維拉斯凱茲的老師，及他的一本《繪畫藝術》手冊成為當今瞭解西班牙十七世紀藝術的重要參考書。雖然只是中等畫家，但他的文化涵養極高，異於當時大部分畫家，他無法忍受在西班牙，繪畫被低貶至「手工藝」地位，與義大利剛好相反，因它終於被認為是「自由藝術」。他在塞維亞貴族文化圈具有影響力；還曾被宗教裁判所委任監督及巡查商店、公共場所有關宗教的畫作，必要時檢舉、揭發。

▲普拉多博物館前維拉斯凱茲雕像

他熱衷社交生活，家中的文藝沙龍接待教會人士、詩人、哲學家、畫家、雕塑家，卡斯巴爾・得・古茲曼 (Gaspar de Guzman, 1587～1645) 未成為朝廷重臣之前，也曾出入此沙龍。

　　和巴契哥簽合同，十二歲的迪耶哥從搗碎顏料、準備漿糊、濾清光漆、拉緊畫布、架起畫框開始做起，然後學得技術、美學概念及人文主義文化，其人格進展及智性形成亦受到影響。「首先須學習配景，接著是所有的衡量、估計，再來是模仿大師的畫作。」這是巴契哥

塞維亞立有紀念天才畫家維拉斯凱茲的雕像

在他的《繪畫藝術》所主張的。他洞察迪耶哥的天分，預感「青出於藍而勝於藍」。六年之後，迪耶哥通過藝術家公會要求的執照考試，從此有資格在西班牙王國境內執業：開畫店、賣自己的畫作、收學徒。巴契哥欣賞迪耶哥，他的女兒華娜亦墜入情網，1618 年 4 月 23 日與這位英俊、寡言、神秘、剛出道的畫家結縭。

到馬德里尋求發展

1621 年菲利普四世即位，提拔塞維亞的貴族卡斯巴爾・德・古茲曼，後稱為奧利瓦荷斯公爵 (Comte-Duc Olivares)。後者向國王推薦塞維亞族群，巴契哥抓緊機會介紹其女婿。維拉斯凱茲於 1622 年春天去馬德里，被引見奧利瓦荷斯公爵，替國王牧師作畫。在首都居留期間，他有機會欣賞查理五世及菲利普二世收集的名畫，研究提錫安、委羅內塞 (Véronèse)、丁托瑞特 (Tintoret)、巴沙諾 (Bassano) 等義大利大師的傑作，察覺塞維亞的畫作藝術有限。

▲馬德里考古博物館前雕像

因菲利普四世首席顧問奧利瓦荷斯公爵的提拔，維拉斯凱茲獲選為十八歲的年輕君主作畫，年輕畫家才二十四歲。博得一致喝采，因至今尚無人知道如何替國王作畫。從此這兩位年輕人友誼滋長，維拉斯凱茲也為未來飛黃騰達鋪路。他成為國王唯一鍾愛的宮廷畫家，享有居住在皇宮附屬建築物的特權。

兩度赴義大利觀摩

　　1628 年荷蘭畫家（也是宮廷畫家）兼外交官彼得・保羅・魯本斯 (Pierre Paul Rubens, 1577～1640)，因外交任務來到馬德里停留一年，維拉斯凱茲是他結識的唯一藝術家。雖然畫作等身、成就非凡，五十一歲謙虛的魯本斯觀賞維拉斯凱茲的作品，震懾他的天才。後者引導貴賓參觀艾斯科利亞王宮修道院，尤其是評論王室收集的大師名畫。這兩位宮廷畫家繪畫菲利普四世使用不同技巧，魯本斯以寓意方式彰顯陛下莊嚴，維拉斯凱茲則強調王權。荷蘭畫家大量複製威尼斯畫家提錫安作品

▲維拉斯凱茲畫作菲利普四世

（西班牙王室有重大收集），維拉斯凱茲則觀摩、啟發靈感。雖然兩人年齡相差二十二歲，卻不是師徒關係，他們惺惺相惜、互切互磋。

　　魯本斯說服菲利普四世，讓他宮廷最有天分的畫家，到藝術國度進修，未來可提升其榮耀。維拉斯凱茲便在魯本斯的慫恿、鼓勵下，1629 年 7 月底，步上許多西班牙藝術家的後塵，持有奧利瓦荷斯公爵的介紹信，國王還優待他給付兩年的薪水，維拉斯凱茲起程赴義大利。西班牙在威尼斯、帕拉瑪、佛羅倫斯、羅馬的代表，皆收到他將蒞臨的通知，且受囑咐須給予相當禮遇。西班牙的威尼斯代表迎接他，為他安排觀賞皇宮、豪宅畫廊，於丁托瑞特畫室畫圖、複製其作品。由於威尼斯政局不穩，未久留，接著到羅馬駐留，雖然很榮幸地被安頓在梵蒂岡，但覺得孤立無援、與世隔絕，結果搬到梅迪西斯別墅 (Villa Médicis)，他細心研究拉斐爾、米開蘭基羅的作品，在義大利觀摩學習一年半後才歸國。

　　1648 年 11 月 25 日，維拉斯凱茲成功地說服菲利普四世，讓他再

度前往義大利。此行重要任務是替王室採購高品質的古雕塑物，或是鑄模品及大師的畫作。此次居留兩年半，雖然國王頻頻催他回國。遠離宮廷的拘束，維拉斯凱茲沉醉於新的自由。再回到威尼斯，是此城貴賓，倍受禮遇；他購買提錫安、委羅內塞、丁托瑞特等人畫作。然後去摩滇納 (Modène)、波隆納，在那不勒斯與里貝拉 (Jose de Ribera, 1591～1652) 相遇，後者是唯一在國外定居、享譽歐洲的西班牙藝術家。

接著維拉斯凱茲在羅馬住下來，遇見伯尼 (Poussin, Le Bernin)。他繪畫其侍從摩爾奴隸巴瑞哈 (Pareja) 畫像，贏得大家讚歎不已。聖約瑟夫日那天，在喝采聲中此幅畫被懸掛在先烈祠柱廊上。為祝賀教皇英諾森十世 (Innocent X) 就職五十週年紀念，維拉斯凱茲大顯身手，教皇這幅栩栩如生的畫像，本人看了之後嘖嘖稱奇，直呼「太逼真了」；西班牙畫家繪出七十多歲羅馬老貴族斜視多疑

▲教皇英諾森十世畫像

神情、威嚇眼色躍然畫上。教皇贈予兩枚他的人頭金質紀念章，對於未來被提名聖地牙哥騎士勳位亦助一臂之力。由於其神技，教皇周遭人士皆紛紛希冀也能擁有自己的畫像，維拉斯凱茲滿足一些人的願望，畫了十來幅畫。

他的畫作大才讓義大利人留下深刻印象，1650 年 1 月他成為聖律克 (Saint Luc) 學院院士，可能教皇介入提名；2 月時亦被迎接為先烈祠名家學院 (Académie des Virtuoses du Panthéon) 的同僚。

從 1650 年 2 月中旬起，菲利普四世開始催促他的宮廷畫家返國，

前者多次去信給大使施壓。許多研究維拉斯凱茲的藝術史學家尋求他拖延理由：義大利的自由氣氛，自己是時間的主人。他甚至期望去一趟法國，認識巴黎，已經獲得法國大使給予的護照。1650 年 11 月還簽下恢復其奴隸巴瑞哈自由身的合約。另一原因是維拉斯凱茲的豔遇私情，使他喜獲麟兒。

與國王的友誼

　　菲利普四世花不少時間與維拉斯凱茲相處，他們之間的友誼是西班牙國王的人格特質之一。1623 年首度相遇，維拉斯凱茲成為宮廷畫家後，他們之間的關係逐漸發展成友情，互相仰慕，他是國王的良師益友，唯一的靈性朋友。國王尊敬他、信賴他，超過對下屬的關係；當王公重臣、朝臣皆退下時，國王與他最喜愛的宮廷畫家討論複雜事件、難解問題，前者需要一位知心密友。

　　魯本斯對菲利普四世的描述如下：「國王酷愛繪畫藝術；與他交談之後，我認為他具有最佳優點。因我住在宮殿裡的套房，國王幾乎每天來看我作畫，我繪畫整個皇室家庭的畫像，工作進行順利。」「國王天資聰穎，身軀俊美；與他每天會談讓我有機會徹底認識他。若他不是缺乏信心，過分尊重那些大臣的話，將可成功理政。」在他朝廷盛世時，菲利普四世需要向人傾訴心聲、交換意見，尤其是藝術家，分擔統治國家的掛慮。去看畫家作畫的習慣，他繼續保留下來。

　　菲利普四世是個好騎士，喜愛狩獵、觀賞騎士比武，但是有關藝術、智性娛樂也吸引他，會作曲、彈奏音樂、繪圖，熱愛畫作及戲劇；也愛追逐女人、尋求感官刺激，有十來個私生子。讓他的寵臣奧利瓦荷斯公爵治理國事。

　　三十七年期間，國王與他最摯愛的宮廷畫家幾乎每天見面。維拉斯凱茲從義大利歸來後，搬入皇宮，其畫室就在過世王儲巴達‧卡洛斯 (Baltasar Carlos) 一組房間的一部分。就像往昔他天天來看魯本斯作

畫一樣，現在是維拉斯凱茲。國王可觀看、研究後者的繪畫技術及如何修改。尤其是兩次義大利居留之後，我們可想像國王一定問他在異地遇到那些人：西班牙外交官、教皇、主教、藝術家等。

他們兩人也討論如何整修阿拉伯式皇宮 (Alcazar) 及艾斯科利亞王宮藍圖。1640 年代，菲利普四世在亞拉岡 (Aragon) 率兵對抗加泰隆尼亞叛亂及法軍入侵，他帶維拉斯凱茲隨行，在鄉間臨時搭起畫室，後者三天內完成菲利普著名的法加 (Fraga) 畫像。

皇宮總監

維拉斯凱茲在義大利延後一年多返回西班牙，國王不但沒譴責、懲罰他，還任命他為皇宮總監。此職位在宮廷官階算是蠻高的，這是國王的意願、單獨的決定。此任命非比尋常，因從未有畫家擔任過此角色。

當頒勳會議決定拒絕維拉斯凱茲被任命為聖地牙哥勳章騎士，因頒勳會議主席認為，畫家的祖先無貴族成分。也是菲利普四世再度參與介入，請教皇免除這項條件。這些不常見的決定，是一位朋友的慷慨行為，並未在王公貴族圈引起騷動，因那是國君的尊意。

「宮女」這幅畫

1650 年起，維拉斯凱茲特別忙碌，布置、裝飾皇宮，如何把王室的畫作收集歸類，依國王的品味擺掛。繪畫王室成員的要求越來越迫切，尤其是公主的畫像。1656 年他完成一幅傑作「宮女」(Les Ménines)，現收藏於馬德里的普拉多博物館。此作品是西方繪畫中最受讚賞的畫作之一，亦是引發最多研究與評論的作品之一，大約四萬理論試著詮釋這幅謎樣的畫作。義大利畫家盧卡‧吉爾達諾 (Luca Giordona) 讚歎它是「繪畫的神學」；英國畫家托馬斯‧勞倫斯 (Thomas Lawrence) 宣稱它是「藝術的哲學」。

　　這幅畫最初名稱是「菲利普四世的家庭」，或「家庭畫像」，是用來懸掛在國王夏季書房裡；1843 年才改稱為「宮女」。五歲的瑪格莉特小公主（Marguerite Thérèse d'Autriche, 1651～1673，1666 年與舅父神聖羅馬帝國皇帝雷歐波一世成婚；第四次分娩後過世）挺直、乖巧地站立，著修女服的陪媼輕聲細語向她說這幅畫很重要，因有朝一日歐洲的王子將看上美麗的她。金髮小公主天真無邪、淘氣、優雅。一宮女端上一小壺解渴飲料，此時王室內侍突然開啟後門；時常取樂小公主開心的女侏儒，看到陛下夫婦不期來臨而愣住；右側的宮女傾身致敬。

　　畫中人物並非靜態，他們就像真實生活中的樣子，臉上皆有表情。他們的態度，人物的精巧擺置，使它像一幅日常生活的歷史繪畫。對話、使用鏡子，維拉斯凱茲似乎受到佛蘭德及荷蘭畫作的影響。他沒忘記在塞維亞學習時期，巴契哥所說的：「影像必須超越布局」；鏡子擴大影像的限制，國王與皇后於畫中的小肖像，控制整個畫景，其象徵意義深遠，國王觀察全景

▼「宮女」這幅畫

藝術永遠無法臻於完美，繪畫是一種自由藝術，它不同於工匠技術。維拉斯凱茲的最終目標，離藝術的完善境界並不遠，「畫中有畫」讓人意會到繪畫的幻覺。1980 年代普拉多博物館修復藝術品主管，以 X 光研究這幅畫，詳細分析之後，發現有兩個不同的繪畫時期：1656 年的版本，畫家在畫中所站的地方，有一個面對小公主的側影像。各種解釋紛紛被提出：其中一個說法是小公主的同父異母姐姐瑪麗・泰瑞莎，可能因為已經與路易十四訂婚，不久將離開西班牙宮廷，所以她的影像被抹掉。由於側影像不太明顯，有人猜測會不會是一位年輕侍從，他正向當時唯一王位繼承人小公主致敬。

1658 年或 1659 年版本：我們看到大畫架後面，不知維拉斯凱茲的繪畫主題是什麼，這樣人們可自由想像、推測。畫中的畫家可轉身面對國王；他要求承認其藝術家身分，同時確認他的貴族紳士地位，因佩帶聖地牙哥勳章紅色十字架。

這幅神秘畫作新的詮釋是：國王、畫家及拒絕把繪畫提升至自由藝術的西班牙社會。其他人物只是見證角色。

最後幾年歲月

有時候菲利普四世會向他的通信者（女修道院院長），抱怨維拉斯凱茲的「怠惰」。那應該是厭倦，就像許多藝術家或作家，有時也會有倦怠期，不是嗎？這可解釋他離世後，畫坊留下一些未完成的作品。

維拉斯凱茲生命最後兩年，忙著準備與法國簽訂和平條約，及籌備路易十四與表妹西班牙公主瑪麗・泰瑞莎的婚禮。要安排運送菲利普四世、首相、大臣、王公重臣、及其隨從、醫療隊的龐大車隊，使其經過數省到法西邊界河比達索阿 (Bidassoa)，是一樁浩大的工程。為了規劃行程及住宿事宜，維拉斯凱茲與三位助理提前出發。國王及其行列於 4 月 15 日啟程，6 月 26 日回到馬德里。七十二日的舟車勞頓，把年歲不輕的宮廷畫家搞得精疲力盡，雖然慶幸回到家，一個月

之後他發高燒，焦慮不安，胸部劇痛。他的家庭醫生並不樂觀，國王特派御醫去診治。1660 年 8 月 6 日，領受臨終聖事及立遺囑之後，嚥下最後一口氣，維拉斯凱茲得年六十一歲。雖然哀痛逾恆，國王並不參加他的葬禮。一星期之後，畫家遺孀亦撒手人寰。維拉斯凱茲逝世三百年紀念日時，一位研究他的畫家就其病情、症狀和許多醫生對談，依其中最傑出醫生之見，維拉斯凱茲死於心肌梗塞。

維拉斯凱茲的法國崇拜者

1865 年秋天，馬奈 (Edouard Manet, 1832～1883) 因受不了西班牙菜而提前回法，但仍十分賞識維拉斯凱茲的作品，美的震撼影響他日後的畫作。他向友人敘述：「光是觀賞維拉斯凱茲的作品，就不虛此行，他是『畫家之王』；不是讓我驚訝，而是令我心醉神迷。」

繼續向詩人波特萊爾 (Baudelaire, 1821～1867) 傾訴：「維拉斯凱茲是我見過最偉大的畫家，我在馬德里看過他三十多幅畫，全部皆是傑作，遠遠超過他的聲響，縱使旅途勞累，還是值得一遊。」馬奈又向另外一位對西班牙很內行、安排他行程的友人宣稱：「他在維拉斯凱茲身上，找到他理想繪畫的實現!」

受到維拉斯凱茲的靈感激發，馬奈返法之後立即作畫。法國的印象派畫家亦分享馬奈的熱衷，尤其是德加 (Edgar Degas, 1834～1917)，他把維拉斯凱茲的「瑪格莉特小公主」畫作，刻成銅版畫。印象派發展史上的領導人之一雷諾荷 (Auguste Renoir, 1841～1919)，亦去了西班牙。讓法國人及藝術家發現維拉斯凱茲，貢獻甚大的學者型作家、歷史文物總督察官梅里美 (Prosper Mérimée, 1803～1870)，在給「藝術家」雜誌社長的信函中，讚美馬德里博物館的幾位大師，他尤其欣賞維拉斯凱茲的作品，推薦參觀普拉多博物館，此處是唯一可觀賞這位大師畫作收集的地方。考古學家、法蘭西藝術學院永久秘書、政治人物博利 (Charles Ernest Beule, 1826～1874)，對西班牙畫派態度一向嚴屬，後來不得不承認維拉斯凱茲是西班牙唯一的天才畫家。

VELAZQUEZ

GRAND PALAIS
ALERIES NATIONALES

5 mars › 13 juillet 2015
randpalais.fr

以「瑪格莉特小公主」
畫作為背景的展覽海報

LOUVRE

KUNST
HISTORISCHES
MUSEUM
WIEN

sanef groupe
abertij

CREDIT SUISSE

GRAND MÉCÈNE DE L'EXPOSITION

histoire   arte   RATP   L'EXPRESS   le Monde   LE HUFFINGTON   la Croix   MATCH

▲薩拉戈薩夕陽下哥雅雕像

浪漫主義時期的寫實派、諷刺畫家：
方西斯科・德・哥雅

　　亞拉岡地區 (Aragon) 薩拉戈薩 (Saragosse) 西南部五十公里福恩德都得斯 (Fuendetodos) 村落，1746 年 3 月 30 日一個小康家庭的第四個孩子呱呱落地，他是未來的大畫家方西斯科・德・哥雅・魯西安特斯 (Francisco de Goya y Lucientes)。祖父是代書，父親荷西 (José) 是享有威望的鍍金工匠。哥雅出生次年全家就搬到薩拉戈薩，不過他們保留故鄉的房子，時常回鄉探望親人。

　　他上的是教會小學，一位來自伯爵家庭的神父老師，發現哥雅的藝術才華，向他介紹他的朋友馬丁・札巴德 (Martin Zapater)，後來他們友誼長存。哥雅閒暇時到父親的工坊，學習畫圖。隨著家庭成員增加和經濟改善，他們經常搬家。1757 年他輟學在父親的工坊工作，開始學習繪畫。他們搬到市中心富裕地區，很高興與來自富賈家庭的札巴德住在同一地帶。

　　父親也鞏固與福恩得斯伯爵 (Comte de Fuentes) 的關係，後者來自那不勒斯望族比拿得利 (Pignatelli)。與哥雅未來的生活和作品有密切

▲哥雅在福恩德都得斯的故居

關聯的這位藝術贊助者，亦是其祖先於 1714 年所創辦薩拉戈薩學院繪畫工坊的保護及支持者。荷西‧哥雅的一位富商舊識，亦是此城經濟協會會員，幾年前引介巴由 (Francisco Bayeu, 1734～1795) 進入此學院繪畫工坊。哥雅後來娶巴由的妹妹為妻。由於父親結識有財有勢人士，借助這雙重關係，十三歲的哥雅得以進入這繪畫工坊，拜名師魯冉 (José Luzan) 學習，他是菲利普五世時期的宮廷畫家。哥雅亦學習雕刻繪畫，他當學徒磨練至 1764 年。

馬德里兩次參賽皆落選

1759 年波旁王朝的查理離開那不勒斯，到馬德里繼承斐迪南六世（同父異母的哥哥）的王位，成為查理三世。德國畫家蒙斯 (Raphael

◀哥雅故鄉福恩德都得斯故居博物館路標

Anton Mengs, 1728～1779) 於 1761 年成為他的宮廷畫家。他們相識已久，在那不勒斯時，曾為查理繪畫許多家庭畫像。

被蒙斯召喚，巴由於 1763 年春季到馬德里定居，兩位畫家弟弟和妹妹皆一同前往。之前，哥雅認識未來的妻子約瑟華 (Josefa Bayeu)，可能此緣故，驅使他亦前往馬德里。意圖進入著名的聖斐南度美術學院 (San Fernando)，巴由鼓勵歌雅參加三年一度的入學獎學金競賽。共有九位參賽者，他落選了。三年之後，捲土重來，巴由建議他先上補習班。競賽繪畫和圖畫主題皆與歷史背景有關，因教育程度不高，未能完全展現主題意境，哥雅再度失敗。

他在薩拉戈薩附近一貴族豪宅教堂，畫了幾幅宗教畫作：「約瑟夫之夢」、「聖母往見」(La Visitation)、「從十字架被扶下」等。同時也為故鄉教堂完成兩幅小畫作，以貼補家用。

到義大利取經

哥雅一心一意嚮往到藝術文化聖地義大利居留，模仿大師，與畫家相會、交流。他於 1769 年出發前往，原本他對古代藝術不甚感興趣，但一旦踏入藝術國度，受到環境影響，發現古典雕塑。像當時眾多畫家一樣，他開始畫義大利文藝復興時期畫家的作品草圖。漸漸萌生對雕塑藝術之興趣，抱持藝術家的好奇心與學習精神，他到佛羅倫斯、比薩、錫安 (Sienne)、波隆納旅行觀摩。

1771 年，他離開永恆之都，以「戰勝的漢尼拔從阿爾卑斯山凝視義大利鄉野」一幅畫，參加帕爾瑪 (Parma) 美術學院主辦的繪畫競賽。雖未獲得首獎，但獲得評審的特別評語：「懂得操作畫筆，表達熱情，漢尼拔的面貌和態度呈現宏偉性格」。他以西班牙王室宮廷畫家巴由學生身分參賽。受到此番鼓勵，他於 1771 年 6 月底心滿意足地歸國。

嶄露頭角

父親退休，哥雅須負擔家計。幸虧這年 10 月底接到薩拉戈薩聖母大教堂小唱詩席上方拱頂壁畫委託創作。他於次年 7 月完成畫作，收到生平首次一筆重要酬金。也在薩拉戈薩近鄰一修道院教堂，繪畫聖母生平壁畫。為一村落教堂複製一幅「教會聖父」(Les Pères de l'Eglise) 壁畫。

他漸漸小有名氣，要求冠上 "don" 的尊號，顯示其社會地位提高及經濟寬裕。從他搬進可容納九個人及僕從的寬闊新居，可看得出財務的確改善不少。在巴由家人眼中，哥雅成了結婚的好對象，主司聖斐南度美術學院的巴由，認為把妹妹嫁給前程無量的哥雅，並說服哥雅前來首都繼續發展。1773 年 7 月，哥雅與約瑟華成婚。

婚後並沒立刻在馬德里定居，因在故鄉被委託的畫作尚未完成。蒙斯是查理三世的宮廷畫家，也是聖芭芭拉皇家織錦廠主管，他相當欣賞哥雅在薩拉戈薩聖母大教堂的畫作。在蒙斯的推薦下，哥雅於 1774 年歲末攜帶妻與子，前往首都設計掛毯底圖。哥雅遂於兩年期間創作了四十幅掛毯圖樣，畫的是通俗的景象。

他受委為帕爾多 (el Pardo) 皇宮王儲餐廳製作十幅掛毯底圖，包括「陽傘」、「漫步安達魯西亞」、「玩牌者」、「風箏」、「新客棧的爭鬥」……等等。替王室效勞的恩寵也讓其家人受到餘蔭，唸完神學的小弟，很快就獲得管理教堂的職位。哥雅特別畫了一幅「聖母升天」作為祝賀。他的才藝被認同，倒是巴由有點嫉妒妹婿呢！1776 年他大膽地申

請宮廷畫師職位，但經驗不足，且年紀尚輕（才三十歲），故沒被批准。他還須完成更多的畫作，多點耐心，才能摘取那令人垂涎的頭銜。

成果、挫折

　　1780 年哥雅成為馬德里皇家藝術學院成員後，回到薩拉戈薩，被委託繪製聖母大教堂圓頂壁畫。一年之後他被要求接受巴由的修正。他不接受批評，反對別人修改其作品。他羞辱地回到馬德里，直到 1789 年，因巴由的提攜，哥雅成為宮廷畫師，他的怨氣才消失。回到首都時，就為新落成的聖方濟各大教堂繪製裝飾畫，選擇「錫安的聖伯納汀在阿方斯五世面前傳教」(Saint Bernardin de Sienne prêchant devant Alphonse V)。他感到驕傲也找回自尊，因當時其他著名的畫家亦參與此項大工程。

　　他也替查理三世弟弟唐路易斯親王一家人作畫。著名、權勢大的

▼薩拉戈薩聖母大教堂

▲聖母大教堂圓頂哥雅壁畫

部長佛羅里達布蘭卡伯爵亦向他下訂單。奧蘇納公爵 (Le Duc d'Osuna) 一家人是哥雅最喜歡的顧客，他為他們畫了一些肖像。

　　1792 年 10 月中旬，哥雅在馬德里皇家藝術學院發表他對藝術創作的理念，與蒙斯時代新古典主義的概念不盡相同。哥雅記起他的失敗經驗，他批評學制，期望美術學院能自由開放給想研讀的學生。標榜畫家需要自由、獨立，不應受限於制度規章。「對於實現一種艱難藝術的年輕人而言，追隨成規是項障礙」，宣示獨創性、自由創作意志的原則。他的論點差一票未能通過，不經過考試、評審的鑑定過程，在當時時機尚未成熟。

在安達魯西亞病重失聰

　　1793 年元月，哥雅請求兩個月的假期，到安達魯西亞調養身心。他在塞維亞得了重病，病因至今仍不清楚：梅毒？鉛中毒？到卡地茲

聖母大教堂內裝飾
天花板哥雅畫作

LA ADORACION DEL NOMBRE DE DIOS
PINTURA AL FRESCO, POR FRANCISCO DE GOYA,
PARA LA BOVEDA DEL CORETO. EJECUTADA POR
ENCARGO DEL CABILDO EN 1772, RESTAURADA EN
1991-1992 A EXPENSAS DE LA FUNDACION
NUEVA EMPRESA.

(Cadix) 商人朋友家休養，他耳鳴、頭暈、手腳麻痺，假期延長至夏天。雙手較靈活時，他寫信給一位在行政法院任職的朋友，請他在幫忙在首席宮廷畫師職位上，給予一臂之力。哥雅的野心證明他已完全康復，有能力重拾畫筆。但他的職位高升及薪俸增加之請求，沒得到國王查理四世的批准。

　　哥雅後來完全失聰對其心理打擊甚大，決定將個人靈感盡情發揮，而不受官方語言的限制。他創作十四幅小型畫作，其中有八幅關於鬥牛，其他六幅關於「全國性娛樂」(divertissements nationaux)：流動喜劇演員、木偶戲商人、馬車被攻擊、船難、火災等不同題材。大多數是汲取他的親身體驗，尤其是在塞維亞的觀賞鬥牛。

▼查理四世一家人

結識艾勃公爵夫人

1795 年哥雅替當時的年輕總理亦是皇后情人戈多伊 (Godoy) 畫肖像。在權勢圈裡被引介、認識艾勃公爵夫婦 (le duc et la duchesse d'Alba)，次年公爵於塞維亞過世。哥雅受邀到安達魯西亞的豪宅莊園，公爵夫人會彈羽管鍵琴 (clavecin) 及唱歌，是位美麗、奢華的女人，面貌平庸的查理四世皇后很羨慕、嫉妒她。哥雅替艾勃公爵夫人畫了著多層白色薄紗、配紅色腰帶、項鍊、頭飾，及著黑衣、態度高傲的兩幅肖像。這兩幅著名畫像有哥雅的題辭與名字，他極少在畫作題獻，公爵夫人是獨特的例子，顯示他們不尋常的友誼。第一幅畫右側小白狗是否影射畫家的忠誠？他亦替她畫了「搔首弄姿」、「午休」一些小型畫作。

1795 年 7 月妻舅巴由辭世，哥雅對這位在他剛起步時曾提攜他的同仁，情感錯綜複雜，後者嫉妒其名氣及攻擊他的作品脫離學院正軌。哥雅趁機請權勢龐大總理戈多伊的支持，再度申請首席宮廷畫師職位，希冀享有和巴由同樣薪俸，但被國王拒絕。不過他擊敗另一位畫家，高票當選皇家藝術學院院長席位。

▲著白色薄紗的艾勃公爵夫人

女性畫家

在艾勃公爵夫人宅第居留期間，哥雅愛捕捉匿名女性日常生活景象簡單的動作，作為素描題材，例如「泉水旁洗滌的少女」、「女僕清掃客棧」。也開始繪製政治和社會諷刺版畫「隨想集」(Les Caprices) 的畫作。

哥雅的作品「聖塔克魯茲侯爵夫人」(La Marquise de Santa Cruz)，畫的是一位著白色禮服、袒胸、頭髮配戴葡萄藤葉、優雅地躺臥著，左手扶著一把豎琴的女性。另外外表脆弱、溫柔、害羞，著白色高腰

▲津瓊伯爵夫人畫像

▲女演員安東妮亞‧札拉特畫像

禮服、飾以頭巾，有孕在身的畫作，則是戈多伊總理不幸的妻子「津瓊伯爵夫人」(La Comtesse de Chinchon)。三十九歲就香消玉殞的知名女演員「安東妮亞‧札拉特」(Antonia Zarate) 畫像，則可從畫作中透露出她憂傷的眼神。

哥雅的妻子約瑟華生了六個孩子，只有哈維爾 (Javier) 倖存下來，哈維爾的兒子 Mariano 極受哥雅喜愛，哥雅為孫子畫了不少肖像，還把馬德里的房子「聾者之屋」(Quinta del Sordo) 直接過繼給他。約瑟華於 1812 年離世，哥雅並不特別哀慟，因無深厚的情感，反而妻子愛他更深。哥雅為她畫一幅肖像，不過有些人認為畫中人物是哥雅後來一起生活的伴侶萊歐卡蒂亞‧維斯 (Leocadia Weiss)，視作畫日期 1798 年或 1814 年而定。肖像畫女性面貌樸素，似乎隱含一絲絲的哀愁、嬌憨。

目前由普拉多博物館收藏舉世聞名的「裸體的瑪哈」和「著衣的瑪哈」，當時西班牙教會禁止

裸體畫，宗教裁判所會收押作品，哥雅就被傳喚解釋這兩幅畫的創作動機。大家紛紛猜測畫中人物是誰，傳說是艾勃公爵夫人。事實上戈多伊委託哥雅為他情婦貝碧塔‧杜多 (Pepita Tudo) 作畫，戈多伊會視不同來賓展示不同版本畫作。創作一百年之後才公諸於世，1901 年被懸掛在普拉多博物館。

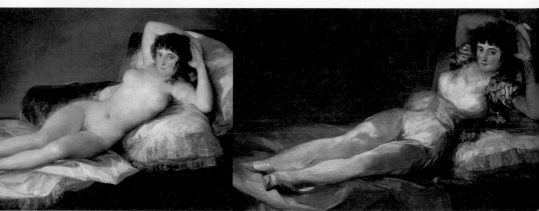

▲「裸體的瑪哈」和「著衣的瑪哈」

戰爭的災難

　　1807 年法軍跨越法西邊界，次年進入馬德里。像當時許多崇尚自由主義的同胞一樣，哥雅崇拜法國，但現在陷入困境。一方面，受到法國革命的衝擊、影響，馬德里的知識分子盼望法國人能夠實現他們期待的改革；另一方面，西班牙人的國家尊嚴受到傷害。

　　5 月 2 日馬德里發生暴動，肇因是一位法國士兵從馬背被拖下來，且幾乎被處以私刑。法國慕哈 (Murat) 將軍宣稱：「法國的血流了，我們需要報復！」任何持有武器的西班牙人——甚至是手拿刀的——必被槍斃。四百位平民——包括乞丐、工匠、修士和在市場販賣產品的農夫——皆遭到逮捕，隔日 5 月 3 日早晨被槍決。1814 年哥雅把這兩幕創作為「侵襲馬木魯克 (Mamelukes) 傭兵」，和「馬德里防衛軍的槍

決」。第一幅描繪馬德里民眾攻擊一群帝國軍隊的埃及騎兵；第二幅黑暗背景聳立著教堂，左邊是丘陵，其中一位就義者舉臂、面色恐慌，一隊士兵持槍待發，方形大燈籠的黃光照亮這一幕。

濫殺無辜事件點燃全國憤恨之心，西班牙人民爭取獨立，對抗法國占領軍隊。1808 年 12 月拿破崙的哥哥登上西班牙王位，像眾多家長一樣，哥雅向新王宣誓效忠。他繼續繪畫謀生，不過他關心的主題是戰爭，其素描簿充滿謀殺、酷刑、強姦、恐怖、饑荒、乞討等景象。1812 至 1815 年期間，他選擇

▲普拉多博物館附近哥雅雕像

八十二幅畫作歸納在「戰爭的災難」系列組，把它們轉變成銅版畫。

聾者之屋和黑色繪畫

1819 年 2 月哥雅在馬德里郊外鄉間購買「聾者之屋」(Maison du Sourd)，前屋主是個聾子。哥雅以自嘲方式稱此新居，和萊歐卡蒂亞及她的孩子一同入住，可避開首都的閒言閒語。

老邁及幽靜的鄉居生活，哥雅懷抱宗教情操。正巧聖安東 (San Anton) 教會學校的皮亞斯 (Pies) 教派修士，委託他為榮耀創立者聖約瑟夫，創作一幅「卡拉桑茲聖約瑟夫最後的聖餐」(La Dernière Communion de Saint Joseph de Calasanz) 懸掛祭壇的巨畫。他欣然接受，年輕時曾在故鄉此教會學校就學過，且聖約瑟夫亦來自亞拉岡地區。七十三歲風燭殘年、生病、死亡縈繞，抱持宗教信仰，哥雅此時

的心境使這幅畫成為十九世
紀歐洲宗教藝術最重要的傑
作之一。他歸還部分已收到的
畫款，且另外贈送一幅「耶穌
在橄欖山」小畫作給修士。

　　這一年歲末他大病一場，
以為死神將來召喚，幸虧朋友
亞利雅達醫生 (Dr. Arrieta) 的

▲瓷磚畫像

悉心照料才逃過鬼門關。哥雅畫了一幅「與亞利雅達醫生的自畫像」
以表達感激之情。

　　經過這場大病之後，他專注於新居樓下兩間及樓上一間直接繪於
牆上的壁畫，成了十四幅著名的「聾者之屋的黑色繪畫」。把縈懷他的
夢魘，自由發揮地獄般、殘忍的世界視野：「巫魔會」、「噬子的農神」、
「身陷流沙中的狗」、「男人們在閱讀」、「女人們在笑」、「惡魔阿斯莫
迪亞」(Asmodea)、「棍棒決鬥」、「聖伊吉多爾的朝聖之旅」、「茱蒂絲
與赫諾芬納」(Judith et Holopherne) 等。「聾者之屋」於 1909 年被摧
毀，黑色繪畫被移到普拉多博物館。

流亡法國

　　反抗法國占領的西班牙獨立戰爭，1813 年 6 月法國軍隊終於從西
班牙撤退。次年拿破崙承認斐迪南七世是西班牙國王，流亡法國的後
者終於得以歸國。他宣稱在卡地茲 (Cadix) 成立的國務會議及 1812 年
成立的自由憲法為非法、無效，企圖恢復君主專制。幾年內換了數位
總理，自由派官員聲明恢復 1812 年憲法。西北部加利西亞地區爆發多
次叛亂，響應 1812 年護法，逐漸蔓延到全國。斐迪南七世被迫接受自
由憲法。

　　自由政權驅逐耶穌會修士，關閉大部分修道院，把教會財產改為

俗用，廢除宗教裁判所。斐迪南無法忍受他所採用的政策一一被取消，於是轉向法國求援。後者於 1822 年，決定派遣號稱「神聖同盟」或「聖路易（路易九世）的子孫」十萬名遠征軍，到西班牙復辟君權專制。

　　面對局勢，哥雅沒公開表明立場，但暗地傾向自由派。1823 年 8 月底神聖同盟軍隊在卡地茲打了勝仗。斐迪南準備壓抑自由派人士。哥雅決定把「聾者之屋」直接過繼給十七歲的孫子，獨子哈維爾擔憂哥雅把此屋贈與同居人維斯家庭，才催促父親作此決定。

　　直到 1823 年冬季，哥雅還可照領宮廷畫師薪俸。但從翌年元月起特別軍事法庭時常啟用，追捕自由派人士。書報、誹謗性的短文、抨擊小冊子皆受到審查。教堂積極配合鎮壓政策，西班牙籠罩在恐怖陰影下。哥雅規劃離國，他給國王去信，請求批准到法國養病且保留宮廷畫師完整薪俸。獲得皇恩允許，哥雅於 6 月單獨動身。

定居波爾多

　　七十八歲身體虛弱的耆老，不會講一句法語，但是很高興能發現世界。6 月底抵達巴黎，與親友會面。法國政府關注他的行蹤，監視是否與自由派思想者接觸。兩個月之後，哥雅來到波爾多 (Bordeaux) 與萊歐卡蒂亞一家人會合、居住。由於兩人年齡相距懸殊，他可當她的父親，甚至祖父。相處並非十分融洽，她年輕愛找樂子，無法在居所安靜過日子。哥雅很寵她，老夫常陪少妻外出，弄得疲憊不堪。

　　他們觀賞馬戲團表演，出入劇院，

▲哥雅自畫像

到一家西班牙人開的巧克力店，與流亡同胞談時事、話家常。

　　已有一段時日他對石版畫感興趣，與石印圖畫專家聯絡，想把他熱衷的鬥牛術刻在石版上。不過其想像力還是被「隨想集」的虛幻、存心不良人物或其犧牲者縈繞，他再度創造修士、乞丐、女巫、醜陋的老女人、囚犯等角色。流放異國、精神上無依無靠，感覺被遺棄，才湧現這些思潮。

　　他的病假延長至六個月，但兒子一家人音訊全無，令他急躁不安。工作過度和操心，1825 年 5 月他病得很嚴重。此時兒子才打破沉默和冷漠，哥雅向國王請求再度延期一年法國居留。懷念祖國、期待與家人見面，尤其是情有獨鍾的孫子，另一方面是，已屆八十高齡，想著手辦理宮廷畫師退休程序。哥雅於 1826 年 5 月底到達馬德里。鑑於其歲數及對王室多年的效勞，斐迪南接受其請願，允准保留原有薪俸，他心滿意足、精神抖擻地回到法國。

　　在波爾多搬了數次家，有一次在聖塞漢大教堂 (Saint Seurin) 附近。從樓上窗戶，他可觀察從酒吧和咖啡館走出來的妓女；出入鄰近無數教會組織的修士，亦是他注意的目標。敏銳的洞察力及好奇心，他從街景汲取人物草圖素材。從最後的居所的四樓，他觀看每天清晨坐在騾車上送奶的女僕，以寫實手法來描繪現實生活中的情景，創作最後一幅著名的「波爾多的送奶女僕」畫像。

告別人世

　　雖然已經八十一歲，哥雅趁著一位親戚遠赴馬德里之際與他同行。歡欣喜悅見到二十一歲的孫子，提起畫筆替他畫像。知道來日不多，1827 年哥雅努力作畫，主要是素描、圖畫。石版畫成了他的熱愛。與萊歐卡蒂亞一家人的生活無法完全滿足，他邀請兒子一家人來波爾多住上一陣子，尤其一度輕微中風後，更是殷切盼望。1828 年 3 月底，媳婦與孫子來到波爾多，兒子藉口事務繁忙無法同行。4 月 1 日午餐

時，哥雅感到不適，臥床休息。隔日醒來時身體右側麻痺，是見到媳婦與孫子的情緒激動，或是失望未能見到兒子？

　　接連幾天病情變壞，兩個家庭和幾位忠誠朋友陪伴或不時探望，哥雅於 4 月 16 日離開塵世，根據生前意願，著棕色修士袍入殮。1919 年其遺骸才回歸祖國，被安葬在馬德里佛羅里達的聖安東尼教堂 (San Antonio de la Florida)。

薩拉戈薩哥雅博物館

　　2016 年 6 月從法國進入西班牙，薩拉戈薩是我們第一個停歇的城市。到此城就會想起哥雅，聖母大教堂旁邊大廣場，聳立哥雅巨大黑色雕像，不過對於喜愛攝影者而言不容易拍照。不遠處有哥雅博物館，文藝復興時期貴族豪宅，成為世界級多產、天才畫家的展示館。館內建築四方形內院 (patio) 的雕刻石柱是藝術瑰寶，館內二樓展覽哥雅全部雕塑作品，要有時間與耐心才能慢慢瞭解與欣賞。逾六十五歲者可

▼哥雅博物館告示牆

▲博物館內院精美石雕

免費參觀。

此外薩拉戈薩博物館，除了展示考古物品，也有哥雅的畫作。當然馬德里的普拉多博物館不可錯過，齊聚他的多幅名畫：「查理四世一家人」、「侵襲馬木魯克傭兵」、「馬德里防衛軍的槍決」、「裸體的瑪哈」、「著衣的瑪哈」等。創立於 1752 年的聖斐南度皇家藝術學院博物館 (Le Museo real Academia de Bellas Artes de San Fernando)，除了哥雅的作品外，亦展列維拉斯凱茲、里貝拉、繆利尤、坎諾（Cano, 1601～1667，集畫家、建築師、雕塑家於一身，有西班牙米開蘭基羅之稱）、魯本斯 (Rubens) 等人作品。

和法國的博物館相較，西班牙很多博物館星期日免費參觀，例如馬德里的美洲博物館，國家考古博物館則是星期六下午及星期日，薩拉戈薩博物館則是完全免費；其他博物館常有老人優待票（普拉多博物館）或免費。鼓勵民眾接觸文化、藝術政策，令人拍手鼓掌。反之，法國極少老人優待票或免費，幾乎無整個博物館是免費的。

▲法雅照片

從印象派到西班牙風格的音樂家：法雅

志向的醞釀

　　安達魯西亞卡地茲港一個資產階級家庭，1876 年 11 月 23 日曼紐艾‧德‧法雅 (Manuel de Falla) 誕生於此，他可能是西班牙最偉大的音樂家。祖籍瓦倫西亞，其父是商人，母親是業餘的鋼琴家。

　　童年時的法雅不是那種早熟的天才，內向、沉默寡言、愛幻想，豐富的想像力培養其創造樂趣。身體孱弱無法上學，父母請來家庭教師，教導他和妹妹卡門 (Maria del Carmen)。八歲時會彈奏只聽過一次搬家工人哼唱的曲子，母親決定當兒子的音樂啟蒙老師。他幼年時沉浸在音樂氣氛濃厚的環境：祖父會以風琴彈歌劇名曲，尤其是母親時常彈貝多芬及蕭邦的曲子。至於父親，則酷愛義大利歌劇。

　　在卡地茲博物館聆聽的交響樂給法雅留下深刻的印象。母親陸續請來音樂老師，教他樂理、和聲學和一些對位法基礎 (contrepoint)，讓他學會作曲的基本知識。小法雅竟然會作鋼琴曲、組曲和小步舞曲。他數次與母親一起公開演奏。十二歲時首度單獨演奏。

　　青春期時，法雅家結識一位獨特的商人，此人是業餘中提琴家，也熱愛收集各種樂器，家中圖書館有大量關於音樂的書籍。他和法國音樂家聖桑 (Camille Saint Saëns, 1835～1921) 是朋友，後者來西班牙時會來拜訪他。此音樂愛好者成了法雅的守護神，他們兩個有時會花整天功夫共同演奏。他不僅鼓勵法雅作曲，亦在家定期請來業餘音樂家演奏法雅的曲子。無疑地，因聖桑給他的激勵與信心，羞怯的青少年才能確認志向，恬靜地勇往直前。

　　他的作曲傾向室內樂。對這位港口孩子，大海極具吸引力，他經常夢想哥倫布的壯舉。法雅去馬德里拜師鋼琴大師，時常前去學習。十五歲時對華格納樂曲感興趣，於是著手改編其樂譜。詳細研究，專注分析，是最佳的音樂訓練。擷取、吸收他人的經驗，摸索出一條路，

發展自己的風格，這不是創造者的特質嗎？所有的創造者可說是自學成功者。「以貪婪的好奇心，分析對我有益的作品，基於秘密的相似和隱隱的嚮往，有朝一日實現願望，雖然艱辛但是可行。」這是法雅青春期的心態。

▲故鄉卡地茲教堂

馬德里皇家音樂學院

　　由於到馬德里次數頻繁，法雅父母決定為兒子前途搬到馬德里居住。成功通過幾次競賽，被音樂學院院長允准免上一些課程，兩年內法雅完成一般學生七年才通過的課程。1896 年他考過五年必修課程；次年通過兩年的課程，獲得鋼琴考試首獎。他進入音樂學院時已近二十歲，因在故鄉已打下良好的音樂基礎，且勤練鋼琴，故在音樂學院駕輕就熟。達哥 (José Trago) 是位傑出的鋼琴老師，曾到巴黎高等音樂學院拜師蕭邦的學生馬狄亞斯 (Georges Mathias)。達哥讓學生練習西班牙十八世紀托卡塔曲 (toccata)，這影響法雅後來扎爾哲拉斯作曲（zarzuelas，一種有歌唱和朗誦的西班牙音樂歌劇）。學生亦大量研習蕭邦、貝多芬、巴哈、舒曼和葛利格 (Edward Grieg, 1843～1907) 的作品。

　　他是否想成為鋼琴演奏家？總而言之，他意圖到巴黎繼續拜師。像馬德里皇家音樂學院極具天分的學生一樣，法雅嚮往音樂聖地巴黎。在家鄉鄰居家中圖書館認識、熟悉了一些法國作曲家，他也是馬德里樂譜圖書館的常客，這一切加深法國對他的吸引力。成為鋼琴演奏高

手並非他最終追求的目標，分析管弦樂和歌劇作品是想去巴黎的主因，因在馬德里無法經常聆聽這些音樂。在馬德里時他創作三個曲子：華爾滋隨想曲 (Valse Caprice)、夜曲 (Nocturne)、安達魯西亞小夜曲 (Sérénade andalouse)。

一位西班牙人在巴黎（1907～1914 年）

「一切有關於我的職業，我的祖國，是巴黎。」是巴黎居留對法雅音樂風格影響的深刻寫照。

在法國最初一個月，他充當一個啞劇團的鋼琴師，到東部、北部巡迴表演，賺點外快。老年時還回憶此奇妙的經驗，與演員的博愛相處，他們對民俗藝術之專精及敬業精神，令他感動。認為舞蹈是介於吉普賽藝術與滑稽劇之間。

他起初住在巴黎十六區一家小旅館，在閣樓房間放他的鋼琴，到附近飯店用餐。後來五年時常搬家，想尋找一清幽環境以利作曲。

與作曲家互切互磋

1897 年以《魔術師的弟子》(l'Apprenti sorcier) 交響詩一舉成名，杜加 (Paul Dukas, 1865～1935) 的管弦樂曲後來成為迪士尼卡通影片《幻想曲》(Fantasia) 大受歡迎，尤其由米老鼠演的笨拙學徒。他是位嚴謹的作曲家，因為完美主

▼卡地茲西班牙廣場，1812 年西班牙創立憲法紀念建築

義的個性，晚年毀掉許多不滿意的作品，在巴黎音樂學院當作曲和管弦樂配樂教師。

　　法雅去拜訪杜加，彈奏其作品《人生短暫》(la Vie brève)。杜加的評論是「此作品值得在巴黎喜歌劇院演奏！」獲得當時最苛求的作曲家之一的讚賞，無疑給法雅打了一劑強心針，他對歌劇作曲信心大增。杜加指示一些修正，減輕某些節拍。鼓勵他朝自己的藝術風格發展。杜加安排他與另外一位西班牙鋼琴家兼作曲家亞班尼茲 (Isaac Albéniz, 1860～1909) 見面相識。法雅再度彈奏《人生短暫》，亞班尼茲與他惺惺相惜。前者曾拜師杜加學習管弦樂作曲，其抒情戲劇曲優於當時許多西班牙作曲家。作品在倫敦抒情戲劇院成功演出。

拉威爾

　　一位馬德里朋友的介紹信，法雅認識一位優秀的鋼琴家維尼耶斯 (Ricardo Viñes)。後者是德布西 (Claude Debussy, 1862～1918)、亞班尼茲、拉威爾的捍衛者。「十分親切和聰穎」是維尼耶斯對法雅的初次印象。在維尼耶斯家裡，法雅與拉威爾 (Maurice Ravel, 1875～1937)、史密特 (Florent Schmitt)、德拉哲 (Maurice Delage)、曼紐艾 (Roland Manuel) 等音樂家相會。此段時期，拉威爾正閉門謝客創作《西班牙時刻》(l'Heure espagnole)。音樂家聚會免不了各彈一些曲子。法雅很高興大家歡迎其作品，十分感激維尼耶斯。

　　維尼耶斯是加泰隆尼亞人，年輕時就來巴黎音樂學院。與拉威爾是同學，他們成為密友。他是藝文小俱樂部「阿帕契」(Apaches) 的重要會員，法雅不久亦參與。數年期間每星期六晚上，若時間許可，法雅定會去參加聚會。期望有朝一日能舉行巡迴音樂會，法雅教鋼琴、伴奏歌手以賺取生活費。有機會彈奏德布西、修頌 (Chausson)、都帕克 (Duparc)、佛瑞 (Fauré) 的曲子。這些經驗是後來依高第耶 (Théophile Gautier) 詩作，激發創作三首樂曲 (Trois Mélodies) 之靈感。

在「阿帕契」俱樂部，法雅與拉威爾成為朋友。兩人皆沉默寡言、靦腆，有一個秘密的內心世界。1907 年法雅抵達巴黎那一年，拉威爾被西班牙縈繞；他剛完成《西班牙狂想曲》(Rhapsodie espagnole)，正竭力創作抒情喜劇《西班牙時刻》。法雅有機會欣賞拉威爾彈奏自己的作曲，驚歎拉威爾作曲的完美技巧，此後向他多方學習。

《西班牙狂想曲》即將公開示眾，法雅目睹拉威爾如何創作管弦樂曲。後者如何輕而易舉地想像和進行組合管弦樂，其西班牙風味超越伊比利半島至今所有的作曲家。他記憶深刻，往後常回想。其中有一段「哈巴涅拉舞」(Habanera，源自古巴哈瓦那)，西班牙早就不流行了，法國觀眾卻仍十分熱衷，認為是音樂象徵。

▼從法雅故居眺望格納達

德布西

聲望如日中天的德布西 (Claude Debussy, 1862～1918) 遲遲未與法雅見面，在杜加的引介下他才聆聽法雅彈奏《人生短暫》。驚訝這優美的作曲，擔保未來將幫助和支持他。

從未去過西班牙的德布西，從書本、歌曲、舞蹈中認識它。1889年與杜加去參觀巴黎的世界博覽會之際，聽到異國音樂之心靈悸動，開拓其視野，是他喜愛西班牙音樂之緣由之一。他創作西班牙音樂，「夜晚的芳香」(les Parfums de la nuit)、「酒門（阿爾罕布拉宮的紀念建築）」(la Porte du vin)、「格納達的夜晚」(la Soirée dans Grenade) 等。

在巴黎找到靈感

居留巴黎七年期間，法雅曾與一位小提琴家和中提琴家到西班牙北部巡迴演出，他們先在馬德里練習一星期。法雅很開心見到雙親，但不喜歡西班牙首都沉悶的音樂氣氛，尤其在巴黎住過幾年之後，他變成比巴黎人更巴黎化。

1908 年元旦，波利里亞克公主 (la Princesse de Polignac) 家中沙龍舉行亞班尼茲的「伊比利亞」(Iberia) 初次演奏。這場音樂會之後法雅有所感觸，從紙箱拿出以前創作的鋼琴獨奏「四首西班牙樂曲」(Quatre Pièces espagnoles)：「亞拉岡沙」(Aragonesa)、「古巴那」(Cubana)、「蒙塔涅沙」(Monanesa)、「安達魯扎」(Andaluza)。修改、潤飾之後，1909 年 3 月底，國家音樂協會贊助的音樂會演奏此作品。作曲初演成功，法雅驚喜接到一封信函，出版商提及樂意把樂譜付梓，原來杜加、拉威爾和德布西皆一致推薦。作曲出版讓法雅的創作熱誠持續許久，他相信已在巴黎找到靈感與藝術價值。

史塔文斯基

狄亞吉雷夫 (Serge Diaghilev, 1872～1929) 是俄國芭蕾舞團經紀

人，在 1909 年元旦里斯基‧柯薩科夫 (Rimsky Korsakov) 眾多學生舉行一場追悼大師音樂會時，他注意到輓歌作曲家史塔文斯基 (Igor Stravinsky, 1883～1971)。一個月之後他又著迷這位作曲家的兩首曲子：《神奇諧謔曲》(Scherzo fantastique) 和《煙火》(Feu d'artifice)。一直在尋求新才能，他起初向史塔文斯基訂購把蕭邦《華麗華爾滋》(la Valse brillante) 和《夜曲》兩首組成管弦樂。

柯薩科夫委託史塔文斯基把俄羅斯古老傳奇《火鳥》(l'Oiseau de feu) 創作成芭蕾舞曲，後者數月之後完成就動身赴巴黎。排練在熱忱、興奮的氣氛下進行。法雅觀賞芭蕾舞首演，聆聽此有特色的管弦樂，現代的管弦樂但蘊含里斯基‧柯薩科夫的音樂色彩。

1913 年創作的《春祭》(le Sacre du Printemps) 和《火鳥》，史塔文斯基在音樂風格起了大革命，成為當時先鋒派的作曲家。《火鳥》創新的結構展現一種國際語言。

人生短暫搬上舞臺的崎嶇路程

法雅於 1904～1905 年創作的抒情劇《人生短暫》，1905 年 9 月中旬獲得西班牙皇家美術學院聖斐南度 (San Fernando) 獎賞，附加條件是學院保證作品未來將在馬德里的劇院公演。但在法雅 1907 年離開西班牙之前一直未演出。

杜加和亞班尼茲皆期望《人生短暫》能在巴黎喜歌劇院上演。當務之急是把它編譯

▼法雅格納達故居博物館指示

成法文劇本，法雅被介紹與巴黎抒情劇音樂圈舉足輕重的一位歌劇劇本作者米勒 (Paul Millet) 見面。後者訝異於優美的管弦樂，於是推薦給喜歌劇院經理。他亦讚賞此作品，但沒立刻允諾上演。由於喜歌劇院對於外國歌劇預算有限，《人生短暫》上演機會落空。法雅致此劇西班牙文劇本作者蕭 (Carlos Fernandez Shaw, 1865～1911) 的信件中談到他的心情：處之泰然，有關藝術的一切，學習大師們認命和淡泊的精神。

1911 年春天，拉威爾的《西班牙時刻》終於搬上舞臺，法雅是首演的一名專注的觀眾，他又學到一些管弦樂的創作技術。

音樂評論家歐布利 (Georges Jean Aubry, 1882～1950) 是許多作曲家的朋友，也是康拉德 (Joseph Conrad, 1857～1924) 的朋友，傳記作者及其著作法文譯者，曾在倫敦居住十一年。這一年 5 月 24 日，歐布利陪伴法雅和一位鋼琴家到倫敦。因法雅的《四首西班牙樂曲》將登陸英國在一場音樂會中演奏。這趟倫敦之行使他和歐布利友誼長存。

從倫敦歸來不久，米勒告知布魯塞爾劇院經理對《人生短暫》感興趣，雖然沒聽過音樂。他們立即趕到布魯塞爾，但幾個月之後希望落空，雖然當初見面時劇院經理透露一絲希望。米勒把《人生短暫》的法文劇本寫得很有藝術風味，法雅同意有朝一日公演時作品介紹如下「保羅·米勒根據卡洛斯·斐南德茲·蕭的作品改編的抒情劇，曼紐艾·德·法雅作曲」。

1913 年 4 月 1 日此抒情劇終於在尼斯市立娛樂場 (Casino) 首次公演。明白法雅的謙虛性格，杜加告誡他，不要因演員最後關頭要求更改某些段落而退讓，要堅定立場，完整演奏原創樂曲。管弦樂隊成功演奏，法雅感到幸福，且信心倍增。此抒情劇上演三星期，且每晚皆客滿。

1914 年 1 月 7 日亦在巴黎喜歌劇院上演。之前經過一番波折，因夜場要表演另外一個義大利劇，故兩首劇曲皆須刪減一些。樂隊指揮

▶「魔幻之愛」一頁樂譜

安撫法雅失望，後者同意修改。巴黎首演極成功，不僅樂曲受到讚賞，法雅也上臺謝幕許久。1914 年在馬德里表演。1926 年在紐約上演。

歸國

沉醉在漫長路途盡頭的初次成功，法雅想定居巴黎，接父母與妹妹來。已在郊區找到房子，但 1914 年 8 月 3 日第一次世界大戰爆發。9 月初戰火逼近巴黎，法雅的朋友不是從軍就是已離開巴黎。烽火不致蔓延的最後一線希望破滅，他不得不歸國。

魔幻之愛

一位著名的佛朗明歌舞者茵貝里歐 (Pastora Imperio)，在馬德里觀賞《人生短暫》之後，留下優良印象，她想認識作曲家，急於委託他創作《一種吉普賽音樂》的小樂曲，讓她盡情發揮舞技和舞姿。著迷於這位性感尤物，可能暗戀她，法雅輕易被她說服，答應創作一幕的舞曲。1915 年 4 月 15 日於馬德里的 Lara 劇院上演，雖然演出並不十分成功，但持續一個月。茵貝里歐一家人皆上臺表演。

聽了吉普賽音樂之後，唯有歌唱家梅亞納 (Paco Meana) 有先見之明，瞭解此作品之重要，預言道這首樂曲將傳播世界。《魔幻之愛》(l'Amour sorcier, El Amor brujo) 後來在西班牙音樂占一席之地，也使他聞名於世。

隔年，在創作過程中與劇本作者、劇作家馬丁奈習耶哈 (Gregorio Martinez Sierra) 數次討論，成了交響樂。1916 年 3 月 28 日馬德里交響樂團成功演出。1925 年 5 月 22 日巴黎演出亦受到熱烈歡迎。

劇情是一位漂亮、熱情洋溢的吉普賽女郎坎得拉斯 (Candelas)，往昔愛上一位凶惡、好嫉妒、風流，但有魅力、溫存的吉普賽人。雖然與他在一起很不快樂，但深愛他，對其過世痛哭流涕且忘不了他：一種催眠夢境，一種病態、恐懼、驚慌的暗示。她害怕他的魂魄會糾

纏她。她束手無策，雖然有一位英俊、殷勤、愛她的男子卡門羅 (Carmelo) 追求她。

　　苦於被過去縈繞，坎得拉斯找到藥方，讓她過去放蕩情人的亡魂去追求她的美麗好友露西亞 (Lucia)。多情種子，前者受不了誘惑，但露西亞讓他絕望。坎得拉斯終於接受卡門羅的愛情，生命的力量戰勝死亡與過去。情侶的互吻驅逐了幽靈的不祥影響，愛情戰勝了它。

三角帽：法官和磨坊主的妻子

　　狄亞吉雷夫很早就想委託法雅創作芭蕾舞曲，1917 年俄國芭蕾舞團來到馬德里。狄亞吉雷夫和俄國舞蹈家馬欣 (Massine) 去格納達參觀阿爾罕布拉宮 (l'Alhambra)。法雅向狄亞吉雷夫介紹西班牙的民間故事「法官和磨坊主的妻子」(le Tricorne: Le Magistrat et la meunière, El Corregidor y la molinera)。後者曾在馬德里劇院觀賞此劇的演出，1917 年啞劇舞蹈的版本是室內樂。他深感興趣，希望以芭蕾舞演出，請法雅修改為交響樂。1919 年

▲「三角帽」樂譜封面

7 月 22 日在倫敦劇院首次演出，馬欣舞蹈，畢卡索布景、服裝設計，法雅音樂，樂隊指揮皆是一流。觀眾反應熱烈，掀起倫敦民眾熱愛西班牙舞蹈，馬欣晚年時仍然認為這是他舞蹈生涯最成功的表演。

　　劇情：故事發生在安達魯西亞一家磨坊，一位老法官愛上磨坊主人的妻子，先藉口把他抓起來。夜晚時分，老法官偷偷摸摸想潛入磨坊主人的臥室，卻不幸掉入河裡弄濕衣服。磨坊主人的妻子被驚醒、嚇跑。老法官把濕衣物掛在樹上，就進入磨坊主人的臥房。逃回家的磨坊主人，以為妻子與老法官偷情，決定報仇。於是穿著老法官的衣服，去勾引後者妻子。老法官醒來時發現衣服不見了，只得穿上磨坊

主人的。警衛來逮捕逃犯，錯把老法官當作磨坊主人。尋夫不成回家，
磨坊主人的妻子加入爭打。此時趕回來的磨坊主人，亦插手以保護妻
子。老法官解釋事情的來龍去脈；群眾以圍毯把他擲空，用來懲罰、
嘲弄他。故事最後以喜劇收場。

定居格納達　1920～1939

　　1919 年法雅雙親相繼過世，對馬德里無特別眷戀，決定搬到他喜
愛的安達魯西亞格納達定居。山上白色小屋離阿爾罕布拉宮和國營旅
館 Parador 皆不遠，山腳下格納達呈現眼前。在這清靜的環境，他早
上作曲，晚上接待客人。為週期性的關節炎所苦，時常祈禱。這是在
巴黎感染的梅毒，導致他憂鬱、神經衰弱。

　　他認識一位年輕詩人兼音樂家羅加 (Federico Garcia Lorca, 1898～
1936)，和這位晚輩，他們除了熱衷音樂外，亦喜歡木偶戲。1923 年
元月初期，在羅加父母宅第，舉辦了一場大型木偶戲，羅加寫戲詞，
法雅作曲。前者於 1931 年創立「巴哈卡」(Barraca) 大學劇團，目的
是讓戲劇深入民間，1936 年西班牙內戰（1936～1939 年）初期解散。

　　終身未婚無子，法雅把羅加視同親子。因家族仇隙而非政治理念，
1936 年羅加被逮捕，草率槍斃，遺體被拋棄在公共基穴。法雅曾去軍
政府替他求情，羅加之死，對法雅來說打擊甚大。

向音樂家致敬

　　1918 年德布西過世，法雅創作《吉他輓歌》向他致敬。
　　杜加於 1935 年 5 月 17 日往生，《音樂期刊》創辦人請作曲家為紀
念大師逝世作曲。次年《音樂期刊》專輯以《保羅·杜加的基地》為
題，刊載多位作曲家的作品。法雅創作《生命之希望》(Spes Vitae)。
　　1937 年 12 月 28 日拉威爾辭世時正值西班牙內戰，好友驟逝讓他
哀慟、憂傷。這年 8 月另外一位作曲家胡塞爾 (Albert Roussel) 亦先走

了。《音樂期刊》要出版紀念專集，一年之後五百頁的特刊終於付梓。1937～1939 年期間，內戰引起的煩躁不安，加上痼疾復發，他陷入嚴重的憂鬱症，除了追悼作曲家友人的小品作曲外，沒什麼大創作。

未完成的作品「亞特蘭提斯」

　　「亞特蘭提斯」(Atlantide) 意謂大西洋島，一個沉沒的王國，柏拉圖首先提到它。從中古世紀起興起對此傳說的熱潮，神話誕生解說紛紜，有些人相信它真正存在過。虛構或是真實，總而言之，「亞特蘭提斯」成為文學和藝術的題材，尤其是有關神奇和奇幻的故事。

　　1926 年法雅五十歲，這一年亦是加泰隆尼亞重要詩作〈亞特蘭提斯〉創作五十週年紀念，作者是位極富愛國情操的神父詩人威達桂 (Jacinto Verdaguery Santalo, 1845～1902)。西班牙學院舉辦的慶祝典禮

▼格納達法雅博物館

請來西班牙文譯者（原文是加泰隆尼亞文）朗誦片段。詩作之美震撼法雅，取來原文研究，決定將來作曲。

這首宏偉的抒情詩，混合希臘神話、基督教傳奇和歷史象徵。慶祝伊比利民族之重要，在善惡之戰、文明對抗野蠻，它的救贖任務。哥倫布獨特的命運完成此戰鬥使命，詩人眼中，哥倫布的地位與貢獻是唯一無二的，他實現神旨，把基督的啟示傳播到大西洋的另一岸。

1939 年法雅與妹妹移民阿根廷，他的經濟情況並不好。在布宜諾斯舉行音樂會，努力創作樂曲《亞特蘭提斯》。次年離開首都到一村落 Alta Gracia 租屋。1945 年 3 月拒絕西班牙政府提供每月給付四年期間未付的版稅，因擔憂政治利用，其回答是：除非其他流亡國外的西班牙藝術家也能獲取他們的著作權。他健康惡化幾乎無法創作，1946 年 11 月 14 日與世長辭，遺體於 1947 年 1 月 9 日在隆重的葬禮中被移至卡地茲大教堂。

十八年期間法雅斷斷續續創作，但未竟的作品，由其得意學生哈弗德 (Ernesto Halffter, 1905～1989) 花了八年的時間，才把《亞特蘭提斯》完成。1961 年 5 月 3 日在布宜諾斯的劇院首演。哈弗德很驕傲能拜師法雅，除了音樂方面，最難能可貴的是向他學習藝術家履行使命的典範。他記得大師的座右銘：「信念和個性使然，我反對只圖私利的藝術。不虛榮亦不傲慢，為他人勤奮努力。如此，人們可藉由藝術實現高貴和美好的社會任務。」

法雅的聲名不僅享譽歐洲，更是一位國際級的音樂大師，尤其在阿根廷，布宜諾斯的音樂學院、一座博物館及科多巴一美麗廣場，皆以他為名作為紀念。

▲卡哈爾照片

西班牙的科學之光：聖迪亞哥‧荷蒙‧卡哈爾

2009 年 7 月，我們來到亞拉岡自治區中的索斯德爾雷卡托利科 (Sos del Rey Católico)，目的是想參觀天主教君主斐迪南誕生的宮殿。抵達 Parador 旅館櫃臺時，外子詢問聖迪亞哥‧荷蒙‧卡哈爾 (Santiago Ramón y Cajal) 故鄉貝地亞 (Petilla de Aragon) 事宜，櫃臺小姐告知有故居博物館，但不知開放時間。外子因醫學院大一組織學、大四神經學課程，故對卡哈爾非常感興趣。我們決定去一探究竟。

開了二十公里平路，二十公里不甚高的崎嶇山路，終於到了偏僻村落貝地亞。可惜故居博物館關門，週末才開放，決定明年再來。隔年 6 月初終於如願以償，我們是唯一的參觀者，可慢慢細看解說。樹

▼貝地亞卡哈爾故居博物館

櫃內有卡哈爾使用的照相器材（其業餘嗜好）及醫學研究儀器，牆上布置多幅他手繪的神經組織多樣圖案，放映室掛有對卡哈爾研究生涯有助益、影響的幾位醫學教授照片，德國柯利克 (A. Kolliker, 1817～1905)、義大利高爾基 (Camillo Golgi, 1843～1926)、比利時格胡克頓 (A. van Gehuchten) 等。出生在西班牙一窮鄉僻壤，到獲得諾貝爾生理學或醫學獎，卡哈爾對人類的貢獻令人肅然起敬，點燃我探究天才心路歷程之熱情。

父親是啟蒙老師

卡哈爾於 1852 年 5 月 1 日誕生於亞拉岡貝地亞，父親胡斯多 (Justo) 是鄉村外科醫生（相當於當今的護士，可動小手術）。年輕貧窮使他無法完成醫學學業，結婚生子之後，省吃儉用，精力充沛的他，

▼幻燈片放映室

勤奮苦讀，終於完成高貴的志願：成績優異獲得醫生文憑，成為一名真正的外科醫生（卡哈爾七歲時）。卡哈爾遺傳父親的個性：相信意志力、工作與努力，可磨練性格和塑造一切，無論是從肌肉到大腦，皆可克服天生的缺點。父親的榜樣、心態對孩子未來的教育、嗜好產生深遠影響。

　　卡哈爾兩歲時就離開故鄉，父親陸續在亞拉岡三個小鄉鎮執醫。他四歲時入學，真正的啟蒙老師是父親，除了讀寫外，還教導地理、物理、算術和文法等的基本概念。喚起孩童的好奇心和助長智力發展，是胡斯多最大的樂趣，他以智慧的助產醫生而引以為傲。認為無知是最大的不幸，教育是最高尚的職業，一有機會也教導其他的小孩。卡哈爾還記得六歲時，在牧羊人荒廢的一個洞穴，父親開始教他法文。父親的熱忱加上小孩的用功，卡哈爾進步神速，不久就可書寫。我不禁想起音樂神童莫札特的教育家父親。

叛逆的青少年

　　八、九歲時他開始喜愛畫畫，紙張、書本、牆壁、大門皆是他繪畫的材料，什麼都畫，包括戰爭景象及鬥牛。一有零用錢就買紙與畫筆，但在家中不能盡情作畫，因父母認為繪畫是種不該做的娛樂。於是走到戶外，坐在路邊，畫馬車、馬匹、村人。父親缺乏藝術涵養，厭惡一切裝飾或娛樂性質的文化。

　　他把兒子的圖畫拿給來到鎮裡的一位灰泥匠兼裝飾師作評估，沒藝術才華的結論像是美術學院的宣布。從此家人決定兒子將來要學醫，告別成為大畫家的夢想！

　　十歲時，父親想把他送去一個教拉丁文著名的學校。兒子在家庭會議中抗議，覺得有學習繪畫的意願，想去大城市的藝術學校。不喜歡醫學，對拉丁文一點也不感興趣。父親告訴他藝術家不成功的故事，一些自認為有天分的畫家、作家、音樂家，後來只是成為賺錢不多的

歷史畫作師、挨餓的記者或鎮公所的辦事員、失敗的鄉村風琴師。父親允諾他成為醫生後，就可學畫。

　　卡哈爾寄住在哈卡 (Jaca) 舅父家，進入一家修士主辦的學校學習拉丁文。他厭惡學校，上課總是心不在焉，當然成績低落。卡哈爾後來寫自傳時，分析他不喜歡拉丁文、語言學、文法等古典學科的原因，認為當時心智尚未成熟，只想到大自然探險。

　　十二歲時轉學到胡埃斯嘉 (Huesca) 一家學校。弟弟彼得（Pedro，後來成為薩拉戈薩大學醫學院教授）亦來到同一學校，他乖巧、上課專注、勤奮用功、做事細心，雖然有藝術愛好，但是以學業為主。擔心老大叛逆、不循規蹈矩的個性影響老二，父親把老二安置在一寄宿舍，老大安排在一家理髮店舖。十四歲時拉丁文、希臘文、世界史、西班牙史，沒引起太大興趣。為了嚴屬懲罰兒子學習無什進展，父親把他送去當鞋匠學徒，他待了一年。

在薩拉戈薩學醫後到古巴當軍醫

　　卡哈爾在薩拉戈薩大學醫學院上學，父親當時是解剖學臨時教授，訓練兒子熱愛解剖、熟悉技術。課餘之際發展三種新的嗜好：文學、運動和哲學。受到當時極流行的維恩 (Jules Verne) 科幻小說的影響，他也寫星際、生物小說。他的詩有被地方報紙刊載。每天花兩小時在健身房，練得自以為豪的一身好肌肉，成為健身房身體最健壯的冠軍。他後來發覺過分鍛鍊肌肉後，會產生兩種情況，第一養成暴力和好鬥傾向，第二激烈運動後，精疲力盡降低智性工作。血氣方剛的他，還曾與另一年輕人因愛慕同一美女，兩人在樹林決鬥。

　　運動的虛榮熱度遞減後，他重拾以前的哲學課本。熱切想瞭解偉大的思想家，如何發現上帝、靈魂、本體、知識、宇宙、生命。他讀盡大學圖書館一切有關形而上學的書，也向朋友借一些。渴望獲得詭辯技巧，讓朋友驚訝，他沒完全看懂得這些書。採納「完全的理想主

義」，被柏克萊（George Berkeley, 1685～1753，愛爾蘭哲學家，美國加州柏克萊即以他為名）經驗的理想主義，和菲契特（Johann Gottlieb Fichte, 1762～1814，德國哲學家）的「絕對自我、自我設定的認識論」吸引。他那時成為靈性哲學的虔誠信徒。靈性的發展使得頭腦變得較靈活，較有健全的批判態度。雖然沒成為思想家，但對未來的科學研究心態有諸多裨益。

1873 年 6 月，二十一歲時獲得醫學士文憑。父親期望兒子留下和他學習「一般和闡述解剖學」，但他躍躍欲試成為軍隊助理醫生的考試。經過數月苦讀，一百名報考者錄取三十二名，他排名第六，讓家人十分驚喜。此時爆發古巴反抗西班牙統治的戰爭，卡哈爾前往古巴當鄉間軍醫。因得了瘧疾和赤痢，提前歸國。

朝向醫學教授目標前進

返國後，他重拾解剖學與組織學書本，準備參加醫學教授競爭考試。1875 年亦在薩拉戈薩大學醫學院當解剖學教授的臨時助理。雖然天性極羞怯、傾向獨處，但懷抱高超的志向。嚮往成為某人，從庸俗中脫穎而出，在偉大的科學研究中占一席之地。達爾文在劍橋大學最後一年，興致濃厚研讀亞歷山大‧馮‧洪堡的《個人敘述》（*Narration personnelle*），和赫歇爾爵士 (Sir John Herschel, 1792～1871) 的《自然哲學導論》（*Introduction à l'étude de la philosophie naturelle*）之際，興起一股見賢思齊的強烈志向，希望在自然科學的殿堂貢獻一己微薄之力。這兩本書對未來《原始物種》作者影響至鉅。

為了獲得醫學博士學位，他到馬德里居留一年，註冊三科必修課：醫學史、化學分析、正常與病理組織學。但他父親擔憂一旦離開他的監督範圍，兒子的藝術傾向可能再度爆發，決定把他召回在薩拉戈薩註冊。與一位傑出的藥劑師學習化學分析，至於另外兩科，則自己買教科書來研讀，因找不到教授，自己設立一個小實驗室，在顯微鏡下

學習組織學，卡哈爾初次看到血液循環的驚喜，發展出日後熱愛用顯微鏡檢查的習慣。訂英文與法文醫學期刊，一個人做研究，熱情加上意志力，重塑其大腦，讓它專門化。他很驚訝當時教授幾乎完全缺乏客觀的好奇心，只是冗長地討論健康與病態細胞，絲毫不想以目睹去瞭解生命與病痛的神秘元素。大多數教授甚至不屑以顯微鏡觀察，甚至認為有礙生物學的進步。

瓦倫西亞大學解剖學教授

卡哈爾 1877 年獲得醫學博士文憑。其當初教授的初次考試失敗了，後來通過後，1879 年成為薩拉戈薩大學醫學院解剖博物館館長。他決定結婚，雖然父母及朋友多不贊同此婚事，未婚妻西維莉亞 (Silveria) 沒受過什麼教育，但他們的婚姻幸福美滿。

A. 除了在大學授課外，自己也另外開課

1883 年，通過甄選成為瓦倫西亞大學解剖學教授。次年搬遷到此城，授課之餘，他成為「農業俱樂部」(Casino de la Agricultura) 會員，與有文化素養的人士討論或玩西洋棋。也加入「瓦倫西亞科學與文學社團」(Valencian Athenaeum)，換換環境，談論哲學、藝術或社會科學，避免太專門化的大腦萎縮。

維持一個家庭，加上個人實驗室的研究開銷，當時五十二美金的月俸較拮据。他另外教正常與病理組織學實用課程，賺取額

▲卡哈爾伉儷

外收入。許多從外地來修習博士學位的醫生，一些期望充實組織學和細菌學的醫師皆來聽講。由於巴斯德（Louis Pasteur, 1822～1895，法國微生物學家、化學家，微生物學的奠基人之一，否定自然發生說，倡導疾病細菌學說。首位研發出狂犬病和炭疽病疫苗的科學家）和科赫（Robert Koch, 1843～1910，德國醫生兼微生物學家，發現炭疽桿菌和霍亂弧菌而成名。因研究結核病而獲得 1905 年諾貝爾生理學或醫學獎，被視為細菌學之父）偉大發現之驅策，細菌學成為一門新興、熱門的科學。學生當中有一位特別人物，一位勇敢、文雅、活躍的耶穌會修士。

B. 發表研究霍亂論文　兩篇論文刊登德國國際醫學月刊

　　1885 年，瓦倫西亞及鄰近地區流行霍亂，引起不少傷亡。卡哈爾著手研究霍亂弧菌 (Vibrio cholerae)，9 月底在薩拉戈薩發表論文〈霍亂弧菌研究和預防接種疫苗〉，被印成小冊子，且附有八幅石版印刷圖畫。但他的理論與實驗，並未引起歐洲細菌學家的重視。感慨此時是西班牙科學研究相當艱難的時期，歐洲（英、法、德）科學界瀰漫著西班牙缺乏文化及根本不重視生物學大問題的迷思。幸虧位於薩拉戈薩的省政府，獎賞他熱忱、無私的實驗研究，贈送他一個功能良好的蔡氏 (Zeiss) 顯微鏡，對未來的研究生涯有重大意義。

　　經過兩、三年的實驗、研究，發表比較組織學及顯微鏡的技術，他想把研究成果讓外國科學家知曉，認為與強者競爭才能茁壯。借助於德國哥廷根大學一位馳名的組織學家，克勞斯醫生 (W. Krause) 傳播最廣泛、最具權威性的期刊，卡哈爾被引介入歐洲科學界。其文章《解剖學與生理學國際月刊》被翻譯成以法文、英文、德文、義大利文刊載來自於國外的期刊，兩年期間他還以不太熟稔的法文發表兩篇論文及許多圖案。

C. 高爾基的染色方式對他日後研究影響重大

　　歸功於瓦倫西亞一位著名精神科醫生兼神經科醫生西馬何（Luis

▼實驗室一隅

Simarro, 1851～1921，曾到巴黎學醫）之熱誠介紹，卡哈爾認識一位研究大腦灰質細結構的義大利科學家，高爾基 (Camillo Golgi, 1843～1926) 的重要著作《神經系統重要器官的微解剖》(*Sulla fina degli organi centrali del sistema nervosa*) 引起極大興趣。也親眼目睹高爾基發明的硝酸銀 (nitrate d'argent) 染色方法。當時大多數的神經學家並不知悉或低估此染色方法。卡哈爾經常參考的法國病理學家、解剖學家、兼組織學家漢維爾 (Louis Antoine Ranvier, 1835～1922) 的書籍《神經系統組織學課程》(*Leçons sur l'histologie du système nerveux*)，也只是輕描淡寫，這位法國學者本身亦沒試過。德國科學家也是不屑一顧。德、法兩國受嚴格的學術紀律支配，尊敬專家、教授，沒學生想使用不同於教授教導的方法。對於著名的研究者，運用別人的方法，會覺得不光彩。驕傲與愛國主義是科學家的兩項偉大熱情，因喜愛真理而去研究，但其成就代表個人的威望，或他們國家智性的優勢。

D. 攝影與催眠兩種消遣

　　在瓦倫西亞居住期間（1884～1887 年），為了轉換實驗室工作的

沉悶，他發展兩種興趣，外出攝影和催眠術的試驗研究。後者是剛萌芽的科學，吸引民眾的好奇與興趣。與農業俱樂部一群會員組織美食娛樂社團，意氣相投人士星期日相聚，一起出遊、品嘗美食，尤其是著名的瓦倫西亞燉飯（Paella Vanlenciana，主要使用雞肉作為佐料）。把美景列入鏡頭、在樹林步行，活動筋骨、呼吸新鮮空氣。

農業俱樂部幾位會員朋友，組織一個心理研究委員會，尋求合適人選開始探究催眠。卡哈爾的家作為試驗場所，歇斯底里病患、神經衰弱者、狂妄者、甚至備案成立的通靈者，皆成為催眠對象。他們推想、寫下許多有趣的記錄。卡哈爾透過催眠成功治療一些個案：改善憂傷情緒；恢復一位極瘦削病患的食慾；痊癒歇斯底里性質引起的週期麻痺；停止歇斯底里突擊伴隨失去知覺情況發生；完全忘掉痛苦和困擾事件；全然解除正常女性分娩之痛楚；取代手術麻醉等。

他的聲譽快速傳遍瓦倫西亞，尤其是歇斯底里和神經衰弱病例的極佳療效。於是神經錯亂，甚至完全發瘋者，成群結隊登門求助。但其個性和嗜好不適合趁機賺大錢。滿足了好奇心，他未收分文，反而感謝他們接受催眠試驗。

巴塞隆納任教與科學研究

巴塞隆納大學醫學院，於 2012 年 12 月 12 日開啟卡哈爾到該校任教（1887～1892年）一百二十五週年紀念展「聖迪亞哥・荷蒙・卡哈爾在巴塞隆納大學：一個諾貝爾獎的孕

▲在巴塞隆納與馬德里期間：志向的強壯發展

育」，巧合的是與他同名的一位病理學家後代，參加開幕的圓桌會議。展覽內容包括：他私人及學術生涯照片，科學文章及刊載的手稿，在巴塞隆納大學的行政文件，別人對他研究成果的諸多認同（尤其是往昔學生及同事在加泰隆尼亞發表的文章）以及他使用的實驗工具。

1887 年，卡哈爾以三十五歲英年來到巴塞隆納大學，擔任組織學與病理組織學教授。優良的科學環境和傑出的同

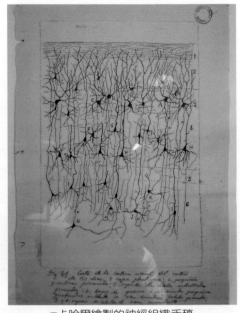

▼卡哈爾繪製的神經組織手稿

事，較利於發展研究，在母校城薩拉戈薩與大城巴塞隆納之間，他選擇後者。

改善高爾基的染色技術，多次實驗，發現控制神經元的形態、連結機制。研究的熱情使他從早上九點工作至午夜，1890 年發表十四篇論文。他解釋成功原因：意志與狂熱。為推廣發現，更自費發行刊物。

科學家都希望自己的發現能得到認同，卡哈爾申請加入德國解剖學會，1889 年參加學會在柏林的會議，他的理論開始被接受。尤其柯利克教授，對他的精細準備與展示給予讚許，從此著手認同研究，這位享有威望的科學家還特地去學西班牙文，只為閱讀卡哈爾先前的論文，並將相關理論，傳播給十九世紀末的科學菁英，令卡哈爾感激不盡。

國外演講

1892 年他通過甄選，到馬德里大學任教組織學與病理解剖學。

1894 年被倫敦皇家學會 (The Royal Society of London) 邀請，發表演講（Croonian Lecture，英國醫生 William Croone 遺贈基金贊助的演講）。他以法文（幼年時學習的法文發揮效果）準備關於小腦、脊髓、視網膜、嗅球 (olfactory bulb)、半腦等研究成果。在倫敦參觀西敏寺，面對牛頓雕像及達爾文墓碑，默思致敬時，情緒高昂。他認為英國成功的教育制度，是要教導成一個人，而不是造就學者。科學家與思想家憑著個人努力，可產生原創性和臻至天才。條頓民族的教育組織著重學習許多知識，較不是培訓個人。理想的教育制度，可能是英德教育原則之平衡。回到馬德里後，不雅觀的大學，陳舊、衛生差的聖卡洛斯學院 (San Carlos)、小型植物園，令他感到失望。

　　1899 年 6 月美國麻省克拉克大學 (Clark University)，邀請美國及歐洲學者在學術慶典演講，卡哈爾因大腦皮質研究，故在邀請名單之中。與妻子同行，演講之餘，他參觀哈佛大學，讚美和羨慕其師資、設備、廣闊校園與美觀建築；對波士頓印象深刻。亦參觀哥倫比亞大學、紐約大學和西點軍校。認為美國人強調愛國主義教育，從小被灌輸國家團結精神，其愛國主義是自發性的。

▼卡哈爾照片

榮譽加諸於身

　　1906 年卡哈爾與高爾基同時是「諾貝爾生理學或醫學獎」得主，獎賞他們對

▼卡哈爾的諾貝爾獎狀

神經系統的貢獻。德國解剖學教授葛拉希 (Joseph von Gerlach, 1820～1896) 提倡神經細胞「網狀理論」(Reticular theory)，其研究論據是，神經細胞的接觸程序形成編織網狀，高爾基贊同此理論。卡哈爾的開創性「神經元學說」(neurone doctrine)，挑戰廣泛接受的網狀理論，闡釋神經元的結構與連接；他於 1891 年首度確定說明神經細胞的個體狀態，「神經元學說」的誕生，形成未來神經科學的基本原則。單獨的神經細胞被德國解剖學家瓦得耶 (Heinrich Wilhelm Waldeyer, 1836～1921) 稱為神經元。

　　卡哈爾也是歐洲和美洲六十個學會、學院通訊會員，及九個海外大學榮譽博士學位。除了發表許多論文外，其著作《一般病理解剖學及細菌病理學手冊》，再版十次。西班牙政府創辦以他為名的生物研究實驗室 (Instituto Cajal)，他指導二十二年至 1934 年辭世。實現三種人生任務：研究員、教師、愛國者。在其自傳《我人生的回憶錄》(Recollections of My Life) 透露的理念：鼓勵學生到國外學習，老師有

激發學生好奇心之任務，希望學生能繼承師業且超越之。有什麼是比能好好利用智慧，更高貴、更具人性的事業呢？卡哈爾的一生是此信條的忠實寫照。

踏尋卡哈爾足跡

　　我們於午後到達卡哈爾四歲至八歲居住過的凡巴馬斯 (Valpalmas) 鄉村，其故居就在卡哈爾廣場旁，地上有其白石磚像。盡頭的文化中心皆以他為名，村落靜悄悄的無人跡。

　　卡哈爾在阿耶貝鎮 (Ayerbe) 度過童年及青春期，主廣場稱為卡哈爾，聳立著鐘樓及往昔阿耶貝侯爵宮殿，廣場有一座卡哈爾的半身雕像。我走過迴廊叫出荷蒙・卡哈爾，一位乘涼的老太太向我微笑說：他是位博學者！其故居被整修，1999 年開啟「卡哈爾闡釋中心」，展示其生平、志向、任務及成就。可惜星期五及週末才開門，無法入內參觀，明年再來吧！

▼凡巴馬斯卡哈爾文化中心

馬德里的卡哈爾學院 (Instituto Cajal)，是西班牙歷史最悠久的神經生物學研究中心，亦是博物館，學院保留卡哈爾科學遺贈物，其成就持續激發現代神經科學家。我們事先預約，副院長 Dr. Ricardo Martinez Murillo 親自接待，圖

▼地上白石磚像

書館一隅置成卡哈爾實驗室，一櫥櫃展示神經組織圖案，也陳列他的著作與相關著述。副院長還開啟一室，戴手套拿出卡哈爾的切片，最令我感動的是目睹他的兩幅人物畫像及諾貝爾獎狀。景仰偉人遺物，深感知識對人類、社會福祉之重要。具備知識，才能啟發創造力，加上意志與毅力，是邁向成功的鎖匙。

▼馬德里卡哈爾學院

附錄I 歷史簡略

　　西元前十一至五世紀，西班牙東部及南部海岸有伊比爾人，接著腓尼基人，之後來自小亞細亞的希臘人，在地中海沿岸成立商業據點。西元前九世紀時，中歐的塞爾特人 (Celtes) 移入，在中北部居住。西元前 7 世紀時迦太基人，來到巴利阿里群島 (Baleares) 的伊比札島 (Ibiza) 殖民。不過是從南部的卡地茲開始，迦太基人才逐漸征服半島。尤其是西元前 237～228 年漢密卡・巴卡；228～221 年女婿漢斯德魯巴，迦太基人掌握海岸主權。東北部的希臘人城市 (Ampurias) 受到威脅，才求助於當時能與迦太基人抗衡的羅馬。西元前 206 年羅馬徹底擊敗迦太基後，發現西班牙金銀銅鐵礦產豐富，決定征服半島。遭到頑強抵抗，兩世紀之後才真正完成此漫長的軍事遠征。本書對於第二次布匿戰爭著墨甚多，也由此可看出羅馬共和國成為帝國的端倪。西元前 19 年，伊比利半島以伊西班牙 (Hispania) 成為羅馬帝國的一部分。

一、羅馬帝國、西哥德王國

　　羅馬共和國、羅馬帝國佔據統治西班牙六百年。411 年，西哥德人在西班牙建立王朝，以托雷多為王都，584 年完成統一伊比利半島。

二、伊斯蘭教統治的西班牙、光復失土

　　西元 711 年，阿拉伯人入侵，直到 1492 年天主教君主驅逐最後一批摩爾人，光復國土，完成國家統一。伊比利半島受穆斯林控制近八世紀之久。

三、哈布斯堡王朝

1516 年天主教君主斐迪南駕崩，外孫查理（未來的查理五世，西班牙的查理一世）成為西班牙國王。1519 年祖父哈布斯堡王朝的馬克西米里安一世辭世，由查理繼承神聖羅馬帝國王位。從此哈布斯堡王朝入主西班牙，直至 1700 年，遺傳先祖近親通婚後果，一生病弱、無子嗣的查理二世過世。

四、波旁王朝

之後法國與奧地利爭奪西班牙王位，展開歷年十三年的西班牙王位繼承戰，牽涉到歐洲國家，最終由法國獲勝。1714 年安如公爵菲利普，以菲利普五世宣稱為西班牙國王。法國波旁王朝取代哈布斯堡王朝，傳承至今。目前國王是菲利普六世。

專制明君查理三世，是波旁王朝的傑出君主。與父王菲利普五世、兩位同父異母哥哥路易一世與斐迪南六世、及其子未來的查理四世相較，他知道擅用賢臣，起草經濟改革。

查理四世無父王的堅強性格、宏圖大志。個性懦弱，由皇后及寵臣掌權。畫家哥雅歷經查理四世及其子斐迪南七世統治期。

1808 年拿破崙強制查理四世退位，宣佈其大哥約瑟夫為西班牙國王，導致為期六年的西班牙獨立戰爭。哥雅諸多畫作見證戰爭的荒謬與殘酷。

附錄 II　參考書目

1. 《漢尼拔戰記》，塩野七生著，三民書局，2013。
2. 《漢尼拔與坎奈的幽靈：羅馬共和最黑暗的時刻》，羅伯特・歐康納著，翁嘉聲譯，廣場出版，2013。
3. *Le Roman de Séville*, Michéle Kahn, Les Editions du Rocher, 2005.
4. *Merida*, J. Ma Alvarez, J. Luis de la Barrera, Augustin Velazquez, Ed. Everest, 2010.
5. *Ces Autrichiennes, nées pour régner: les princesses Habsbourg*, Catherine de Habsbourg, Editions Michel de Maule, Paris, 2006.
6. *Dictionnaire amoureux de l'Espagne*, Michel Del Castillo, Plon, 2005.
7. *Isidor de Séville et La Naissance de l'Espagne Catholique*, Pierre Cazier, Professeur à l'Universite d'Artois, Ed. Beauchesne, Paris, 1994.
8. *Isidore de Séville. Genèse et originalité de la culture hispanique au temps des Wisigoths*, Jacques Fontaine, Membre de l'Institut, Ed. Brepols, 2000.
9. *Saint Dominique: La légende Noire*, Michel Roquebert, Ed. Perrin, 2003.
10. *Dominique ou la grâce de la parole*, Guy-Thomas Bedouelle, Les Editions du Cerf, Paris, 2015.
11. *Vie de Saint Dominique*, Lacordaire, Les Editions du Cerf, Paris, 2007.
12. *La Santa Familia de Caleruega*, Carmen Gonzalez, Ricardo Guadrado, Amabar-Burgos, 2015.
13. *Ignace de Loyola*, Jean Delplace, Ed. Perrin, 1991.
14. *Ignace de Loyola*, Marie-France Schmidt, Editions du Rocher, 2000.

15. *Le Sanctuaire de Loyola*, Loyola, 2008.

16. *Church of St Ignatius of Loyola*, Rome, Giugno,2011.

17. *Un guide pour visiter les chambres de S. Ignace*

18. *Thérèse d'Avila*, Joseph Perez, Ed. Fayard, 2007.

19. *Hannibal*, Serge Lancel, Ed. Fayard,1995.

20. *Carthage*, Serge Lancel, Le Grand Livre du Mois,1998.

21. *Carthage ou l'Empire de la Mer*, Francois Decret, Ed. du Seuil Points Histoire, 1977.

22. *Histoire militaire des guerres puniques 264−146 av.J-C*, Yann Le Bohec, Ed. Texto le goût de l'histoire, 2014.

23. *Hannibal l'Homme Qui Fit Trembler Rome*, Luc Mary, Ed. Archipel Biographie, 2013.

24. *Hannibal*, Habib Boulares, Le Grand Livre du Mois, 2000.

25. *Cannae 216 B.C, The greatest battle of antiquity*, Renato Russo, Editrice Rotas, 2000.

26. *Cartagena*, Geocolor, 2012.

27. *Parcours culturels de Cartagena*, Miguel Martinez Andreu et Alfonso Grandal Lopez, Editorial Corbalan, 2004.

28. *L'Andalousie arabe Une culture de la tolérance VII-XV siècle*, Maria Rosa Menocal, Autrement Collections Mémoires, 2004.

29. *Al-Andalus, 711−1492: une histoire de l'Espagne musulmane*, Pierre Guichard, Fayard/Pluriel, 2010.

30. *Madinat Al-Zahra official guide to the archeological complex*, Antonio Vallejo Triano, Junta de Andalucia, 2005.

31. *Al-Mansur Le fléau de l'an mil*, Philippe Senac, Perrin, 2006.

32. *Isabelle la Catholique, un modèle de chretienté?*, Joseph Perez, Biographie Payot, 2004.

33. *L'Espagne de Philippe II*, Joseph Perez, Fayard, 1999.

34. *Philippe II*, Ivan Cloulas, Fayard, 2005.

35. *Le siècle d'Or de l'Espagne, Apogée et déclin 1492–1598*, Michèle Escamilla, Ed. Tallandier, 2015.

36. *The Royal Monastery of San Lorenzo de El Escorial*, Reales Sitios de Espana, 2002.

37. *Guide Real Monasterio de San Lorenzo de El Escorial*, Bailen, 2004.

38. *Histoire de l'Espagne*, Joseph Perez, Ed. Fayard, 2002.

39. *Histoire de l'Espagne des origines à nos jours*, Philippe Nourry, Ed. Tallandier, 2013.

40. *Philippe V Roi d'Espagne*, Petit-fils de Louis XIV, Suzanne Varga, Pygmalion, 2011.

41. *Le règne de Charles III*, Le despotisme éclairé en Espagne, Sous la direction de Gerard Chastagnaret et Gerard Dufour, CNRS Editions, 2006.

42. *Mérimée*, Xavier Darcos, Grandes Biographies Flammarion, 1998.

43. *George Bizet*, Rémy Stricker, Biographie Gallimard, 1999.

44. *Bizet*, Jean Roy, Ed. Seuil Solfège, 1983.

45. *Humboldt: savant-citoyen du monde*, Jean-Paul Duviols et Charles Minguet, Découvertes Gallimard, 1994.

46. *Lopez de Vega*, Suzanne Varga,, Ed. Fayard, 2002.

47. *Velazquez*, Bartolome Benassar, Editions de Fallois, 2015.

48. *Velazquez*, Figaro hors série, 2015.

49. *Goya*, Collection Génies et Réalités, Hachette, 1972.

50. *Goya*, Marie-France Schmidt, Folio Biographies, 2009.

51. *Goya*, Rose-Marie et Ranier Hagen, Ed. Taschen, 2007.

52. *Les Fresques de Goya, Guide de l'Eglise de San Antonio de la Florida,*

Ayuntamiento de Madrid, 2000.

53. *Manuel de Falla*, Jean-Charles Hoffele, Ed. Fayard, 1992.

54. *Falla*, Luis Campodonico, Ed. Seuil Solfege, 1980.

55. *Manuel de Falla*, Xavier Lacavalerie, Actes Sud Classica, 2009.

56. *Recollections of My Life*, Santiago Ramon y Cajal, The MIT Press, 1966.

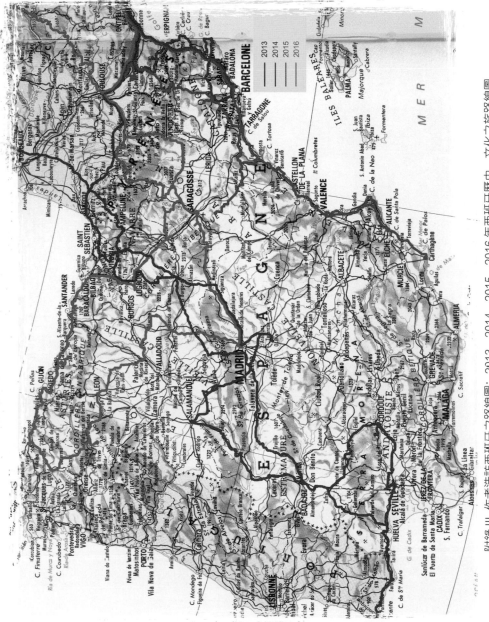

附錄 III. 作者造訪西班牙之路線圖：2013、2014、2015、2016 年西班牙歷史、文化之旅路線圖

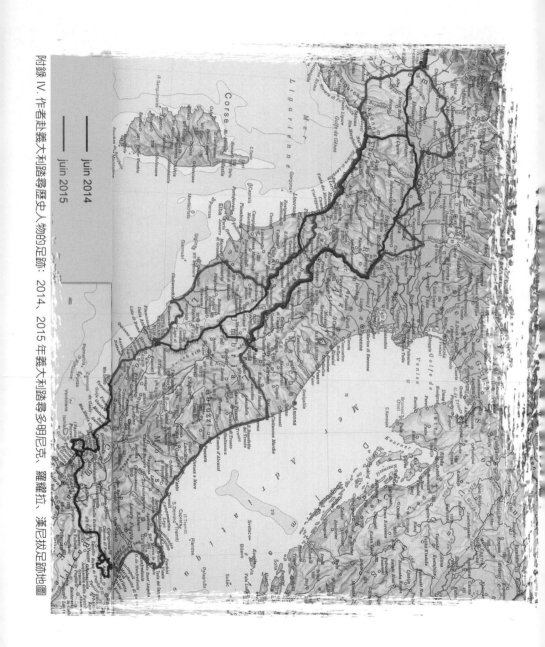

附錄 IV. 作者赴義大利踏尋歷史人物的足跡：2014、2015 年義大利踏尋多明尼克、羅耀拉、漢尼拔足跡地圖

—— juin 2014
—— juin 2015

用歲月的眼睛，觀照時間的印記

在字裡行間旅行，
實現您**周遊列國**的夢想

國別史叢書